人間愚痴大全

Ningen Guchi Taizen

福田智弘

Nobody's perfect.

はじめに

「Nobody's perfect.（この世に完璧な人間などいない）」

マリリン・モンローの熱演でもおなじみの映画『お熱いのがお好き（Some Like It Hot）』に登場する名セリフである。

その言葉通り、どんなにすぐれた功績を残した偉人であろうと、無敵の強さを誇った武将であろうと、生涯に何度かは愚痴の一つもこぼしているものである。

さて、それでは、「愚痴」とは、いったい何だろうか？

手元の辞書を引くと、「言ってもどうしようもないことをくどくど言うこと」などと出てくる。辞書によっては、単に「不平や小言をもらすこと」などとしているものもある。

現実の世界では、もっと複雑で、一見愚痴のように感じる言葉であっても、よくよくその言葉の持つ意味合いを知ると、決して単なる愚痴ではない、とわかるものもあれば、その逆の場合もある。

そこで本書では、数々の有名人等が発した愚痴、泣き言、小言、文句など、多少ネガティブな語感やニュアンス、あるいは意味合いなどが含まれているものを「愚痴」と表現することにした。

本書に挙げた紀元前から現代に至るまで150に及ぶ「愚痴」の数々を見ていると、本当に「この世に完璧な人間などいない」と思えてくる。同時にこれまで遠い存在に思えた偉人などが、急に私たちと同じでとても人間臭い、身近な存在のように思えてくるのだ。

これらの愚痴を読むことで

「あの人だって、こんな悩みを抱えていたのだから……」

などと、自身の心が軽くなったり

「いつも悩んでいる後輩にこんな話をしてあげよう」

などと思っていただけたりしたら、この上なく幸いである。

「150個も愚痴が並んでいると、一気に読み切れないよ～」

そんな愚痴をいう人がいるかもしれない。そういわずに、1日1個ずつ読んでみてはいかがだろうか？　たっぷり5カ月は楽しめる計算だ。そして、実際に読み進めていけば、あなたはきっと「愚痴」の虜となり、5カ月も経たずに読み終えてしまうことだろう。

もくじ

第2章 30代の愚痴

第3章 40代の愚痴

第4章　50代の愚痴

第5章　60代~の愚痴

【不遇・人生観篇】

※本書では、各世代特有の愚痴、不平、不満などを理解できるよう年代別に愚痴を紹介している。年齢は特に記載のない場合、「満年齢」で統一した。ただし、誕生日が不明の人もいるため、誕生日にかかわらずその年に迎える満年齢を記載することで統一を図っている。

※「愚痴」などの原文は、できるだけ生の声を味わっていただくために、極力、原文の表記を優先することとした。そのため、愚痴と本文などで表記の統一がなされていない場合があるが、ご了承いただきたい。

※仮名遣いは新仮名遣いとし、漢字も極力旧字ではなく新字とした。ただし、一般的に旧字のほうがなじみ深い場合などはママとした。

※古文、漢文などには、多く現代語訳をつけた。読解の便宜を図るために、原文のイメージを損なわない範囲で「逐語訳」ではなく「意訳」とした場合がある。

二十歳にして
野心を喪失し、
二十歳にして
青春を喪失し

の愚痴

原口統三『二十歳のエチュード』角川文庫より

第1章 ～20代

俺は、棄《す》てられたのだ！

中原中也
（詩人）

中原中也
（なかはら・ちゅうや）

1907年-1937年。昭和前期の詩人。山口県生まれ。幼少期から詩や短歌の才能を見せはじめ、やがて上京し、「汚れつちまつた悲しみに」「頑是ない歌」など数々の抒情的な詩を残す。生前に詩集『山羊の歌』、死後に『在りし日の歌』が刊行された。

詩人・中原中也は、若い頃、同棲していた女性に逃げられたことがある。その女性、長谷川泰子は、ある日突然、中也との愛の巣を捨て別の男の家へと移り住んだのだ。その男とは、中也の友人であり、中也の詩のよき理解者でもあった小林秀雄である。当時小林は23歳、泰子は21歳、中也は18歳の年の暮れであった。

　恋人が自分を捨てて、あろうことか友人のもとへ走った、というのは、ドラマのような衝撃的な出来事である。しかし、当日の様子を記してみると、それははた目にはとても奇妙な状況だった。

　当日、中也は泰子の荷物を運ぶ手配をしたばかりか、割れ物などはなんと自ら抱えて小林の家まで運んだのだ。

　さらに、小林の家まで荷物を運び終わると、泰子は「少し遊んでいきなさいよ」と中也を誘い、恋敵であるはずの小林さえも「ちょっとあがれよ」と中也を自分の家の中へと誘ったのだという。

　恋人に捨てられた男と友人から恋人を奪った男、そして同棲相手を捨て新しい男のもとへと走った女。3人は、一つ屋根の下で、どんな話をしたのだろうか？　中也は、皮肉めいた言葉の一つもいったようだが、殴り合いのケンカになったわけでは、もちろんない。

　しばらくして中也は一人家を出た。夜露に濡れながらしばらく往来を歩いたのち、一人きりの部屋で眠れぬ夜を過ごした。不思議と涙は出なかった、という。

　3人の奇妙な、ドライともいえる関係はその後も続く。小林と泰子は3年と持たずに同棲関係を解消。やがて泰子は別の男性の子を産む。いわゆる「未婚の母」だ。そして、生まれた子の名付け親となったのが、中也である。小林と中也の友人関係も続いていく。それどころか、小林は中也の詩の最大の理解者であり、編集者として発表の場も与えている。

　そして、中也は１９３３年、小林はその翌年に別の女性と結ばれ、泰子も36年に子の父とも別の男性と結ばれている。

　こうして見ていくと、中也がこの事件にさほどの衝撃を受けていなかったようにも見える。しかし、内実は違う。事件から数年経ち、小林と泰子が別れた後、中也は『我が生活』という小文を書き、事件の衝撃を綴っているのだ。その中の一節が「俺は、棄《す》てられたのだ！」である。それだけではない。

「嘗ての日の自己統一の平和を、失った」

「とも角《かく》も、私は口惜《くや》しかった！」

と愚痴をひたすら綴っている。しかも「日が経てば経つ程」「ただもう口惜しくなるのだった」ともいっているのだ。

　しかし、その衝撃は、詩人・中原中也にはよい刺激となった。直接的、間接的に、泰子との愛と別れの影響を受けたとされる詩の存在が、多くの研究者から指摘されてもいるのだ。

「女」という考えが
頭の底にこびり着くのは、
男の一生の
痛ましい革命の始まりである

石川啄木
（歌人・詩人）

石川啄木
（いしかわ・たくぼく）
1886年-1912年。岩手県生まれ。本名「一《はじめ》」。与謝野鉄幹に師事して『明星』に詩を発表。若くして文才を認められる。『一握の砂』『悲しき玩具』などの歌集に掲載された、生活感のある平明な3行書きの短歌が有名である。

「東海の小島の磯の白砂に
われ泣きぬれて
蟹とたわむる」

このような有名な短歌を通し、作者の石川啄木のことを「純朴で、真面目で、生活苦に悩んでいた青年」のようにイメージしている方も多いようだ。しかし、実際の啄木は違っている。女好きで、遊び歩いた末、借金を重ねる……それが石川啄木という人間の生き方だった。

冒頭の歌に出てくる「蟹」も、無邪気な小動物ではなく「『女性』の象徴だ」と見る向きもある。普段はかわいいが、時にはハサミを向けて攻撃してくる、そんな「蟹（＝女性）」と戯《たわむ》れてばかりいたのが、石川啄木の真の姿だった。

そんな啄木の有名なエピソードに「結婚式をすっぽかした」というものがある。どうやらその背後には、愛人の自殺未遂事件があったといわれている。

そんな啄木だったが、妻節子は、彼のことを愛し続けた。それなのに啄木は他の女性との「戯れ」をやめようとはしなかった。

啄木は自らの生活を赤裸々に綴ったローマ字の日記を残している。なぜローマ字で書かれているのかというと、他人に見られても容易に書いてあることがわからないようにするためだったという。

少し中を見てみよう。

「予はいままでいくたびか女とねた」

「予の求めたのは暖かい、柔らかい、まっ白なからだだ」

「ついに手は手くびまで入った。（中略）アーアーア、うれしい！　もっと」

なるほど、これでは家人には見せられない。そんなある日、ついに糟糠《そうこう》の妻・節子が子どもを連れて家を出てしまう。姑との確執が理由とされているのだが、それだけではないともいわれる。どうやら、妻がこの日記を見たらしいのだ。

ちょうどこの頃、啄木が記した小文『いろいろの言葉と人』の中に、

「『女』という考えが頭の底にこびり着くのは、男の一生の痛ましい革命の始まりである」

という一節が登場する。

一読すると、「女性のことが頭から離れなくなるのは、男なら誰でも当然だ」といわんばかりの愚痴にも読める。自らの女癖の悪さをすべての男性特有の自然現象だと正当化しているようでもある。

しかし、妻の家出が文学者としての転機になったと指摘する学者は多い。以降、啄木は家族のために働こうとしたという。こののちの啄木の書き残したものには「現在の生活を直視する」「両足を地面に着け」などの言葉が宿る。

「痛ましい革命」は妻の家出によって終了したのだ。しかし、歌人に残された時間は、残り少なかった。それから3年を経ずして、啄木は天に召される。死因は肺結核である。

こんな若さで、
まだ父親にはなりたくない

ヘミングウェイ
（小説家）

アーネスト・ミラー・ヘミングウェイ

1899年-1961年。アメリカの作家。『日はまた昇る』『武器よさらば』『誰がために鐘は鳴る』等を著し「失われた世代《ロスト・ジェネレーション》」の代表とされる。『老人と海』でピュリッツァー賞を受賞。1954年には、ノーベル文学賞を受賞してもいる。

アメリカ文学を代表する文豪ヘミングウェイ。多くの人が彼に対し、陽光や大海原、そして笑顔がよく似合う活動的な男性、というイメージを持っているのではないだろうか。それは彼が長年暮らしたキー・ウェスト（フロリダ）やハバナ（キューバ）といった海沿いの町や晩年の名作『老人と海』の印象が影響している面もあるかもしれない。

彼は幼少の頃から父に連れられ、釣りや狩猟に打ち込み、その趣味は大人になっても続いていく。ハイスクールではフットボール部に所属していたスポーツマンでもある。

そんな活動的なヘミングウェイだから、くよくよと悩んだり、愚痴をいったりはしないイメージもあるのだが……実はそうでもない。特に恋愛に関しては、大きな悩みを抱えてきた人間である。

よく知られているのが、19歳の時のこと。第一次大戦の際、赤十字要員としてイタリア戦線に立ち負傷した彼は、看護師として働いていた7歳年上の看護師アグネスと出会い恋に落ちた。

その後、落ち着いたら結婚するつもりで帰国した彼のもとに、アグネスから手紙が届く。別れの手紙だった。

「あなたはまだ子どもにすぎない」

「わたし、近々（別の人と）結婚しようと思っているの」

この失恋の衝撃は、のちに短編『ごく短い物語』や長編『武器よさらば』に活かされることになる。

その後、新聞社のフリーの記者となり、短編小説などを書きはじめた彼は、今度は8歳年上のハドリーという女性と出会い、結婚。二人の仲はむつまじく、ヘミングウェイが24歳の年に子宝にも恵まれている。

ところが、妻の妊娠を知らされた彼は、知人に向かって、

「こんな若さで、まだ父親にはなりたくない」

と告げたというのだ。それどころか、妻に対して中絶をほのめかしたこともあったらしい。まだ作家として一家を支える自信がなかったこともあるかもしれないが、「まだ遊んでいたい」という気持ちも強かったのだろう（ただし、いざ長男のジョンが生まれると、ヘミングウェイは愛息を「バンビ」と呼んでかわいがったことは付記しておこう）。

とはいえ、女性関係が落ち着くことはなかった。結局、別の女性との不倫がもとでハドリーとは離婚。その後も三度の結婚（二度の離婚）を経験している。

一方、二度の飛行機事故で負傷するなどして、晩年には自慢の健康にも影が差すようになる。やがて神経衰弱に陥った彼は、かねてより愛用していた猟銃で自死を遂げた。自らの手で行動的な人生に終止符を打ったのである。

私は随分苦しい目に
あって来ました。
また現にあいつつあります

芥川龍之介
（小説家）

芥川龍之介
（あくたがわ・りゅうのすけ）
1892年-1927年。大正から昭和初期を代表する日本の文豪。東大在学中に発表した『鼻』が夏目漱石に認められ、文壇での地位を確立。『羅生門』『地獄変』『或阿呆の一生』などの名作を生んだが、35歳の年に多量の睡眠薬を飲み自殺を遂げた。

「僕の心には時々恋が生まれる　あてのない夢のような恋だ　どこかに僕の思う通りな人がいるような気のする恋だ」

まだ22歳だった若き文豪・芥川龍之介は、こんな言葉で、恋の予感を友人への手紙に綴っていた。

ちょうどその頃、彼は初恋を経験する。彼女の名は吉田弥生。芥川の生家の知人の娘で、青山女学院英文専科予科に通う才媛であった。

ところが、その翌年、弥生に縁談が持ちあがる。その話を聞いた芥川は「その時になってはじめて僕がその女を愛しているることを知」り、「求婚しようと思った」という。

芥川はそのことを家族に打ち明けた。しかし、家族は猛烈に反対した。

反対の理由は明らかではないが、彼女の家が士族ではなかったこと、彼女が私生児であったことなどが影響したのではないかと考えられている。

家族の反対を受け、芥川は「夜通し泣いた」が、家族の反対に異を唱えることはなく、翌朝には、恋を捨てることを家人に告げたのである。

なぜ、芥川は、家人に反抗することもなく、あっさりと初恋をあきらめたのだろうか？　一説には、そこに芥川の出生の秘密があるという。

「家族」と書いたが、芥川家は彼の生家ではない。彼は生後間もなく、実母が精神を患ったことで、親戚の芥川家に養子に出されていたのだ。「狂人」の子として他家で育てられたという出自が、芥川にとって大きなコンプレックスとなっていた。

初恋が消えた後、友人にあてた手紙に「周囲は醜い　自己も醜い」

と芥川は書いた。人となりではなく、戸籍上の問題で結婚に反対する家人は醜い。しかし、それに抗えない自分もまた醜い、と語ったのだ。

また、その翌月にはこう綴った。

「私は随分苦しい目にあって来ましたまた現にあいつつあります　如何に血族の関係が希薄なものであるか（中略）こういうことは皆この短い時の間にまざまざと私の心に刻まれてしまいました」

短時間に初恋を失い、家人と自分の醜さを見せつけられ、コンプレックスを再認識した芥川。彼は親しい友人に、数々の愚痴をこぼしていたのだ。

しかし、この経験が文学者としての芥川に大きな影響を与えたことは間違いないだろう。淡い初恋を感じはじめた年に彼は処女作『老年』を、初恋が消えた年には名作『羅生門』を発表している。

一皮むけた芥川は、第一創作集『羅生門』のあとがきに、こう記している。

「自分は近来ますます自分らしい道を、自分らしく歩くことによってのみ、多少なりとも成長し得る事を感じている」

自分が醜すぎる！

スタンダール
（小説家）

スタンダール
1783年-1842年。本名、マリー＝アンリ＝ベール。小説『赤と黒』『パルムの僧院』や評論『恋愛論』などの傑作を残した作家として有名。文筆活動のほかに、ナポレオンのイタリア遠征に従軍したほか、イタリア領事などにもなっている。

『赤と黒』などの小説で有名なスタンダールは、実は生涯、さまざまなコンプレックスに悩まされていた人物だった。

裕福なブルジョア家庭に生まれたスタンダールだったが、第一のコンプレックスは、その容姿にあった。肥満気味で決して美少年といえる容貌ではなかったのだ。

また、スタンダールは幼少期から自分の母を熱烈に愛し、その反面、父親を猛烈に憎んでいた。典型的な「エディプスコンプレックス」である。

スタンダールが、父を憎んだ理由の一つに、父の容姿が醜かったことが挙げられる。そして、自分の醜さは、その父譲りのものだと知ったことが、彼の心に二重の意味でコンプレックスを植え付けたのである。

一方、愛しき母はスタンダールが7歳の時に亡くなってしまう。彼が初めて愛した異性は、永遠に帰らぬ人となってしまったのだ。こうして、異性への愛が叶わぬというコンプレックスが、盛大に幕を開けたのである。

「自分は醜い」と自覚していたスタンダールだったが、そのくせ人一倍女性に恋をした。ある時は女優に、ある時は未亡人に、ある時は親戚であり恩人でもあった人の妻に、許されざる恋をした。

もちろん、フラれることも多かった。容姿がその一因となったであろうことは想像に難くない。女性にフラれることで、容姿に関するコンプレックスもまた深まっていく。

女優メラニーに恋をした21歳のスタンダールは、日記にこうしたためた。

「彼女に愛されるには、自分が醜すぎることを恐れている」

自分の醜さが、またもや愛の障害になることを恐れたのだ。

そんな愚痴を日記にしたためたスタンダールだったが、「醜さ」からくる「恐れ」を乗り越え、彼女を口説くことには見事成功している。

しかし、メラニーとの愛もやがて破局を迎えてしまう。その後もスタンダールはいくつもの愛を求め、失恋し自殺未遂などを繰り返しながら、独身のまま生涯を終えている。

もう一つ、スタンダールが抱えていたとされるコンプレックスは、作品が売れなかったことである。今となっては「近代写実主義文学の先駆者」などと称されるスタンダールだが、生前彼の小説はほとんど売れなかった。本を出しても十数冊、数十冊しか売れない時もあった。

しかし、本が売れなくてもスタンダールは書き続けた。たとえどんなにフラれようと女性を愛し続けた。そんな彼が生前に自ら選び、墓碑に刻ませた言葉は、

「書いた、愛した、生きた」

だった。

最初から金の事を考えて居《お》ったならば

渋沢栄一
（実業家）

渋沢栄一
（しぶさわ・えいいち）
1840年-1931年。埼玉県出身の実業家。明治になり大蔵省に勤めたのち、実業家となる。第一国立銀行の創立に尽力したほか、約500の企業の設立、育成、約600という教育機関や公共事業の支援等に尽くしたという。

渋沢栄一という実業家の名前は知っていても、どういう人だったのかはあまり知られていなかったように思う。しかし、大河ドラマ『青天を衝け』のおかげで、武蔵国血洗島（現在の埼玉県深谷市）の豪農の出身で、若い頃には当時流行していた尊王攘夷活動にのめり込んだが、挫折して一橋家の家臣となり、維新後、官僚を経て実業家として活躍したことなどが知られるようになってきた。

なにしろ、裕福な農家の出身だったので、元々金の苦労というのはしていない。もちろん、農業や藍玉の製造・販売、養蚕の仕事などで苦労はしてきたが、金の心配はないままに成長した、といってよいだろう。

その後、尊王攘夷活動に挫折し、従兄弟の渋沢喜作と二人で京に出て、初めて金の苦労を味わうことになる。もっとも、その苦労を知るのも故郷を出てからしばらく経ってからのことになる。なにしろ家を出る時には父から百両もの大金を融通してもらっていたのだから……。

幕末期の1両が現在のいくらくらいに当たるのかは、計算の仕方によって変わり、1両≒1万円程度から20万円程度と大きく幅がある。いずれにせよ、100万～2000万円相当の大金をもらって旅立ったわけである。

しかし、なにしろこれまで金の苦労をしたことのない20代半ばの男二人が、田舎町から大都会・京へと、大金を持って上っていったのだから、それは遊びもしただろう。まだ志士たちとの交流もしていたし、物見遊山で伊勢神宮にも出かけている。宿も比較的よいところに泊まっていたらしい。

そして、2カ月ほど経ってふと気づくと、懐はすっかり寂しくなっていた。後年、渋沢は当時のことを振り返り

「最初から金の事を考えて居《お》ったなら」

と、愚痴を漏らしている。金銭に関する計画性などまるでなかったのだ。

結局、友人などから借金をしてなんとか宿代は払ったが、一橋家に仕官した頃には借金は25両ほどになっていた。先ほどの計算からすれば、かなりの額だ。

しかし、それからは喜作と二人で、懸命に倹約生活をした。慣れない自炊をし、布団代を安く上げるために一人分の布団で背中合わせになって寝たという。

そして、決して高くはない給金を貯めて、無事、25両の借金を完済した。後年、その時金を貸した人は、

「最初から返してもらう気などなかった。きちんと倹約して返済するとは若いのに見上げた心掛けだ」

などといったという。

金の苦労を知らなかった人間が、初めて困窮を知り、そこから抜け出そうと努力した。のちの経済人としての素養もその時に磨かれたことだろう。

唯《ただ》目の前の苦《くるしみ》を
のがるるが為《ため》に、
（中略）
此《こ》の操《みさお》を
いかにして破らんや

樋口一葉
（小説家）

樋口一葉
（ひぐち・いちよう）
1872年–1896年。明治時代の小説家。本名、なつ（夏子）。半井《なからい》桃水《とうすい》に師事し、文芸雑誌『都の花』『文学界』などに寄稿。『大つごもり』『たけくらべ』『にごりえ』『十三夜』などの傑作を残した。10年近く書き続けた日記の評判も高い。

小説家樋口一葉は、裕福な士族の生まれである。金銭的には恵まれた少女時代を生きてきた。ただし、樋口家は先祖代々の士族の家系ではない。父の則義が苦労して蓄財し、士族の株を得たにすぎない。

そんな恵まれた暮らしの中で生きてきたからこその反動だろうか、彼女は、金銭、蓄財を侮蔑し、士族として誇りを持って生きることを願ったという。

ところが、15歳の年に兄が病没。その翌々年には父が事業で失敗し、失意の中、命を落とした。これにより、樋口家は一挙に没落してしまう。

父が亡くなる時、一葉には、婿養子となることが決まっていた婚約者がいた。しかし、その男は、樋口家の没落を目にするや、一方的に婚約を破棄した。

婚約者にも捨てられた一葉は、母と妹を連れて借家に住み、洗濯や針仕事などをして糊口《ここう》をしのいだ。かつては何不自由なく暮らしていたお嬢さまが、あれほど蔑《さげす》んでいた金儲けを、生きていくためにせざるをえなくなったのである。

やがて、小説家として身を立てることを決意するが、なかなか金銭的には芽が出ない。荒物駄菓子屋店も開業したが、成功にはほど遠く、借金も嵩《かさ》んでいく。

そんな一葉に救いの手を差し伸べる人もいた。ある男は、こんな手紙を送ってよこした。

「憐《あわれ》なれば、その成業の暁《あかつき》までの事は我れに於ていかにも為《な》して引受《ひきうく》べし」

文筆家として目が出るまでは面倒見よう、という申し出である。

「され共唯《どもただ》一面の識《しき》のみにて、かかる事をたのまれぬともたのみたりともいうは、君にしても心ぐるしかるべきにいでやその一身をここもとにゆだね給《たま》わらずや」

しかし、一度面識があるだけでは、そちらとしても心苦しいだろうから……「一身（その体）」を私に預けなさい、という。要は愛人契約のようなものだ。

一葉は、もちろんこの申し出を拒否し、日記に怒りを書きつづった。

「わが本性をいかに見るにかあらん」

「唯《ただ》目の前の苦《くるしみ》をのがるるが為《ため》に、婦女の身として尤《もっと》も尊ぶべき此《こ》の操《みさお》をいかにして破らんや」

そして、この翌年から『たけくらべ』や『にごりえ』の連載がはじまり、森鷗外らの絶賛を受けることになる。「奇跡の一年」と呼ばれる大活躍がはじまるのだが、ここでもう一つの悲劇が彼女を襲った。肺結核が進行し、わずか24歳でこの世を去ることになったのである。作家としても経済的にも、これからますます発展が期待された時期だった。

金銭を侮蔑しながら、金銭にふりまわされた一葉。後世、彼女が5千円札の肖像となったのは、皮肉なことのようにも思えてくる。

毎日食べるパンにも困りだした

ファーブル
（昆虫学者）

ジャン・アンリ・ファーブル
1823年-1915年。昆虫学者、博物学者。フランスの寒村サン・レオンに生まれる。中学校の教員などをしながら、大好きな昆虫類などの研究に勤しむ。主著となる『昆虫記』全10巻は多くの国で読まれる名著となった。

ファーブルの『昆虫記』といえば、知らない人は少ないのではないだろうか。昆虫の生態を詳しく観察し、自伝的要素も絡めながら記録した名著である。

世界的にも知られるファーブルは、実は幼少期、貧困に悩まされていた。それはのちに彼自身が、

「毎日食べるパンにも困りだした。人生は恐ろしい地獄となった」

とまで語っているように、困窮を極めたものだった。元々貧しかったうえに、父がはじめたコーヒーショップが失敗してから、一家はほぼ破産状態。ファーブルは10代半ばで肉体労働をしながら、貧窮の中、1日1日を、なんとか生き延びていくことになる。

しかし、そんな彼を支えていたものが二つあった。一つは、子どもの頃から旺盛だった学びへの意欲。小さい頃には王立学院に通っていた時期もあるくらいで、本来は優秀で、知的好奇心も豊富な人間だったのだ。もう一つが、南仏の美しい自然。生気あふれる緑の葉やさまざまな昆虫たちは、彼の友だちであり、知的好奇心を満たす対象でもあった。

やがて15歳の時にアビニョンの師範学校の試験を受け合格する。この学校には宿舎があり、食事も提供された。貧しくとも失くすことがなかった学問への意欲によって、毎日のパンに困らない生活を手に入れることに成功したのだ。

師範学校を卒業後、教員生活を送りながら数学と物理、のちに博物学の学士号を取得。大好きだった植物や昆虫に関する論文も発表し、ファーブルは立派な学者の一員となった。

とはいえ、経済的には苦しかった。いわゆる「学者貧乏」といったところだ。

しかし、ある日、植物から天然の粉末染料をつくることに成功。ファーブルらしい収入源になるかとも思われたのだが、時を同じくしてドイツで安い化学染料が開発されたために、この発明が彼の生活を潤すことにはならなかった。

また、ファーブルは正当な教育をしっかりと受けておらず、講義内容も進歩的なものであったために、保守的な反対派の非難に遭い、ついには教職などの仕事をやめることになった。

以降は、大好きな昆虫などについての執筆生活に入る。著名な『昆虫記』もこれ以降、56歳からの執筆となる。

もちろん、経済的には恵まれていなかった。晩年は貧窮状態にあったファーブルを救おうと学者らが寄付を募りファーブルに捧げたが、彼はそれらをすべて断ったという。

ファーブルは生涯を通して金銭には恵まれなかった。しかし、貧しさの中でも知的好奇心を失わず、豊かな自然たちに囲まれて、幸福な生涯を送ったようにも思えるのだ。

くたばって仕舞《しめ》え

二葉亭四迷
（小説家）

二葉亭四迷
（ふたばてい・しめい）
1864年-1909年。本名、長谷川辰之助。言文一致体の小説『浮雲《うきぐも》』やロシア文学の名訳で文学史に名を連ねる。内閣官報局の官吏、東京外国語学校教授などを経て朝日新聞特派員としてロシアへ赴任。病に倒れ、帰国途中の船上で逝去した。

二葉亭四迷の『浮雲《うきぐも》』といえば、言文一致体で書かれた日本初の本格的写実小説として、文学史の授業などでも必ずといってよいほど取り上げられる名作である。

ところが、作者の四迷は、どうやらこの作品のことが気に入っていなかったようだ。『予が半生の懺悔』という小文の中で、『浮雲』のことを

「非常に卑下していた。今でも無い如く、其《その》当時も自信というものが少しも無かった」

と回想している。それなら、世に出さなければよかったのだろうが、実は出さなければならない理由があった。それは「お金」である。

当時の彼は、まだ20代で、父が職を失い、実家は年金と貯金の取り崩しで生計を立てているという状態だった。

「親の臑《すね》を噛《かじ》っているのは不可《いかん》、独立独行、誰の恩をも被《き》ては不可《いかん》、となる。すると勢い金が欲しくなる。欲しくなると小説でも書かなければならん」

と、金のために小説を出すことになったのだが、気に入っていないものを出版することには心が痛んだ。

もう一つ、彼を悩ませていたことがある。実は『浮雲』は、まだ無名であった彼の名では出版ができず（おそらく出版社が嫌がったのであろう）、知人で、すでに著名であった坪内逍遥《しょうよう》の名を借りて「坪内逍遥の作品」として出版することになったのである。

「利のために坪内さんをして心にもない不正な事を為せるんだ。即ち私が利用するも同然である」

金のために気に入っていない本を出版せざるを得ないジレンマ、そこに高名な坪内氏を巻き込んでしまうことになったふがいなさ……、さまざまな苦悩を募らせた彼が、情けない自分自身に対し、思わずいい放った言葉が、

「くたばって仕舞《しめ》え」

だったという。そして、これが「二葉亭四迷」というペンネームとなった。

その後も四迷は、金銭を含めた実生活と理想的な生き方との狭間で苦しみながら生き続けた。仕事を幾たびか変えたが、経済的にはあまり恵まれなかった。晩年、朝日新聞特派員の仕事をしつつ、病に倒れた彼は、家族に「遺言状」をしたためている。

「余《よ》死せば朝日新聞社より多少の涙金《なみだきん》渡るべし」

これを家族6人で分けよ、という。

さらに、彼は遺言状に続けて「遺族善後策」として、家人の今後について、自分の意見を伝えた。その中身は、

「玄太郎せつの両人は即時学校をやめ奉公に出ずべし」

「母上は後藤家の厄介にならせらるるを順当とす」

などの胸が詰まるような内容だった。

雉《きじ》鳴《ない》て
梅に乞食の世也けり

小林一茶
（俳人）

雉が鳴きながら梅の花を飛び交うように、
乞食のように食べ物などを乞いながら
世を過ごしています

小林一茶
(こばやし・いっさ)
1763年-1827年。江戸時代後期の俳人。通称、弥太郎。本名、信之。俳諧を葛飾派の二六庵竹阿に学ぶ。「やせ蛙」や「雀」など弱者の目線に立ったやさしい句に定評がある。著書に『おらが春』『七番日記』『父の終焉日記』などがある。

俳人小林一茶は、幼い頃から貧窮の中で育ってきた人間だ。

生まれは信州の山村柏原。冬は雪深く、土地は火山灰で痩せていた。父は自作農だったが、決して裕福ではなく、おまけに母が2歳の時に亡くなってしまう。その頃から、ますます家は貧乏となり、長男だった一茶は、幼い頃から働き手ともなっていた。

「昼はずっと茶摘みや草刈り、馬の世話、夜は草鞋《わらじ》をつくるなどして、文章を学ぶ暇もなかった」

といったことを後年語っている。

7歳の時に、父は後妻を迎えたが、それで一茶の境遇がよくなったわけではない。いや、むしろ悪化した。継母とはそりが合わなかったのだ。さらに、9歳の時に異母弟が生まれると、ますます継母との対立は激しくなる。

継母は、幼い実の子をかわいがったことだろう。自分は「継子《ままこ》」だというひがみが、一茶の心を支配するようになる。一茶自身も、まだまだ母の愛が恋しい年頃でもあった。

「我と来て遊べや親のない雀」

は、父が後妻を迎えた7歳の頃の心境を詠んだ句である。

そんな一茶をやさしく包んでくれていたのが祖母であった。しかし、そんな祖母も13歳の時に亡くなってしまう。

その後、一茶と継母との対立は激しくなる。困り果てた父は、ついにある決心をする。それは一茶を江戸へ出すことだった。貧窮の中、「口減らし」の意味もあったといわれる。

「江戸に出る」とはいっても、なんら伝《つ》手《て》があるわけでもない。まさに裸一貫での旅立ちである。小林一茶14歳の春のことであった。

年端もいかない少年が江戸に出ても、ろくな仕事にありつけるわけがない。この後の数年間、一茶がどのようにして暮らしていたのかの詳細な記録は残っていないが、職を転々とし、半ばホームレスのような状態であったようだ。

「軒下に露をしのぎ、かしこの家陰《やかげ》に霜をふせぎ（暮らしてきた）」

と後年、一茶は記している。

そんな一茶の心の支えとなったのが、「俳諧（俳句）」であった。幼い頃から人生の悲哀を一身に受けてきた一茶の句が、心にしみないわけはない。徐々に腕を上げ実績を積んだ一茶は、間違っても裕福とはいえないが、なんとか俳人として生きることができるようになる。

28歳の年、俳人一茶は初めて信州に足を向けた。「故郷に錦を飾る」というほどの旅ではない。一宿一飯の恩義を乞いながら続けるみじめな旅だという。その境遇を乞食にたとえて詠んだのが、

「雉鳴《きじない》て梅に乞食の世也けり」

である。

一茶の苦悩はまだまだ続く。

煙草盆の火
将《ま》さに消えんとして
幽《かす》かに残り
恰《あた》かも我国の現状に
似たるものある

上杉鷹山
（大名）

煙草盆の火がまさに消えようとして
かすかに残っている。
これは我が藩の現状に似ているところがある

上杉鷹山
（うえすぎ・ようざん）

1751年-1822年。江戸中・後期の大名。本名、治憲《はるのり》（『鷹山』は隠居後の号）。高鍋《たかなべ》藩主秋月種美《たねみつ》の二男。9代目米沢藩主となり、藩政改革に努めた。家督を譲ってからも後継藩主を後見し、「名君」「中興の祖」と呼ばれるようになる。

「成せばなる　成さねばならぬ何事《なにごと》も　成らぬは人の成さぬ成けり」

の言葉でも有名な上杉鷹山。「上杉」という姓からも想像がつくかもしれないが、かの上杉謙信を藩祖と仰ぐ米沢藩の9代目藩主となった人物である。

　とはいえ、まったく血縁関係がなかったわけではないが、彼は上杉謙信の直系の子孫というわけではない。遠く宮崎県にあった高鍋藩の藩主の家から上杉家に養子に入った人物なのである。

　鷹山が初めて寒さ厳しい米沢に入ったのは、まだ16歳の時であった。揺れる輿《こし》の中から、寂しい北国の風景を眺めていた彼が、ふと気づくと、目の前にある煙草盆の火が今にも消えそうになっていた。その時、鷹山は思ったという。

「煙草盆の火将《ま》さに消えんとして幽《かす》かに残り恰《あた》かも我国の現状に似たるものある」

（煙草盆の火がまさに消えようとしてかすかに残っている。これはあたかも我が藩の現状に似ているところがある）

　そう、鷹山が国入りした時の米沢藩は、経済的に危機的な状態にあり、今にも財政が破綻しそうだったのだ。

　かつて、上杉謙信の後継者・景勝《かげかつ》が会津に入った時は、１２０万石という大きな領地と戦国最強ともいわれる大家臣団を抱えていた。ところが、その後、関ケ原の戦いで敗れた西軍に与したために、領地は米沢30万石に減らされてしまう。それでも上杉家はこれまで同様大量の家臣団を抱え続けた。財政が窮乏するのも当然といえよう。

　さらに、後継藩主の中には放漫な経営を行うものも多く、跡継ぎを決めずに急死した藩主もおり、当時の決まりにより石高はさらに半分に減らされていた。

　愚痴の一つもいいたくなるのは当然だ。しかし、鷹山はその後、懸命に煙草盆の火に息を吹きかけたという。すると、次第に火は勢いを取り戻した。「これだ」と、鷹山も思ったのだろう。

「一身の辛苦を厭《いと》わず経営怠るなくんば一国も亦《ま》た斯《かく》の如く挽回の運に向かうべし」

（身の辛苦を厭わずに怠ることなく経営していけば、藩の財政もまた、このように挽回の方向に向かうだろう）

　こうして若き鷹山は藩政改革の緒に就いた。自ら率先して倹約をし、農村の復興に努め、漆《うるし》や桑《くわ》、楮《こうぞ》などを植林し、養蚕や織物業などの産業を振興させた。また、藩校興譲館《こうじょうかん》を創設し、すべての元になる教育の充実を図ったのである。

　こうして、長い年月をかけ米沢藩は立ち直り、鷹山は「中興の祖」といわれるようになった。あきらめることなく、煙草盆の火を吹き起こすようにして続けた努力は、やがて報われていったのだ。

　まさに「成せば成る」である。

お金を借りるってことは、
悲しみを借りるって
ことなんだね

ベンジャミン・フランクリン
（政治家・実業家）

ベンジャミン・フランクリン
1706年-1790年。アメリカの政治家、実業家、著述家、発明家、科学者。印刷の仕事などで成功し、のちに発明家・政治家としても活躍。避雷針の発明や独立宣言の起草などで名を残す。100ドル札の肖像にもなっている。

ベンジャミン・フランクリンという人を一言で語るのは非常に難しい。まずは、その肩書すら、どう表現したらよいか悩むところだ。通常は、「政治家、外交官、実業家、著述家、発明家、科学者」といったところが一般的なのだが、これだけでかなりの数だ。しかも、そのどれもが一流なのだ。

比較的なじみ深いところでは、「凧揚げの実験をして避雷針を発明した」といった発明家の顔か、あるいは、「アメリカ独立宣言の起草に関わった」という政治家としての顔だろう。

なにしろ、アメリカの100ドル紙幣の肖像となり、米海軍の航空母艦にその名をとどめ、「建国の父」「代表的アメリカ人」と呼ばれているくらいなのだから、たいそうな「偉人」であることは間違いない。

しかし、そんなベンジャミン・フランクリンも、少年時代は、貧困に大いに悩まされていた。

彼の父は、妻と3人の子を連れてイギリスからアメリカへと移住してきた。アメリカでも4人の子宝に恵まれている。妻の死後、再婚し、二人目のパートナーとの間には10人の子が生まれている。つまり、子どもの数は合計17人。その17人の中で15番目、男の子の中では末っ子として育てられたのが、ベンジャミン・フランクリンである。

父は、石鹸や蝋燭づくりでそれなりに稼いでいたが、なにしろ17人の子どもを一人で養うのは無理があった。貧困の末、ベンジャミンも10歳で学校をやめて、家の手伝いをすることになる。この時に、かなりな地獄を見た。借金をする父の姿も目にしたことだろう。

しかし、その後は印刷会社で懸命に働き、お金を貯めて自分でも印刷所をはじめた。23歳で、経営不振だった新聞社を買い取り、再建させてもいる。

そんな彼が企画して成功させたのが『貧しいリチャードの暦』という格言付きカレンダーの元祖のような商品。そこには「時は金なり」「墓に入ってから充分に眠れ」など勤勉や倹約を説く言葉が連なり、25年もの間ベストセラーとなった。そこに登場する言葉の一つに

「金を借りに行く者は、悲しみを借りに行く」

がある。幼い頃に見た父の姿を思い浮かべながら書いたものだろうか。

このような言葉を綴った彼は、恵まれていなかった幼い頃の苦労を忘れずに、努力を重ね幸福を追求してきた人物であるというのは間違いないだろう。彼が起草に関わった独立宣言には、こうある。

「すべての人間は生まれながらにして平等であり、その創造主によって、生命、自由、および幸福の追求を含む不可侵の権利を与えられている」

もののの恥ずかしきことの
数知らず。
涙も落ちぬべければ……

清少納言
（文学者）

恥ずかしいことばかりで、
涙も落ちそうだった……

清少納言
（せいしょうなごん）
生没年不詳。本名も不明。父は歌人清原元輔。結婚して子どもを儲けたのちに夫と離別。一条天皇の中宮定子（藤原道隆の娘）に仕える。その時の出来事などを綴った随筆『枕草子』は平安時代に栄えた国風文化を代表する名文とされる。

『枕草子』の作者清少納言は平安朝きっての才女とも伝えられる。しかし、平安貴族の暮らしなどを綴った『枕草子』は好きだが、清少納言のことは嫌い、という人は現代でも少なくない。

おそらくは、清少納言が『枕草子』の中で、「上手な切り返しトークを使ったら、中宮（皇后）から褒められた」といった自慢げな話をしたり、「○○は嫌い、○○は下品だ」などと自分の好みで他人の悪口などもガンガンいいつづけたりしているからだろう。かの『源氏物語』の作者紫式部も「清少納言は『したり顔』で、賢ぶっている」などと痛烈に批判しているのだ。

自慢と他人の批判ばかりしているようでは、多くの人から嫌われるのも仕方ないといったところか。

しかし、そんな清少納言も、一条天皇の中宮定子に仕えはじめたばかりの頃は、少し様子が違ったようだ。『枕草子』にはこんな一節も登場する。

「宮に初めて参りたる頃、ものの恥ずかしきことの数知らず。涙も落ちぬべければ……」

（大意：中宮さまに初めてお仕えした頃は、恥ずかしいことばかりで涙も落ちそうだった……）

なんと、常に自信満々のように思えた清少納言も、最初はまるで入社したての新入社員のように、慣れない宮仕えに泣きそうになっていたというのだ。

もっとも、これには理由がある。当時の貴族の娘というのは、基本、家人以外に顔を見せず家に籠って暮らしていた。「引きこもり」生活が通常だったのだ。ところが、宮仕えとなると、宮中を訪ねてくる不特定多数の人の前に顔をさらさなければならない。現代なら「今日から下着姿で街を歩け」といわれたようなものだ。清少納言でなくても「恥ずかしいことばかり」なのは当然といえよう。

しかし、その後は中宮定子のやさしい指導のもと、宮仕えの「いろは」から上手な機知の使い方まで徐々に習得していく。元々才媛として鳴らした清少納言であるから、その後は、中宮お気に入りの女房となるまでに成長した。

ところが、やがて清少納言らの運命は暗転する。中宮定子の実家が没落し、代わりに叔父に当たる藤原道長が台頭。ついに、定子は出家してしまうのだ。

しかし、清少納言は、今度は弱音を吐かなかった。凋落していった中宮定子らを支えていったのだ。そして定子とおつきの女房たちの明るく文化的な生活を1冊の本にまとめていく。それが『枕草子』である。この本には定子の出家や凋落の日々のことはまったく書かれていない。あたかもつらい境遇にあった定子を励ますかの如く、楽しく教養溢れる暮らしぶりだけを書き綴ったのである。

古人いわずや、功成り、名遂げ、身退くと

上杉謙信
（戦国大名）

いにしえの人も、功績を収め、名を残したのなら、
身を退くべきだといっているではないですか？
［だから自分も戦国大名をやめたい］

上杉謙信
（うえすぎ・けんしん）
1530年-1578年。越後国の戦国大名。長尾為景の子で当初は長尾景虎と称した。のちに関東管領上杉氏の名跡を継ぎ、出家後「上杉謙信」と呼ばれるようになる。「川中島の戦い」における武田信玄との激闘は特に有名である。

上杉謙信といえば、武田信玄と並び称される戦国時代きっての名将である。自身を毘沙門天の生まれ変わりと称し、生涯女性とは交わらないと誓いを立て、義と武勇の世界に身を捧げた。

事実、上杉謙信が戦《いくさ》のために移動した距離は、他の戦国武将と比べても著しく長い。新潟から北陸へと遠征したのは理解できるとしても、信濃国（長野県）の武将から依頼を受ければ、何度となく信濃まで下り、猛将武田信玄と刃を合わせた。さらに、関東の騒乱を鎮めてくれといわれれば、三国《みくに》峠を十数回も超え、北関東はおろか、遠く小田原まで出兵する。とにかく戦のための行動範囲がおそろしく広い武将なのだ。

そんな「戦好き」と思われそうな上杉謙信だが、自らの領土拡張を目的とした戦闘はほとんどしなかったという。すべて他の武将から頼られ、彼らを救うため、非道を行う戦国武将をこらしめるために大軍を率いて戦いを繰り広げたのだ。上杉謙信が「義の武将」と呼ばれるゆえんである。

ところが、そんな謙信が、若い頃、「戦国大名をやめたい」と愚痴をいっていたことがある。

『上杉家譜』などの古史料に従えば、

「いにしえの人も、功績を収め、名を残したのなら、身を退くべきだといっているではないですか？（だから自分も戦国大名の座を下りたい）」

と家臣らに告げたというのだ。

驚いたのは、家臣たちである。謙信が並の武将であれば、代わりもいよう。しかし、謙信は武神・毘沙門天の生まれ変わりともいわれるほどの猛将で、カリスマ性に富んでいるばかりでなく、自ら刃を抜いて敵中に飛び込んでいくような第一級の戦士でもある。謙信の代わりなど誰もいないのだ。

上杉家の家臣らは、懸命になって懇願し、謙信に翻意を促した。他者から懇願されれば断れないのが、謙信が「義の武将」たるゆえんでもある。家臣たちの説得により、謙信の引退は幻となり、以降死ぬまで、戦国の世の第一線で活躍し続けることとなる。

ところで、謙信はなぜ、突然に「戦国大名をやめたい」といいだしたのだろうか？ 第一に考えられるのは、いわゆる「燃え尽き症候群」である。

たくさんの戦をし、敵味方を問わず多くの死を見聞きし、特には裏切られることも多かった戦国大名としての生きざまに、嫌気がさしてしまった、としても決して不思議なことではない。

ただし、別の見方もある。実は引退を告げたのは、家臣たちの忠誠心や結束を高めるために行った芝居だというものだ。果たして謙信の愚痴の真意は、どちらにあったのだろうか。

この曲は
悪魔に演奏させろ！

シューベルト
（作曲家）

フランツ・ペーター・シューベルト
1797年-1828年。オーストリアの作曲家。歌曲を600以上も作曲した。ドイツ・ロマン派の代表ともいわれる。歌曲集『美しき水車小屋の娘』『ます』『死と乙女』『未完成交響曲』などが有名。一生をウィーンで過ごした。

「早熟の天才作曲家」「歌曲の王」さまざまに評されるシューベルトだが、彼には、あまりよくない噂がつきまとっている。それは、天才音楽家であるはずのシューベルトだが、実はピアノが上手ではなかった、というものである。

傍証はある。彼が18歳の時、母校の教員や生徒の前で、自身の作曲した『魔王』の演奏をしたことがある。その時彼は、3連音を省略して8分音符に変えて演奏したというのだ。その理由を尋ねると、シューベルトは

「3連音は僕には難しすぎるんです。名人なら演奏できるんですが」

と、答えたという。

また、20代のある時に、友人たちの前で自ら作曲した『さすらい人幻想曲』を弾いていたところ、最後の楽章でつかえてしまったという話もある。その時、彼は椅子から飛び上がって

「この曲は悪魔に演奏させろ！」

と、負け惜しみの愚痴を叫んだというのだ。

シューベルトは、ピアノがあまり上手ではなかった、というのは、まったく根拠がないわけではなさそうだ。

とはいえ、それもモーツァルトやベートーヴェンのように作曲家としても演奏家としても超一流、という人と比較してのこと。幼くして帝室王立神学校で宮廷オルガニストなどからの指導を受け、優秀な成績を修めたという確かな経歴からいっても、一般人の感覚からいえば「名人」級のうまさだったといっても問題はないだろう。

また、『さすらい人幻想曲』の演奏で失敗したのは、ひょっとすると、別の原因があったのかもしれない。この曲を作曲した年の年末から、彼は病を発症。翌年には入院も経験している。病名は明らかではないのだが、梅毒ではないか、といわれている。

以後彼は、病による頭痛などに悩まされ続けた。ピアノの演奏がうまくいかなかったのは病のせいだった、という可能性も、完全に否定することはできないだろう。

発病から1年数カ月ほど経った頃、彼は友人への手紙にこう綴った。

「一言でいうと、僕は、自分がこの世で最も不幸でみじめな人間だ、と感じているのだ。健康がもう二度と回復しそうにない」

それから4年ののち、彼は病で亡くなった。一般には腸チフスが直接の死因だったといわれているが、実は梅毒、ないしその治療のために使った水銀が彼の体を蝕んでいたのだという説も濃厚となっている。

こうして、早熟の天才作曲家は逝去し、敬愛するベートーベンの墓のそばに葬られた。まだ31歳の若さであった。

始《初》めて亜米利加《アメリカ》に来て
花嫁のように
小さくなって仕舞《しまっ》た

福沢諭吉
（教育家）

福沢諭吉
（ふくざわ・ゆきち）
1834年-1901年。幕末〜明治を代表する思想家、教育者。慶應義塾の創設者であり、１万円札の肖像としても長く親しまれた。『西洋事情』『学問のすゝめ』『文明論之概略』などの著書はベストセラーとなり、文明開化に大きな影響を与えた。

福沢諭吉というと、慶應義塾をつくった教育者としてのイメージが強いからか、はたまた1万円札の肖像がきりりと描かれているからか、厳格で真面目な印象を持っている人が多い。しかし、実際の福沢は、かなり大胆で豪快な人物だった。

少年の頃から酒が好きで、白昼から徳利を提げて町をうろついていたという。ある時は、お稲荷さん（稲荷社）の中に何が入っているのかを見たくて、勝手に扉を開け、御神体を捨て代わりにそこいらの石を拾って入れておいた、なんてエピソードもある。

そんな福沢だが、学問に対する意識はとてつもなく強かった。長崎、大坂、江戸などで一流の師に交じり、熱心に学び続けたのである。先のお稲荷さんのエピソードも、風評に左右されず、真実を見極めたいという知的好奇心の表れだったと解釈できよう。

そんな福沢が26歳の頃、あるニュースを耳にした。当時の江戸幕府が、日本人の手により咸臨丸《かんりんまる》という軍艦を操縦して初めて太平洋を渡ろうとしているというのである。

「なんとかしてこの船に乗って、アメリカというものをこの目で見てみたい」

福沢の知的好奇心が大きく動きだした。とはいえ、一介の中津藩士で蘭学者であった福沢は、軍艦奉行木村喜毅、艦長勝海舟をはじめとする咸臨丸のお偉方に伝手《つて》などはない。そこで思案していると、親しくしていた蘭方医桂川甫《ほ》周《しゅう》国《くに》興《おき》が、軍艦奉行木村喜毅と親類の間柄であると知る。すぐに桂川経由で頼み込み、なんとか木村の随員というかたちで咸臨丸に乗せてもらうことに成功する。

1カ月ほどの航海の末、咸臨丸はアメリカに着いた。見るもの聞くものが皆新しい。馬車やシャンパンに入った氷にも驚いた。日本人なら、ほんのわずかな切れ端を手に入れただけで煙草入れなどにして大事にするような高価な布を、広々と敷き詰め土足でその上を歩くことに肝をつぶした。カーペットのことだ。

「日本を出るまでは」「怖い者なしと威張っていた」福沢も、初めて西洋社会を目の当たりにして「花嫁のように小さくなって仕舞《しまっ》た」とぼやいたのである。

しかし、これらの経験が、元から旺盛だった福沢の知的好奇心をさらに強く刺激したのは間違いない。その後も福沢は機会を得ては海外に行く。江戸時代の間に3度も欧米へ渡るという稀有な経験をし、大いに見聞を広めたのである。

普段は豪快な日本男児が、花嫁のように小さくなりながら覗いた西洋社会。福沢はその様子を『西洋事情』などの著書に書きつづった。幕末の志士らは剣と大砲で明治の世をつくり出したが、福沢は知的好奇心とペンとで新しい明治の世をつくりあげたのである。

心のなかで
ひやひやしています

新美南吉
（童話文学者）

新美南吉
（にいみ・なんきち）
1913年-1943年。愛知県半田町（現半田市）出身の児童文学者、童話作家。児童文芸雑誌『赤い鳥』に童話や童謡を発表。没後も、童話集『花のき村と盗人たち』『牛をつないだ椿の木』、小説集『花をうめる』、詩集『墓碑銘』などが出された。

日本の童話作家、児童文学者の中で好きな人の名を挙げてほしい、といわれたら……、きっと少なくない人が名作『ごん狐』『手袋を買いに』などで知られる「新美南吉」の名を挙げるのではないだろうか。

その作品に触れた人は、一つひとつの言葉遣いのやさしさ、ストーリー展開の巧みさに心を打たれることだろう。そんな童話の名手新美が、作品集を出版する際には

「心のなかでひやひやしています」

「もし少年諸君が、これらの物語を読んでちっとも面白く思わないならば、それはすっかり私のおちどになってしまう」

などと、あまりに弱気な愚痴をいっている。少々意外ではないだろうか?

新美は、1913年、愛知県に生をうけた。本名を渡辺正八という。4歳で母を亡くし、8歳の時に実母の実家新美家の養子に入る。

10代から童話などを書きはじめ、東京外国語学校在学中に児童文芸雑誌『赤い鳥』に掲載されたのが、有名な『ごん狐』である。一方で在学中に喀血を経験。以降、病との闘いが続いていく。

大学卒業後は、教員などの仕事をしながら、童話や小説などを書き続ける。やがて20代後半から徐々に作品が注目されるようになり、29歳で初めての童話集『おぢいさんのランプ』が出版されることとなったのである。

先ほどの「心のなかでひやひや」などの言葉は、この『おぢいさんのランプ』の「あとがき」に寄せられた一文なのだ。

現在から見れば、「童話の名手」と思える新美も、初めての童話集ということで、かなりドキドキしていたようだ。特に新美は本の言葉遣いが難しくないかを心配していた。

「童話を書くまえ、しばらく大人の小説を書く練習をしていたため、どうかすると大人の言葉が、童話の方にもでてしまった」

とこちらも少し弱気だ。とはいえ、

「むつかしいなと思っても、(中略)最後までゆけば、君達は、こんな話きいて損しちゃった、とは、きっといわないだろうと思います」

と少しだけ自信ものぞかせてはいた。

不安をよそに初の童話集も好評を得、新美の前途は明るいように見えた。しかし、その翌年、ずっと新美の体を蝕んでいた病が悪化。童話集出版から半年も経たずに、新美は帰らぬ人となった。

亡くなる前の月、新美は知人への手紙にこんな言葉を残していた。

「たとい、ぼくの肉体はほろびても、君達少数の人が、ぼくのことをながくおぼえていて、美しいものを愛する心を育てていってくれるなら、ぼくは、君たちのその心に、いつまでも生きているのです」

私はあわれな百姓の娘。
戦なんてできません

ジャンヌ・ダルク
（戦士）

ジャンヌ・ダルク

1412年？ -1431年。フランス、ロレーヌ地方ドンレミ村の農家の娘。英仏百年戦争でフランスが壊滅的な危機に陥っていた時、神の声を聞いたとして出陣。自国を勝利に導いた。しかし、のちにイギリス側に引き渡され、火刑により生涯を終える。

ジャンヌ・ダルクがその生涯を送ったのは15世紀前半。日本の室町時代に当たっている。

当時、ジャンヌの母国フランスは、「英仏百年戦争」に揺れていた。

いや「揺れていた」どころではない。戦況は、圧倒的にフランス側が不利だった。多くの戦いで敗れ、内乱も起き、フランス王太子シャルルは、オルレアンの町でイギリス軍に包囲されていた。まさに「壊滅」の危機に瀕していたのだ。

そこに颯爽と現れたのが、ジャンヌ・ダルクであった。

彼女は兵士ではない。小さな村に生まれた農民の娘にすぎない。歳もまだ10代半ばだ。

彼女は「フランスを救え、王太子を救え」という神の声を聞いたという。やがて彼女はオルレアンへ行き、そのことを王太子に告げた。王太子シャルルは、彼女の熱意に打たれ、軍を与えた。そして多くの兵士たちも彼女の情熱に心を打たれ、勇敢に戦ったのだ。

やがて、イギリス軍の砦が落ち、オルレアンの包囲は解かれた。ここにフランスは息を吹き返したのである。

その後、王太子シャルルはフランス王シャルル7世として戴冠。フランス軍はイギリス軍を破り、百年戦争はフランスの勝利で幕を閉じることになる。

しかし、フランスを勝利に導いたジャンヌ・ダルクは、それを見届けてはいない。シャルル7世戴冠の翌年、敵方によって捕まってしまったのだ。

そして、宗教裁判にかけられ、異端者として火刑に処せられる。フランスを救った英雄は、敵方の手で火あぶりにされてしまったのである。

以上、ジャンヌ・ダルクの生涯を簡単に振り返ってみると、前半の王太子を救うくだりは、まさに「救国の英雄」であり、「奇跡の少女」という形容が似合う。

そして、火刑に処せられた最期の場面は、まさに「悲劇の主人公」である。あまりに劇的で、我々と同じただの人間とは思えないようにさえ思う。

しかし彼女がまだ、ただの農民の娘にすぎず、度々「神の声」を耳にしていた頃は、「フランスを救え」という「声」に対し、拒絶するかのように、こんな愚痴を述べていた。

「私はあわれな百姓の娘にすぎません。どうして戦争ができるでしょうか」

しかもこの時、彼女は泣いていた。最初から颯爽と現れ、国を救うつもりなどなかったのだ。最初は、自分でもいう通り、ただの「百姓の娘」だったのだ。

しかし、「声」は、ジャンヌの愚痴を聞き入れず、何度も行動を促した。愚痴を聞き入れられなかった「百姓の娘」は、やがて心を決めて、フランスを救おうと立ち上がった。その決心が、彼女を救国の英雄へと変えたのである。

三時間天下

浅沼稲次郎
（政治家）

浅沼稲次郎
（あさぬま・いねじろう）
1898年-1960年。東京都三宅島出身の政治家。早稲田大学在学中から社会主義運動に加わり、戦後、日本社会党結成に参加。同党書記長、委員長を務めた。「人間機関車」の愛称で親しまれたが、党首立会演説会の席で凶刃に倒れた。

三

宅島で生まれた青年浅沼稲次郎は、1918年、早稲田大学予科に入る。その前年、ロシア革命が起こり、翌年から各国が対ソ干渉戦争をはじめる。日本もシベリア出兵を起こしており、世界中で共産主義、社会主義への関心が高まる中、それらを標榜して活動を行う共産主義者、社会主義者への風当たりも強くなっていった。そんな時代である。

浅沼稲次郎は、在学中から社会主義活動に取り組んだが、学生大会で右翼の学生からリンチを受けるなど、つらい仕打ちを受け続けた。

卒業後も社会主義活動を続けていた浅沼は、1923年9月、ある演説会場で異変を感じた。会場が揺れ、地面が震えた。関東大震災である。

幸い、会場では大きな被害に遭わなかったのだが、それからが本当の地獄であった。この時、「社会主義者や朝鮮人による放火が多い」とのデマが流れたのだ。軍や警察は、混乱の中、社会主義者らに弾圧を加えた。浅沼もまた、多くの兵隊に捕縛され、監獄へと送られた。社会主義者への風当たりはこのように非常に冷たかった時代である。

震災の翌々年、普通選挙法が成立し、社会主義者の間でも政党設立の動きが高まる。こうして同年12月1日、農民労働党が結成された。結成式は東京神田のキリスト教青年会館で行われ、書記長に選ばれたのが浅沼稲次郎である。

「無産階級解放のために闘う」

浅沼は就任演説で高らかに語った。

ところが、その直後、警視庁から呼出しがかかる。治安警察法により、農民労働党の解散がいいわたされたのだ。

治安警察法とは、集会、デモ、結社などの形態による市民の政治活動を規制する目的でつくられた法律。農民労働党は共産主義的であり、「安寧秩序ヲ保持スルタメ」として解散をいいわたされたのだ。結党からわずか3時間後である。

「三日天下という言葉があるが農民労働党は三時間天下」だった、と、のちに浅沼は回想録に愚痴を綴っている。浅沼が書記長の座に就任していた時間は「たった三時間」だったわけである。

こうして浅沼の一生を軽く振り返ってみると、自身や仲間たちがとうとう演説を繰り広げたあとに、受難の時が訪れていることに気づく。学生時代に暴力を受けたのも学生大会で決議文を朗読した直後だった。関東大震災も演説会場で起こった事件だった。そして、農民労働党が解散させられたのも、書記長就任演説の直後だった。

戦後、浅沼は日本社会党の書記長となり、1960年には委員長となる。そして同年、日比谷公会堂で行われた3党首演説会での演説中、右翼の少年により刺殺されてしまったのである。

此《この》手がみ人にハ

けしてけして

見せられんぞよ

坂本龍馬
（幕末の志士）

こんな手紙、
決して他人には見せられないよ

坂本龍馬
（さかもと・りょうま）
1835年-1867年。土佐藩出身の幕末の志士。のちに脱藩して勝海舟のもとで航海術などを学ぶ。その後、亀山社中（海援隊）を結成したほか、薩長同盟の締結に尽力した。大政奉還の実現にも関与したとされるが、維新直前に暗殺された。

坂本龍馬といえば、日本の歴史上の人物の中でも、とりわけ人気の高い者の一人、といってさしつかえないだろう。その人気の理由の一つとして、人間味あふれる手紙をいくつも残した点も挙げられよう。

現存する龍馬の手紙は、約140通ある。郵便制度などが整う明治維新前に没した人間としてはかなり多いほうといってよいだろう。龍馬が筆まめであったことと、手紙を受け取った人たちが、捨てずにきちんと保管していたことが一因と考えられる。龍馬が家族や友人を愛し、大切に考え、また家族や友人からも愛されていたことがよくわかる。

そんな龍馬の手紙は、一つひとつに趣向が凝らされていて、実に面白いものが多い。「エヘン、エヘン」と威張ったような感動詞が使われているものもあれば、日本初といわれる新婚旅行の内容を綴った手紙には旅行先の様子などが図入りで説明してある。実にサービス精神あふれた代物なのだ。

そんな手紙にしばしば登場するのが

「こんな手紙、決して他人には見せられないよ」

という、ちょっぴり弱気な、愚痴か泣き言のように見える言葉である。豪快な人物の代表のような龍馬が、なぜこんな言葉を多用したのだろうか？

実はこの言葉、本気で「他人に見せないで！」と懇願しているのではなく、わざわざ「追伸」の形で最後に記し「他人に見せたらあかんぜよ～」とおどけてみせる、「オチ」のようなものであるらしい。龍馬は身内に対してもサービス精神たっぷりの人物なのだ。

別の手紙には

「人の一生などわからぬもの。運の悪い奴は風呂から出る時金玉をぶつけて死ぬものもいる」

などと少々下ネタ気味の、それでいて深い人生訓を綴った手紙の最後には

「おつきあいのある、心やすい人には内緒で見せてもいいよ」

などと記してある。これを読んだ人は、思わず「ニヤリ」としてしまったことだろう。こんな「人たらし」ぶりが、龍馬を幕末の激動の時代になくてはならない人物にしたのだろう。

2017年、暗殺の5日前に書かれた龍馬の手紙が新発見された。なぜ150年もの間見つからなかったのかというと、封書に何者かが書いた付箋が貼ってあったからだという。そこには

「他見ヲ憚《はばか》ルモノ也（他人に見せてはいけないものだ）」

と書かれていたという。

「新国家」という文字が書かれた唯一の龍馬の手紙は、奇しくも龍馬得意の冗談と同じフレーズが書かれていたことで、百数十年もの間、人の目に触れることがなかったのである。

義経犯す無くして咎《とが》を蒙《こうむ》る。

（中略）

空しく紅《こう》涙《るい》に沈む

源義経
（武将）

私、義経は罪を犯していないのに、
お咎めを受けています
（中略）空しく血の涙を流しています

源義経
（みなもとのよしつね）
1159年-1189年。平安末～鎌倉初期の武将。源氏の棟梁、源義朝の九男。鎌倉幕府を開いた源頼朝の弟。兄の挙兵に腹心の武蔵坊弁慶らを伴って参加。木曽義仲を倒し、平家を一ノ谷、屋島、壇ノ浦の戦いで破って、滅亡へと導く。

幼名の「牛若丸」、別称の「九《く》郎判官《ろうほうがん》」などでもおなじみの武将源義経。源平合戦で大活躍をし、平家を倒した立役者である。

　源氏の棟梁は源頼朝だが、基本、頼朝は関東に留まっていた。その代わりに、戦の最前線に立っていたのは、源義経と範頼という頼朝の弟たちである。とりわけ義経は、山の上から奇襲（鵯越《ひよどりごえ》の逆《さか》落《おと》し）を駆けるなどで軍事の天才ぶりを発揮した。平家を討伐して、源氏の世をつくったヒーローである。

　ところが、その後、兄頼朝は、義経と対立するようになる。理由はさまざまいわれているが、義経が頼朝の許可なく上皇から官位を得たこと、三種の神器を回収できなかったこと、義経の罪を頼朝に讒言《ざんげん》する人間がいたこと、などが主なものである。頼朝は、義経が鎌倉に戻ることさえ認めなかった。

　そこで義経は、頼朝に許しを得るために書状を書いた。腰越状《こしごえじょう》と呼ばれるもので、そこには、自身の潔白とせつない思いが綿々と書き連ねてある。

「義経犯す無くして咎《とが》を蒙《こうむ》る。功有りて誤り無しと雖《いえど》も、御勘気《かんき》を蒙るの間、空しく紅涙《こうるい》に沈む」

（私、義経は罪を犯していないのに、お咎めを受けています。功績を挙げ、誤りもなかったのに、勘気を蒙ることになり、空しく血の涙を流しています）

　と無実を訴える愚痴を述べたかと思えば、今度は、

「義経、身体髪膚《はっぷ》を父母に受け、幾時節《いくじせつ》を経ずして、故《こ》頭殿《こうのとの》御他界の間、実無《みな》之子《しご》と成りて母の懐中に抱かれ、（中略）以来、一日片時も安堵の思に任せず」

（義経は、この体を父母に受けてから時を経ずして父上が亡くなり、みなしごとなって母の胸に抱かれ（中略）以来、1日、いや片時も安堵の思いをしたことがありません）

などと幼少の頃からの苦労を語りだし、結局のところ、

「憑《たの》む所は他に非《あら》ず、偏《ひとえ》に貴殿の広大の御慈悲を仰ぐ」

（頼みにできるのは、他にありません。ひとえに貴方様［頼朝］の広大な御慈悲を仰ぐほかありません）

　と、兄頼朝にすがっているのだ。

　この腰越状については、かねてより偽書説もあるのだが、義経の悲しみと、切《せっ》羽《ぱ》詰まった様子がよく表れている名文として、多くの人に親しまれている。

　ところが、この訴えが聞き入れられることはなかった。義経は、結局、兄から命を狙われる身となって逃亡。最後は進退窮まって自害している。

　源平合戦のヒーローでありながら悲劇の死を遂げた「九郎判官《くろうほうがん》」義経。彼のような不遇な人物に同情する気持ちから「判官びいき」という言葉が生まれたのも、もっともなことかもしれない。

心も魂も
汚れはててゆく
ばかりでした

柳原白蓮
（歌人）

柳原白蓮
（やなぎはら・びゃくれん）
1885年-1967年。東京生まれの歌人。波乱万丈の結婚生活の末に「白蓮事件」を起こしたことで知られる。太平洋戦争で愛息を亡くし、「国際悲母の会」を立ち上げ平和運動にも積極的にかかわった。歌集に『踏絵』『幻の華』などがある。

「柳原白蓮」と聞いてもピンと来ない人もいるかもしれない。しかし、2014年の朝ドラ『花子とアン』で、仲間由紀恵が演じた葉山蓮子のモデル、と聞けば、「あぁ、あの人か」とイメージがわく人もいるだろう。

柳原白蓮、本名燁子《あきこ》。柳原前光伯爵の娘で、叔母の愛子は大正天皇の生母であるから、天皇の従妹ということになる。絵に描いたような良家の娘である。

幼い頃に遠縁に当たる北小路家の養女となり、15歳で北小路子爵の長男資武《すけたけ》と結婚するも、この結婚は失敗に終わり、20歳で離婚となる。

その後、東洋英和女学校に学びながら、佐佐木信綱に師事し、短歌の創作に勤しむ。

転機が訪れたのは、25歳の年。九州の炭鉱王、伊藤伝右衛門と見合いし、結婚することになったのだ。この結婚は世間を騒がせた。伊藤は25歳も年上だった。しかも、伊藤は典型的な成金で、字もろくに読めない男だったという。しかも、白蓮は「大正三美人」とうたわれるほどの美貌の持ち主であり、伯爵家には多額の支度金が支払われた。世間では「金で買われた美貌の妻」「人身御供」とまで噂されるようになった。

案の定、というべきか、結婚生活は明るいものではなかった。しかし、その理由は、身分や年齢の違いや、夫の無学さではなかった、と白蓮は語る。主な理由は夫の愛情の欠如だった、と。

夫には当然のごとく妾がおり、一緒に暮らしてもいた。また、親の違う養子が家に何人もいた。大富豪であるのに妻には大して高くもない小遣いを与えるのみ。着るものは自分で好きなものを選べず、夫が与えたものを着ることが決まりだった。愛も自由もなかったのだ。

当時を振り返って白蓮は

「心も魂も汚れはててゆくばかりでした」

と述べている。この頃の歌、

「われは此処に神はいづくにましますや星のまたたき寂しき夜なり」
「女とはいとしがられて憎まれて妬まれてこそかいもあるらし」

なども愚痴っぽい内容だ。

しかし、彼女は、愚痴をいうだけで朽ちることはなかった。やがて社会運動家で編集の仕事をしていた宮崎龍介と出会い、駆け落ち。新聞に夫への絶縁状を発表して再び世間を騒がせた。そこには

「結婚当初から貴方と私との間には全く愛と理解とを欠いていました」
「私は今最善の理性と勇気との命ずる処に従ってこの道を取るに至ったので御座います」

などと綴られていた。こののち、ひと悶着の末、伊藤とは正式に離婚。白蓮は自らの力で人生を切り開いたのである。

おこう事、
京の町人に
御とらせ候べく候

森長可
（戦国武将）

娘のおこうは、
（俺のような戦国武将ではなく）
京の町人の嫁にしてほしいです

森長可
（もり・ながよし）
1558年-1584年。美濃国（岐阜県南部）出身の武将。美濃金山城主森可成の次男。父の代から織田信長に仕え、大いに武功を挙げた。「武蔵守」を称し、その勇猛果敢な戦いぶりから「鬼武蔵」の異名をとる。本能寺の変ののち、豊臣秀吉に仕えた。

とある戦国武将が、頼りにしていた味方の武将に当てた手紙の中で

「娘のおこうは、（自分のような戦国武将ではなく）京の町人のもとに嫁がせてほしい」

などと、愚痴めいたことをいっていた、と聞いたら……

「なんて情けない武将なんだ」

と思う人もいるかもしれない。

ところが、この手紙を書いた森長可という武将は、「情けない」どころか「鬼武蔵」と異名をとるほどの猛将であった。父の代から織田信長に仕え、長島一向一揆征伐、長篠の戦いなどで活躍したのち、武田家を滅亡させた甲州征伐で武功を挙げ、信濃4郡を領し、海津城をも得た人物である。

自らの武功一つで出世を果たしたわけなので、武将として生きることの旨味を知り尽くした人物といっても間違いではないだろう。

そんな彼がなぜ、自分の娘の嫁ぎ先は町人がよいと考えたのだろうか？

実は、森長可が海津城主となってわずか数カ月後に本能寺の変が起きている。主君・織田信長が命を落としたのである。越後を攻めていた森長可は、信長という力強い後ろ盾を失い、急ぎ海津城を捨てて旧領へと兵を退いたのだ。

自らが戦いで負けたわけでもないのに、追われるようにして海津城を捨てることになった森長可。この時、彼は戦国武将でいることの悲哀を感じたのではないだろうか。

それだけではない。本能寺の変では、信長の側近として有名な森蘭丸、坊丸、力丸の三兄弟が、信長とともに戦い命を落としているのだが、この3人、実は森長可の実の弟たちなのだ。

たった一夜の事件で、森長可は、主君と領地と城と肉親を失ってしまったわけである。

その後、森長可は、紆余曲折を経て、豊臣秀吉の配下となる。その頃、秀吉は徳川家康と小牧《こまき》・長久手《ながくて》の戦いで刃を合わせていた。

ところが、この小牧・長久手の戦いの局地戦で、森長可は徳川軍に手痛い大敗を喫してしまう。

その後も、小牧・長久手の戦いは続く。一旦、陣を退いた森長可も、名誉回復の機会をうかがっていた。そんな明日をも知れぬ緊迫した状況で書かれたのが、件《くだん》の手紙である。

「いつも死と隣り合わせで、明日はなにが起こるかわからない武士なんかではなく、普通の暮らしをしている町人に、娘は嫁がせたい」

そんなふうな真情を綴った森長可は、それから2週間も経たずに名誉挽回の戦を仕掛け、帰らぬ人となった。

娘のおこうの嫁ぎ先は、定かでない。

もしこの事がなかったなら、

（中略）

人間並の一生涯を送ることができたのかも知れない

永井荷風
（小説家）

もし、こんなこと（闘病生活）がなかったら、
人並みの生活が送れていたかもしれない

永井荷風
（ながい・かふう）
1879年-1959年。明治、大正、昭和期を代表する文豪。外遊経験を活かして著した『あめりか物語』『ふらんす物語』で注目を浴びたほか、花柳界を題材にした小説などでも知られる。代表作は『腕くらべ』『つゆのあとさき』『濹東綺譚』など。

文豪・永井荷風は、15歳になる年に大きな病気を経験した。「瘰癧《るいれき》（結核性頸部リンパ節炎）」という、結核菌によって起こり首が数珠状に腫れる病気だという。

最初は帝国大学病院に入院し、その後、小田原、逗子で療養を重ね、復学できたのは、翌年の秋。約9カ月もの間、病と闘ったことになる。

「復学」とはいっても、これまでと同じではない。1年の4分の3を療養に費やしてしまったために、一学年下のクラスで学ぶことになったのだ。

これまで学んできた友だちと別れ、年下の子どもたちと一緒に学ぶことになるわけだから、楽しかろうはずがない。

結局、「以前のように学業に興味を持つことが出来な」くなり、「休課の時間にもわたくしは一人運動場の片隅で丁度その頃覚え初めた漢詩や俳句を考えてばかりいるようになった」

と、後年、永井は語っている。

そして、

「この事（病で学校に行けなくなるという事態）がなかったなら」

きちんと学び、職を得て、

「一家の主人《あるじ》ともなり親ともなって、人間並の一生涯を送ることができたのかも知れない」

と、のちに振り返って、愚痴を述べたのである。

しかし、実際には、この療養期間は、永井にとって無駄なものではなかった。

他にすることのなかった永井は、この時、『真書太閤記』『水滸伝』『西遊記』『三国志演義』『（山東）京伝傑作集』『東海道中膝栗毛』などの文芸作品から英文の書物に至るまで、さまざまな本を読み漁ったというのだ。

この経験が、「文豪・永井荷風」をつくりあげたといっても決して過言ではないだろう。

その事実を知ってから読むと、ここに挙げた「この事がなかったなら……」という愚痴も、永井ならではのアイロニーだったのではないかとも思えてくる。

「病にならなかったら、人並みに生きていけた」とは「病があったからこそ小説家として生きていけた」ということの裏返しでもある。

とはいえ、それも、私たちが永井荷風が小説家として成功したことを理解しているからこそ感じることだ。実際に病によって学業がおろそかになり、その後の人生に大きな影響が出たという人もいるだろう。どんなに小説を読み漁ったからといって、小説家として生きていけるのは、ごく一部の人間にすぎない。

結局は、病なり、事故なり、なんらかの突発事件に見舞われた時、その逆境をチャンスに変えられるか否かは、それ以降の生き方や努力の積み重ねにかかっているといえるだろう。

小弟《しょうてい》碌々《ろくろく》として
遂に三十年と相成《あいなり》

夏目漱石
（小説家）

自分は、大したこともしていないのに
30歳になってしまった

夏目漱石
（なつめ・そうせき）
1867年-1916年。明治、大正期を代表する文豪。中学校や大学で教鞭をとり、のちに朝日新聞社に入社し、小説執筆に専念する。『吾輩は猫である』『坊っちゃん』『三四郎』『こころ』などの数々の名作はいまだに多くの人に読み継がれている。

「夏目漱石は、日本を代表する文豪である」といったところで、異を唱える人はほとんどいないだろう。

漱石は、ギリギリだが江戸時代の生まれで、亡くなったのは大正5年である。昭和、平成にかすりもしておらず、没後100年以上も経っているのに、今もその作品は、老若男女を問わず読まれている。まさに、文豪たるゆえんであろう。

一例を挙げれば、文庫フェア「新潮文庫の100冊」では1976年の開始以来2020年までのすべての年で『こころ』が選出されている。本人は大正で没しているのに、昭和、平成、令和に至るまで「売れ筋本」であり続けている証拠である。

また、芥川龍之介をはじめとする多くの門人たちを育てたことも、大きな功績として挙げられよう。

そんな漱石が、29歳（数え年で30歳）の年に、友人にこんな手紙を書いている。

「小弟碌々《しょうていろくろく》として遂に三十年と相成甚《あいなりはなは》だ先祖へ対しても面目なくこまり入《いり》候《そうろう》」

（自分は、大したこともしないままに30歳になってしまい、先祖に対しても面目なく、困ってしまっている）

とても文豪とは思えない、自分を思い切り卑下した愚痴っぷりなのだが、これは冗談ではなく、当時の心情を正直に綴ったものではないかと思われる。

この頃の漱石は愛媛県の尋常中学校で教えていた一介の教師にすぎない。教職というのは、人に誇れる職業でもあるわけだが、漱石にしてみれば、先祖に誇れるようなこととは思えなかったのだろう。若い時から「秀才」の呼び声高かった人物であったことが影響しているのかもしれない。

前々年に肺結核と診断されたこと、前年末に貴族院書記官長の娘と婚約したことも、自身の境遇を振り返るきっかけになったのかもしれない。

しかし、その後も漱石の苦難は続く。転勤、父の死などを経て、妻が精神を病むようになる。33歳で文部省の命でイギリスに留学したが、かの地にはなじめず、かえって神経衰弱に陥ってしまう。

帰国後も神経衰弱は収まるどころか悪化する。その頃、高浜虚子から「文章でも書いてみたならば気が紛れるだろう」と勧められて書いたのが、処女作『吾輩は猫である』だ。

この文章が世に出たのは、38歳の時。遅咲きだったかもしれない。英語の専門家としては本筋からそれた出世の仕方なのかもしれない。しかし、ここから、漱石は押しも押されもせぬ文豪への階段を駆け上がっていったのだ。

30歳前後で人生をはかなむのはまだ早い、といえる好例かもしれない。

このごろ、よく泣く

太宰治
（小説家）

太宰治

（だざい・おさむ）

1909年－1948年。青森県出身。本名津島修治。『走れメロス』『ヴィヨンの妻』『斜陽』『人間失格』など数多くの傑作を残したが、最期は玉川上水に入水して自ら命を落とす。遺体が発見されたのは、奇しくも彼の誕生日だった。

太宰治といえば、いまだに熱狂的なファンも多い日本の文豪の一人だ。その作品はもちろん、ファンの間では、残された書簡の数々までも、愛されている。

中には、少々奇妙な手紙もある。その一つを、少々長いが引用してみよう。

「ぼくをそっとしておいてくれ。そっと人知れず愛撫してくれたら、もっと、ありがとう。

このごろ、よく泣く。

ぼくはいま、文章を書いているのではない。しゃべっているのだ。口角に白いあわを浮かべ、べちゃべちゃ、ひとりでしゃべりどおしだ。

千言のうちに、君、一つの真実を捜しあてくれたら、死ぬほどうれしい。ぼくは君を愛している。君も、ぼくに負けずにぼくを愛してくれ」

正直、少々支離滅裂気味だ。本人も「真実を捜しあててくれたら、死ぬほどうれしい」といっているくらいだから、文章が難解で、意図を理解することが難しいのも当然といえるだろう。この手紙は同郷、同い年の作家で、親しかった今官一に宛てたものである。文中に

「このごろ、よく泣く」

とあるが、太宰がいったい何が原因で泣いていたのかは、そういった理由で手紙の文章からはつかめそうもない。しかし、この手紙が書かれた１９３５年というのは、太宰の精神に大きな打撃を与える事件が重なった年でもあった。

同年3月に太宰は大学を落第。無事に卒業できる見込みを失っている。そこで新聞社の入社試験を受けるが失敗。失意の彼は自殺を企てるが、それも失敗。結局、大学も中退となる。

4月には、盲腸炎で入院し、腹膜炎を併発。この時、鎮痛剤として使われたパビナールの中毒となり、以降、中毒症に悩まされることになる。そして、8月には、念願だった芥川賞の候補に選ばれたのだが、残念ながら落選してしまう。

その月末に書かれたのが、この手紙である。進学にも、就職にも失敗し、将来への不安に襲われた挙句に自死を企て、それさえも失敗。さらに体調不良にも悩まされていたわけなので、「よく泣く」と愚痴をいいたくなるのもよくわかる。

その後もしばらく、太宰の苦悩は続く。翌年も入退院を繰り返し、芥川賞には再び落選。翌々年にはまたも自殺未遂を起こしている。

しかし、１９３９年、井伏鱒二の媒酌で結婚式を挙げたあたりから少しずつ状況は好転。実りのある作家活動が繰り広げられる。『富嶽百景』『女生徒』『走れメロス』などの名作がこの時期生まれているのだ。結婚式の2日後に井伏鱒二に送った手紙には、こう綴られていた。

「仕事します。

遊びませぬ」

成功か　自殺か

野口英世
（細菌学者）

野口英世
（のぐち・ひでよ）
1876年-1928年。福島県生まれ。伝染病研究所、ロックフェラー医学研究所などで研究を進める。晩年は黄熱病の研究に従事し、アフリカ・ガーナにて病死。その病原体ウィルスは、電子顕微鏡のない当時では発見できないものだった。

千円札の肖像としても有名な細菌学者野口英世。彼はいくつかのコンプレックスを抱えたまま研究に没頭してきた人物だ。

福島県の貧しい農家に生まれ、幼名清作と呼ばれた英世は、2歳の年に囲炉裏《いろり》に落ち、左手に大やけどを負ってしまう。母は懸命に看病したが、指は左手に癒着してしまった。この左手が、英世のコンプレックスになった。大規模な手術を受ける金もない。貧乏もまた、大きなコンプレックスである。

勉強で見返そうとした。やがて、小学校ではトップの成績を収め、それには成功した。しかし、上の学校に進むような金はない。不自由な左手のせいで仕事をして金を稼ぐこともできなかった。

ここで、幸運が訪れた。英世の成績が優秀なことを見込んで、ある高等小学校の教頭先生が私財を投げうって、学費を工面してくれたのだ。さらに、高等小学校では、障害にめげず勉強に励む英世を見て、級友や教員が左手の手術を受けさせるべく資金の援助をしてくれた。

こうして16歳の年に手術を受け、左手の癒着は治った。この頃、英世は医学の道へ進むことを決意した。卒業後、手術を受けた病院に書生として勤めながら医学を学び、やがて上京。済生学舎という医師開業試験の予備校的存在の学校で学び、無事、試験に合格する。

しかし、癒着が治ったとはいえ、完全には左手は動かない。英世は開業医をあきらめ、研究者の道を選ぶ。やがて、北里柴三郎が所長を務める伝染病研究所の助手となった。

この研究所では、検疫に関する仕事などをして中国にも派遣されている。徐々に頭角を現してきたが、ここでもう一つのコンプレックスが顔を出す。学歴である。研究所の人たちは、皆一流の大学を出ていた。留学経験のある人もいる。学歴が十分幅を利かせている世界で、自分は果たして出世できるのだろうか？　英世は悩み続けた。

そこで、英世はアメリカへと渡った。知人からなんとか金を借り、かつて通訳をしたことのある学者を訪ねた。自由の国アメリカなら、学歴や家柄などにかかわらず、研究者としての腕前だけで認められるはずだ。それゆえ、失敗は許されない。アメリカに渡った英世は、自室の壁にこんな言葉を貼り付けた。

「成功か　自殺か」

「学歴のない自分は、失敗したら自殺するしかない」そんな愚痴を掲げながら研究に臨んでいたのだ。まさに背水の陣だ。そして、その後は現地の人が「いつ寝てるんだ?」と思うほど、英世は研究に没頭。その努力は成果に結びついた。

こうして英世は、蛇毒や梅毒の研究などに功績を挙げ、三度もノーベル賞候補になるほどの名声を得たのである。

すめらみことは
戦いにおおみずからは
出でまさね

与謝野晶子
（歌人）

天皇陛下は、自分から戦場に
行ったりしないじゃないか

与謝野晶子
（よさの・あきこ）
1878年-1942年。明治から戦前まで活躍した歌人。文芸誌『明星』を主宰する与謝野鉄幹と恋に落ち、結婚。処女歌集『みだれ髪』などに収められた情熱的な恋の歌は、今でも多くの人に愛されている。他に歌集『小扇』『舞姫』のほか共著もある。

「柔肌の 熱き血潮に 触れもみで 寂しからずや 道を説く君」

などの情熱的な短歌で知られる与謝野晶子。菓子商の娘として生まれた彼女は、22歳の若さで『明星』に短歌を発表。その翌年、同誌の主宰者である与謝野鉄幹と結婚し、恋の歌に磨きをかけていた。

そんな彼女には、2歳年下の弟・籌《ちゅう》三郎がいた。1903年、彼女が25歳の年に父・宗七が亡くなったのだが、その後、実家の菓子商を継ぐことになったのは、籌三郎であった。

翌年、世界をゆるがす大事件が起きた。日露戦争の勃発である。

晶子の弟・籌三郎にも従軍命令が下った。任地は、激戦と伝えられる旅順港。その時、籌三郎の妻のお腹には、新しい生命が宿っていた。

同年9月、晶子は『明星』に一篇の詩を載せる。それは名歌人与謝野晶子の詩というよりも、弟を戦にとられた姉の魂の叫びだった。

「ああおとうとよ君を泣く
君死にたもうことなかれ
すえに生まれし君なれば
親のなさけはまさりしも
親は刃をにぎらせて
人を殺せとおしえしや
人を殺して死ねよとて
二十四までをそだてしや」

反戦詩として知られるこの歌の一節が、冒頭に掲げたものである。

「すめらみことは戦いに
おおみずからは出でまさね
（お国のために、天皇陛下のために戦おう、と、皆はいうけれど、その天皇陛下自身は、自ら戦場に行くことなんかないじゃないか！）」

そんな彼女の言葉は、必ずしも人々の共感を得られたわけではなかった。多くの人は晶子のことを「国賊」だとののしったのだ。当時はまだ、天皇大権が認められていた明治時代。そんな時代に、このような詩を読むのが、どれだけ危険なことだったのかは、想像に難くない。

しかし、晶子は詩を詠んだ。いや、詠まずにはいられなかった。大切に育てられた弟が、もし、戦死したら……。残された妻や子はどうなるのだろう。多くの兵士が、喜んで戦地に旅立ったわけではないのだ。

むろん、こんな詩を詠んだところで、戦争が終わるわけではない。彼女の弟が戦地から帰されるわけでもない。そういう意味では、この一節は、ただの愚痴でしかない。しかし、壮大な愚痴である。

言葉も空しく、戦闘は翌年まで続き、8万を超える兵士が命を落とした。

しかし、晶子の必死の願いが通じたのか、弟・籌三郎は、無事に帰国を果たしている。

この文《ふみ》わすれ候《そうら》ハ《わ》て《で》火中、かたくかたく

伊達政宗
（戦国大名）

こんな手紙、読んだら燃やしてくれ。絶対に

伊達政宗
（だて・まさむね）
1567年-1636年。東北地方で活躍した戦国大名。病気で右目の視力を失ったことから「独眼竜」とも呼ばれた。会津などに大きく領土を広げたのち、豊臣秀吉に臣従。秀吉没後は徳川家に仕え、仙台藩の藩祖となった。

戦国大名の現存する自筆書状というのは、意外に少ない。徳川家康で20～30通ほど、織田信長に至っては数通しか確認されていない。戦乱の時代ゆえに焼けたり、散逸してしまったりしたものも多いのだろうが、それだけが理由ではない。

　実は、基本戦国大名というのは、自分では手紙を書かないのだ。ほとんどの場合、「右筆《ゆうひつ》」という専門家が代筆し、戦国大名本人は署名とサイン（花押《かおう》）を記すだけ、というのが、当時の公的文書の基本とされていたからだ。ゆえに、自筆の書状というのは、家族などごく身近な人に送ったものに限られるのだ。

　しかし、伊達政宗は違う。家族はもとより、数多くの家臣や他家に仕える茶人、さらには3代将軍徳川家光の乳母として有名な春日局にまで自筆の書状を送っている。約400年の時を経て、現存しているものだけでも千通を超えるというから、実際には何千という書状を、自筆にてしたためていたのだろうと考えられている。実に稀有な例といえよう。

　どうやら政宗は、手紙は自筆で書くもの、という思いが強かったようだ。中には「差しさわりがあって代筆になってしまいました」などとわざわざお詫びめいたことを記しているものもある。

　そんな政宗の手紙には、最後に、

「火中」

と記されているものも多い。文字通り

「（読んだら）火の中へ（入れて燃やしてほしい）」

という意味だ。

　どうして燃やしてほしいのかというと

「プライベートに関わるなど恥ずかしい内容だから」

（例：としは《ば》へ《え》ニ《に》もあハ《わ》す《ず》候《そうろう》事《こと》、そのミもはもじはもじ、すなわち火中［年甲斐もなく、恥ずかしいので燃やしてほしい］）とか、

「まとまりもなく、汚い字だから」（例：書中自筆にて散々候間火中［自筆で乱筆乱文だから燃やしてほしい］）

など、理由はさまざまである。

　とはいえ、達筆でならした政宗が思わず乱筆になってしまうほど忙しい中、たとえ些細な内容であっても、自らの手で書状をしたため、心中を伝えようとしたところに、政宗の人柄が垣間見られるというものだ。こんなふうに人と人との関係を大切にした人物だったからこそ、仙台藩を大藩にすることができたのだともいえるだろう。

　そんな政宗の心がこもった手紙を、もらった人は捨てることなどできない。政宗の記した、

「火中（燃やしてくれ！）」

という訴えは届かず、多くの手紙が今も大事に保管されている。それもまた、政宗が多くの人から愛され続けている証拠といえるだろう。

吾れ行年三十、一事成ることなくして死して……

吉田松陰
（教育者）

私は30歳。一つも事業を
成し遂げることなくして死んでしまう

吉田松陰
（よしだ・しょういん）

1830年-1859年。幕末の長州藩士。幼少期に山鹿流兵学師範の吉田家を継ぐ。海外渡航を企てた罪で投獄後、松下村塾で多くの志士たちを教育したが、のちに安政の大獄で刑死。松下村塾は現在、世界遺産にも登録されている。

夏目漱石と同じように、かの吉田松陰も「30歳なのに、何も大したことをしていない！」と述べている。これは偶然だろうか、ひょっとすると、『論語』に出てくる「三十にして立つ」の影響もあるのかもしれない。30歳前後というのは、人生を振り返る一つの契機になっているようだ。（なお、彼らのいう「30歳」とは数え年のことなので、満年齢でいえば、29歳。ギリギリ20代である。）

さて、吉田松陰といえば、「炎の教育者」とも称される幕末の有名人である。司馬遼太郎の『世に棲む日日』をはじめ、数々の小説やドラマなどに描かれてもいる。大河ドラマでは、妹の文を主役とした『花燃ゆ』で準主役扱いで描かれていた。

そんな松陰が「30歳なのに、何も成し遂げていない」とは、謙遜ではないか、とも思う。まして、漱石の場合、30代後半から小説家として名を成したわけだが、松陰のこの言葉は死の直前、遺言として書かれた文章からの引用である。この時点で何もしていなければ、本当に何もしていないことになる。事実だろうか？

松陰は、長州藩士の子として生まれ、幼くして兵学者の道へ進んだ。江戸など各地で遊学している際に、黒船来航の噂を耳にし、なんとか外国へ行きたいと考え、密航を企てる。これが失敗に終わり、松陰は投獄されてしまう。

出獄後、松下村塾で長州藩の若者に講義を行うが、それもわずかに1～2年。尊王攘夷の嵐吹き荒れる幕末において、松陰は幕府の要人暗殺計画などを立てた罪で再び囚われの身となってしまう。

そして、運命の１８５９年。松陰は満29歳で刑死となったのである。

こうして振り返ると、確かに松陰の人生においては、何も成功していないようにも思える。

しかし、実際にはたとえわずかな期間とはいえ、松下村塾で教えた者たちの心に確かな教養と志を植え付けていた。のちに松下村塾の塾生であった高杉晋作らは幕府を倒すことに貢献し、伊藤博文、山県有朋らは明治政府の中枢として新しい時代をつくっていった。松陰の死後、その志は花開いたといってよい。

漱石のように、遅咲きで成功する人もいる。松陰のように、死後、その功績が称えられる人もいる。松陰はいう。

「十歳にして死する者は十歳中自ら四時あり（中略）義卿三十、四時已に備わる、亦秀で亦実る」

（10歳で死んだ人にでもその人生の中には四季があり、種をまき実が出る時を経てきているのだ。（中略）自分も30歳で四季を経験した。花も咲かせているし、実もつけているはずだ）

純粋なものが分らなくなった

梶井基次郎
（小説家）

梶井基次郎
（かじい・もとじろう）
1901年-1932年。大阪生まれ。東大在学中に、中谷孝雄、外村繁らと同人雑誌『青空』を創刊。以降、『檸檬』『城のある町にて』『冬の蝿』『交尾』『のんきな患者』などの名作を発表。その評価は、主に死後、高まっていった。

「えたいの知れない不吉な塊が私の心を始終圧《おさ》えつけていた」

ではじまる小説『檸檬』。肺に病を、心に青春期特有の不安を抱えた主人公が登場する短編小説で、今なお、高い人気を誇っている。作中、主人公の心を癒したのは檸檬の果実であり、

「始終私の心を圧えつけていた不吉な塊がそれを握った瞬間からいくらか弛んで来た」

と綴られている。

作品に描かれた主人公には、梶井自身の姿も投影されているようだ。梶井は少年期から肺を病んでおり、また、自身青春の不安を抱え、それらを振り払うかのように一時期、非常に退廃的な生活を送ってもいた。

大阪に生まれた梶井は、18歳の年に第三高等学校（京都大学の前身の一つ）に入学。当初はエンジニアになることを目指していたが、徐々に文学にはまるようになる。一方で、病による休学、落第などのつらい経験もしている。

2年次の秋、友人とボートで舟遊びをした後、初めて遊郭で一夜を過ごした。この頃から、しきりに、

「純粋なものが分らなくなった」

とか、

「堕落」

とかいう言葉を口にするようになったと、彼の学生時代からの文学仲間が証言している。

そして、この時期から、彼の退廃的な生活に拍車がかかっている。女遊びが激しくなる。酒に溺れる。中華そばの屋台をひっくり返したり、ケンカをしたりといった暴力的な事件も起こした。警察に捕まったこともあったし、ビール瓶で殴られ生涯残る傷痕を顔に負いもした。

この頃の退廃的な生活をもとに描かれたという小説に『小さき良心』がある。人を殴った後、夜の町を徘徊している男の胸の内を綴った小説だ。その中には、

「俺には何が善だかわからない」

「一つの問題に悩んでいる自分の前に、問題が次々と山のように積まれてくる」

「そして自分はその内の一つも解き得ないでいる。それが苦しい」

といった青春期の不安のようなものが綴られている。

しかし、彼の退廃的な生活も、三高を卒業し、東京帝国大学英文科に入学した頃から、かなり収まりを見せてくる。東大英文科といえば、梶井の敬愛する夏目漱石が卒業し、教鞭をとった学校でもある。梶井は在学中に同人雑誌に参加するなど文芸に一層力を入れるようになる。

しかし、退廃的な生活が収まったとはいえ、病は相変わらず彼を苦しめた。大学中退後、いくつかの作品を発表するようになってから、わずか4年で息を引き取った。31歳のことであった。

東洋の女性は、地位の高い者はおもちゃ、地位の低いものは召使いに過ぎません

津田梅子
（教育家）

津田梅子
（つだ・うめこ）

1864年-1929年。津田塾大学の創立者。日本初の女子留学生の一人。華族女学校、女子高等師範学校教授として教壇に立つ。日本YWCA初代会長、万国婦人連合大会日本婦人代表などでも活躍。2024年から新5千円札の肖像となる。

江戸幕府が倒れ、明治政府ができてから4年目の1871年。日本が懸命に近代化、西洋化の道を突き進んでいた頃、政府高官らの欧米使節とともに5人の若い女性たちが日本初の女性留学生としてアメリカへと旅立った。その中に、とりわけ幼い少女が一人いた。彼女の名は「津田むめ（のちに『梅子』と改名）」。当時まだ7歳であった。

あまりの幼さを懸念する声もあったのだが、彼女の父親の強い希望もあり、この留学は実現した。父親の津田仙は、江戸末期に渡米しており、すぐれたアメリカの社会制度を見知っていた。そこで、本来ならずっと近くで見守っていたいはずの愛娘を向学のために、遠い海外へと送ったのだという。

アメリカに着いた梅子は、ワシントン近郊に住むランマン夫妻の家に預けられた。もちろん、英語などほとんど話せなかったが、夫妻のやさしい支えもあり、すくすくと成長。2年後には、自らキリスト教の洗礼を受けたいと申し出るようにまでなった。

こうして、アメリカで初等・中等教育を受け、英語はもちろんペラペラとなった。さらにはフランス語やラテン語、数学など理数系の学問も学び、帰国したのは11年後。幼かった少女は18歳になっていた。

しかし、期待を胸に、久々にその土を踏んだ祖国日本の姿は、慣れ親しんでいたアメリカとはあまりに違っていた。封建時代の名残のある明治の日本で女性に求められていたのは、主に「良妻賢母」でいること。自由に社会で羽ばたくことなどほとんど考えられない状態だったのだ。アメリカ式の生活が身に沁み込んでいた梅子にとって、これは大変なカルチャーショックだった。

「東洋の女性は、地位の高い者はおもちゃ、地位の低いものは召使いに過ぎません」

梅子は、アメリカに住むランマン夫妻への手紙に、こんな愚痴を綴っていた。

しかし、彼女は、それを愚痴では終わらせなかった。かつて一緒に留学した女性たちが結婚して家庭に入っていく中、彼女は縁談を断り、自立した女性として生きていくことを目指したのだ。

伊藤博文ら西洋を知る高官らの後押しもあり、彼女は華族女学校の英語教師になった後、再び渡米。ブリンマー大学で高度な学問を修める傍ら、「日本婦人米国奨学金制度」を設立するなど、日本の女性たちが学ぶ機会を増やすための努力も続けていった。

そして帰国後、36歳の時に津田塾大学の前身「女子英学塾」を創設。「おもちゃ」でも、「召使い」でもない、自立した女性たちの育成のために、その生涯をささげたのである。

身を海水に投じ死するにしかず

ジョン万次郎

（幕臣）

こんなことなら、
海に飛び込んで死んだほうがましだよ

ジョン万次郎
（じょん・まんじろう）
1827年-1898年。14歳の時に遭難し、アメリカ船に助けられる。以後、アメリカで育ち、帰国後、幕臣となる。「ジョン万次郎」は井伏鱒二の小説上の名前。アメリカでは「ジョン・マン」、幕臣となってからは「中浜万次郎」と呼ばれた。

江戸時代末期の1841年。とはいえ、黒船来航の12年も前のことで、世間、特に土佐国の漁師町は、まだいつもと変わらない平和な日々が続いていた。

漁師の子で、14歳になる万次郎も、その日、4人の先輩漁師とともに漁に出ていた。その時、突然に嵐が来た。万次郎らは懸命に漕いだが、小舟は流されるばかり。やがて主櫓は折れ、予備の櫓も流されてしまう。右も左もわからぬ、太平洋のただ中で、万次郎らは漂うばかりとなった。

漂流は、数日も続いた。一度は、降ってきた雨でのどを潤せたが、それ以来、雨は降らなかった。のどが渇く。食料もすでに食べつくしていたから空腹でもあったが、それよりも耐えられないのが、のどの渇きだ。つらい。

「とにかく、水が飲みたい。それができないのなら、海に飛び込んで死んだ方がましだ」

万次郎らは愚痴をこぼした。

唯一の希望は、南東の方角に見えるかすかな孤島の影だった。しかし、櫓はない。なんとか風を受けるよう帆柱を動かし、島へと船を近づけ、悪戦苦闘の末、なんとか上陸することができた。生きる希望が少しだけ湧いてきた。

とはいえ、小さな無人島に満足な飲料水などはなかった。食料は、島にいるアホウドリなどをとって食べることができたが、水は雨露に頼るしかなかった。晴れの日が続いた時は、自分の尿を飲むことまでした。

ついに漂流生活は100日を超えた。雨が降らない日が2カ月以上続いた時もあった。それでも、万次郎たちは、死を選びたくなるほどののどの渇きに堪え、「海に飛び込んで死ぬ」こともせずに、なんとか生き続けたのである。

希望は太平洋の向こうからやってきた。アメリカの捕鯨船が、万次郎らのいる無人島の近くまでやってきたのだ。

こうして、万次郎らは、地獄のような苦しみから救われた。もちろん、言葉は通じなかったが、捕鯨船の船長以下乗組員たちは、万次郎たちを船に乗せ、介抱してくれたのである。

当時、日本は鎖国をしていたので、アメリカ船は日本には行けず、やむなく、ハワイで彼らを下ろし、船長のお気に入りとなった万次郎だけはアメリカ本土まで行って、船長の世話になった。やがて、アメリカで英語や航海術などを覚えた万次郎は、のちに日本へと戻る。運命の航海から10年の時が経っていた。

その後、黒船の来航があり、西洋文化をよく知る万次郎は、幕府に迎えられることになる。愚痴をいいながらも苦しさに堪え生き延びたことで、一介の漁師だった万次郎は、武士（幕臣）へと前代未聞の出世を遂げたのだ。

世の中を
よそに見つつ……

井伊直弼
（政治家）

井伊直弼
（いい・なおすけ）
1815年-1860年。江戸幕府譜代大名の名門井伊家の当主（彦根藩主）。幕末に大老となり、日米修好通商条約締結などに尽力したほか、安政の大獄を起こす。のちに桜田門外の変で凶刃に倒れる。茶道その他、文武の道に秀でていたという。

幕末も近い1858年、幕府は2つの難題を抱えていた。体調不良だった13代将軍家定の後継を誰にするかという問題と、アメリカなどが盛んに要求していた通商条約を結ぶか否かの問題である。

この難題を解決すべく、幕府の最高位に当たる「大老」に就任したのが、井伊直弼だ。彼は就任するや否や、2つの難問を一気に片付けた。次期将軍を紀州の徳川慶福《よしとみ》（のちの家茂《いえもち》）とし、諸外国との通商条約を締結した。要は、ほぼ独断で決めてしまったのである。

当然、反対派は激しく抗議した。すると、井伊直弼は逆に反対派を粛清した。いわゆる「安政の大獄」である。しかも、その粛清は、大名だけではなく、公家や諸藩の志士、僧侶や学者にまで及んだ。反幕府の姿勢を見せていた人々を一網打尽にしてしまったのである。かの吉田松陰も、この時、命を落としている。

強い意志を持って政治を進め、反対派を一斉に粛清するなどの強権を発動した井伊直弼。さすがは譜代大名筆頭といわれる超名門育ちだけのことはある。なんでも自分の思い通りにふるまう政治姿勢から察して、小さい頃からわがままで、思い通りに生きてきたのか、と思いきや、実はそうでもなかったようだ。

確かに直弼は、名門井伊家の出身だが、なんと十四男なのである。兄が13人もいれば、自分が藩主（殿さま）になれる可能性はまずない。どこか他の藩が養子にもらってくれればよいのだが、さもなければ一生兄の世話になって生きるか、出家するくらいしか道はない。

実は19歳の時、延岡藩から養子縁組の話が来たのだが、その時選ばれたのは、なぜか弟の直恭だった。

失意の直弼は、こんな歌を詠んだ

「世の中をよそに見つつもうもれ木の
埋《うも》れておらむ心なき身は」

（世の中の流れなどは離れたところから横目で見ながら……、埋もれ木のような自分は、まだ思慮分別もない身だが、せめて埋もれることなく生きていこう）

とはいえ、彼にできることといえば、学問や芸術に励むことくらいだった。

ところが、奇跡は起きた。藩主である兄とその跡継ぎが次々と急逝。他の兄弟は皆養子に出ていたため、直弼に藩主の座が転がり込んできたのだ。その後、江戸幕府大老に就任することにもなった。「世の中をよそに」見るしかないと思っていた直弼に、政治の中枢に立つ機会が訪れたのだ。それゆえ彼は、これまで埋もれていた分、思う存分働いた。他人からどう思われようと、自分が正しいと信じる道を邁進していったのだ。

しかし、栄華の時は意外なほど、短かった。大老就任の翌々年、桜田門外で反対派の襲撃に遭い、あっけなく命を落としたのである。

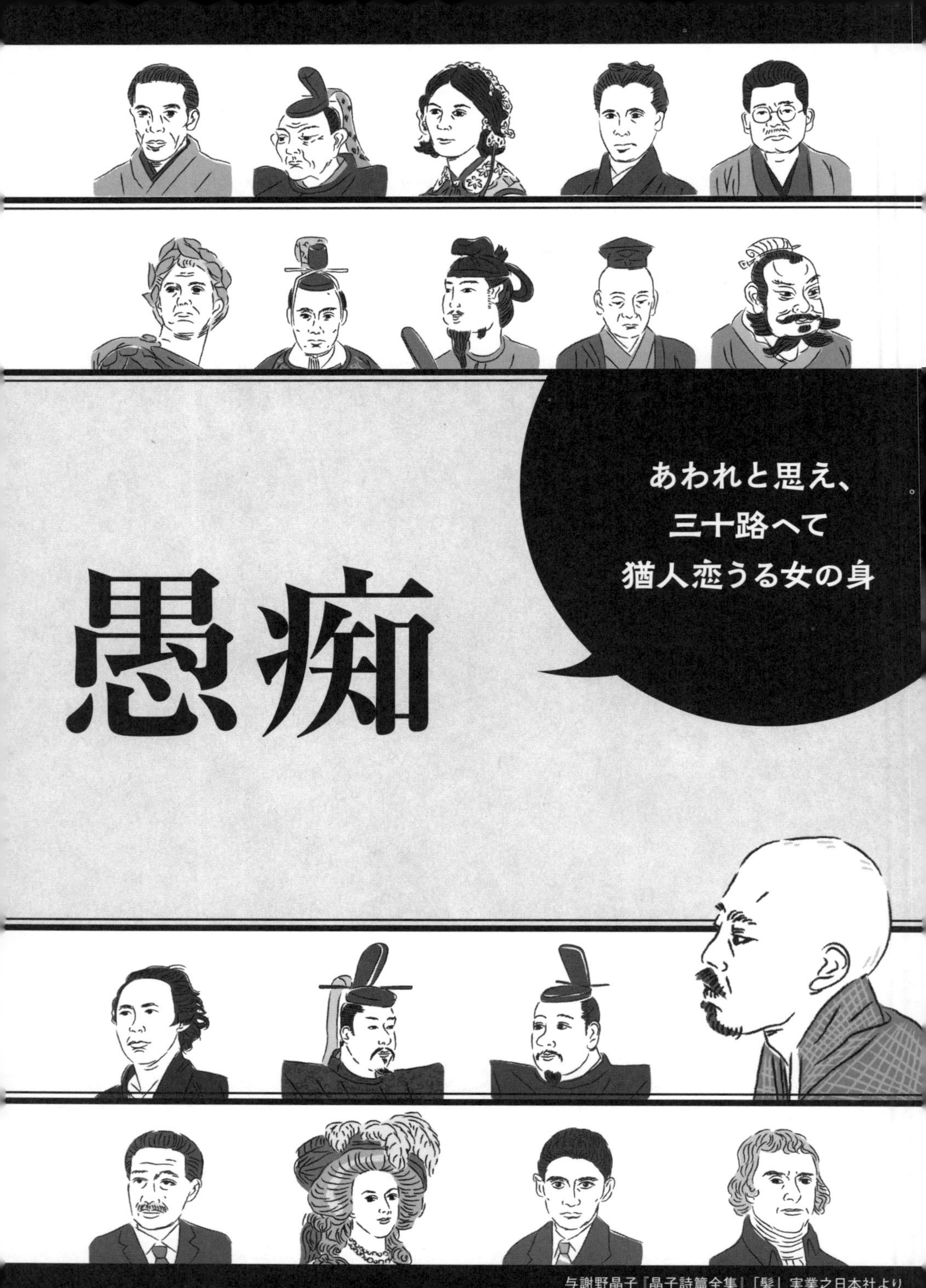
愚痴
あわれと思え、
三十路へて
猫人恋うる女の身

与謝野晶子『晶子詩篇全集』「髪」実業之日本社より

第2章 30代の

童貞を失ったのが
すこぶる遅く、
これが人生の
一大痛恨事になっている

三島由紀夫
（小説家）

三島由紀夫
（みしま・ゆきお）

1925年-1970年。東京生まれの小説家。本名、平岡公威《きみたけ》。『仮面の告白』『金閣寺』『潮騒』『豊饒の海』などの傑作を残す。「楯《たて》の会」という組織を結成し、自衛隊市谷駐屯地に乱入。隊員に決起を促したが果たせず、演説後、切腹した。

三

島由紀夫は、逆説的に道徳を説いた傑作エッセー『不道徳教育講座』の中で、こんな言葉を述べている。

「童貞を失ったのがすこぶる遅く、これが人生の一大痛恨事になっている」

もっとも、三島は1925年生まれで、20歳の時がちょうど終戦の年。童貞を失う機会に恵まれなかったのも不思議ではないが、当人にとってはそれがいたく不満であったらしく、「一大痛恨事」などと愚痴を述べただけでなく、後世の若い男性たちには

「童貞は一刻も早く捨てよ」

との言葉を残している。

そういわれてみれば……、童貞を捨てるのが遅かったことがよほど痛恨だったからか、三島の小説の中には、「童貞を捨てる話」あるいは「童貞を捨てられなかった話」が、たくさん出てくる。

たとえば、三島の「半自叙伝的小説」といわれる『仮面の告白』には、友人から悪所（遊郭）に誘われる話があり、主人公の「私」は

「二十三にもなって童貞だと思われまい」と遊郭へ行くのだが、性的不能となり童貞喪失のチャンスを失っている。

名作『金閣寺』でも、主人公は

「君は童貞だ」

と学友柏木にいわれ、その後も柏木が60歳ほどの寡婦を相手に童貞を捨てた話を聞かされたり、柏木の知る女を相手に童貞を捨てようしたりする。しかし、いよいよ童貞喪失かと思われた刹那、主人公の脳裏に金閣の幻影が現れ、行為は未遂に終わってしまうのだ。

さらには、何度も映画化された名作『潮騒』にも

「自分はまだ十八だし、女のことを考えるのは早いと思っていた」主人公が、焚火を隔てて好きな女性と向かい合う有名なシーンが出てくる。

主人公は、やがて女性から

「その火を飛び越して来い。その火を飛び越してきたら」

といわれ、炎を越えて二人は抱き合ったのだが、結局、「お嫁さんになるまで」「いかん」といわれ、童貞を捨てる機会を失ってしまうのだ。

こう見ていくと、「童貞喪失」あるいは「童貞喪失失敗」というのは三島文学の一テーマといってもよいくらいのものに思えてくる。

三島自身は、『不道徳教育講座』で

「童貞を早く捨てれば捨てるほど、女性というものに関する誤解から、それだけ早く目ざめることができる。男にとってはこれが人生観の確立の第一歩」

などと語っているのだが、実際には「童貞を失ったのがすこぶる遅」かったことから生まれた「人生観」も、芸術作品を生み出す、よき要因となりえたのではないかとさえと思われてくるのだ。

僕の愛を信じてくれ
もっと細かいことを
手紙に書いてくれ

モーツァルト
（作曲家）

ウォルフガング・アマデウス・モーツァルト

1756年–1791年。オーストリア、ザルツブルク生まれ。幼少期より「天才」の名をほしいままにした大音楽家。交響曲第41番「ジュピター」、オペラ「フィガロの結婚」「魔笛」など残された名作は600曲以上といわれている。

天才音楽家モーツァルトの妻コンスタンツェは、「世界三大悪妻」の一人に数えられるほどのひどい妻だったといわれている。なにしろ浪費家で、浮気っぽく、モーツァルトの遺体も安い共同墓地に葬ってしまった。そのため、いまだにモーツァルトの遺体は行方不明となっている。

しかし、そんな彼女のことをモーツァルトは、心から愛していたようだ。数々の愛情あふれる手紙を書いている。

「最愛の妻よ」

「私はあなたを1,095,060,437,082回キスして、抱きしめる」

しかし、これらの手紙から透けて見える妻の態度は、決して愛情あふれるものには見えない。モーツァルトが

「僕の愛を信じてくれ」

と愚痴ったのは、妻の態度が冷たかったからではないだろうか。

「もっと細かいことを手紙に書いてくれ」

といったのは妻の手紙がそっけなかったからに違いない。

「よけいな嫉妬で君自身と僕とを苦しめないでおくれ」

「君は（別の男に）なれなれしすぎる」

と書いたのは、妻に浮気性なところがあることを示しているようだ。

ところが、実際に悪いのはモーツァルトのほうだった、という指摘もある。

実は、モーツァルトは結婚前にアロイジアという女性と恋に落ちている。このアロイジアこそ、何を隠そう、のちに妻となるコンスタンツェの実の姉なのである。そして、モーツァルトは素晴らしい歌い手でもあったアロイジアには、いくつもの曲を書いているのに、同じく歌手でもあったコンスタンツェには、練習曲くらいしか書いていないのだ。

また、モーツァルトは金遣いも荒かった。人一倍金を稼いだが、それ以上に金を使った。ギャンブルにのめりこんだためとも、フリーメイソンに貢いだためともいわれるが、その正確な使い道はわかっていない。

モーツァルト一家は貧しかった。その理由はもっぱら悪妻コンスタンツェの浪費のせいだとする説もあるが、実はコンスタンツェの散財は収入に見合ったものであり、一家が貧しかった理由はモーツァルトのほうにある、という見方が近年強くなっている。遺体を共同墓地に葬ったのも、貧困の中、稼ぎ手を失った主婦として、葬儀費用を安くあげるのは当然だった、とも考えられる。近年ではコンスタンツェは悪妻ではなかった、という見方が主流になりつつあるのだ。

むしろ、そんな妻に引け目を感じていたのは、モーツアルトのほうだったという。だからこそ、熱心に愛を綴り、その愛を確かめるために愚痴っぽいことを書き連ねたのではないだろうか。

しのに対して、
私は何をしたろう。

（中略）

ほんとにすまなかった。
おろかな、私を許しておくれ

竹久夢二
（画家）

竹久夢二
（たけひさ・ゆめじ）
1884年-1934年。明治から昭和にかけて活躍した画家、詩人、デザイナー。岡山県出身。本名、茂次郎。代表作『黒船屋』などに描かれた「夢二式美人」と呼ばれた風情ある美人画は一世を風靡した。他に『宵待草』などの作詩も手がける。

独特の美人画を描き、現在でも大変人気の高い竹久夢二は、柳原白蓮の歌集、詩集の装丁なども行っている。明治後期から昭和初期を代表する画家であり、デザイナーであった。

恋多き人でもあった夢二が、「最愛の人」と慕ったのが、「彦乃」という女性である。

夢二は、彦乃と出会う前に、「たまき」という年上の女性と結婚しているが、わずか2年で離婚している。ところが、離婚後も二人は、同居と別居を繰り返すなど深い交流を続けていた。たまきはのちに夢二デザインの小間物を販売する「港屋絵草紙店」も開いている。

そこに客として現れたのが「彦乃」である。やがて、彦乃と夢二は恋に落ちた。しかし、二人の交際を彦乃の父は許さなかった。出会いの頃、彦乃はまだ18歳。夢二は彦乃より12歳も年上の30歳、おまけにバツイチで前妻との間に子どももいる。父親が反対するのも無理のないところであった。

しかし、二人の愛は冷めなかった。出会いから3年後、彦乃は父の反対を押し切って京都の夢二の家に転がり込む。二人はその地で、おそらく人生で最高に幸せな時を過ごしたことだろう。

ところが、幸福な時は短かった。翌年の九州旅行の最中に、彦乃が病で倒れた。結核である。

やがて、彦乃は父親によって東京に連れ戻され、闘病生活を送ることになる。

その頃、夢二は

「しの（彦乃の愛称）に対して、私は何をしたろう。（中略）ほんとにすまなかった。おろかな、私を許しておくれ」

と日記に綴っている。

父の反対を押し切り、京都まで来てくれた彦乃に対して

「なにもしてあげられなかった」

と後悔の愚痴を述べたのである。

病気が治ったら今度こそ、彦乃をもっともっと幸せにしてあげよう、と夢二は思ったことだろう。しかし、願いは叶わなかった。それから2年も経たずに、彦乃は天に召された。まだ、24歳の若さである。

それからも、夢二は生きた。別の女性とも恋に落ちた。しかし、生涯最も愛した女性は彦乃であったという。彼が死ぬまではめていたという指輪には

「ゆめ３５しの２５」

の言葉が刻まれていた。

「しの２５」は彦乃の享年（数え年で25歳を指し、「ゆめ３５」は彦乃との愛が引き裂かれた時の夢二の年齢である。「その時に自分は死んだようなもの」と夢二が思っていたのではないか、といわれている。

現実には50歳で亡くなった夢二。死因は奇しくも彦乃と同じ結核であった。

愛し合っているのに、身分が違うなんて！

ベートーヴェン
（作曲家）

ルートヴィヒ・ヴァン・ベートーヴェン

1770年-1827年。ドイツの作曲家。宮廷楽長の祖父、宮廷歌手の父を持つ。幼い頃から音楽の英才教育を受け、遺憾なく才能を発揮した。20代から難聴に悩まされながら、『英雄』『運命』『第九』『月光』など数々の名曲を生む。

クラシック音楽には興味がない、という人でも「ベートーヴェン」の名を知らない、という人はまずいないだろう。彼は宮廷歌手だった父の厳しい教育を受け、幼い頃から音楽の才能を発揮しはじめた。

しかし、そんな彼に不幸が訪れる。20代終わり頃から難聴の兆しがあらわれたのだ。他の職業ならまだしも、音楽家としては致命的な病気でもある。親しい友人への手紙に彼はこう綴っている。

「僕の病気は僕の行く先々にまるで幽霊みたいに立ちふさがって、僕は人間を逃げていた。僕は厭人家と見なされるようにするより他に仕様がなかった」

難聴を気に病み、人前に出ることも嫌がるようになっていった、というのだ。

そんな彼の心をなぐさめたのが、一人の女性との出会いだった。

「僕が変化したのは、一人の親愛な、可愛らしい少女のした仕事なのだ。その人は僕を愛しているし、僕もその人を愛している。二年ぶりで再び幸福の幾瞬時を僕は持っている。結婚が幸福をもたらすかも知れないということを今度始めて僕は感じている」

と、女性との出会いが精神的な救いをもたらし、彼女との結婚すら考えている、という。しかし、この後、手紙でベートーヴェンはこう語る。

「残念なことにその人は僕とは身分が違う」

ベートーヴェンが愛した女性ジュリエッタは、貴族の娘だった。音楽家は貴族から雇われて演奏したり、作曲したりする身の上である。19世紀初頭のヨーロッパにおいて、身分の違いは、恋愛の大きな障害であった。

「身分が違う」

と、愚痴をいった31歳のベートーヴェン。結局、悲恋に終わったのだが、この恋は、ベートーヴェンと、世界中の人々に幸福を与えることにもなった。ベートーヴェンが、愛するジュリエッタのために贈ったのが、ピアノソナタの名曲『月光』なのだ。あの物悲しい調べには、身分違いの恋に泣いたベートーヴェンの心境が込められているように思える。

ベートーヴェンが、身分違いの恋に泣いたのは一度ではない。初恋からして貴族の娘である。当時の音楽家は貴族の発注で仕事を受けていたため、その家族の女性と触れ合う機会が多かった、というのも理由の一つだろう。

ベートーヴェンが愛する人に曲を贈ったのも一度ではない。有名なものとして恋人テレーゼ・マルファッティのためにつくった「エリーゼのために」がある。

たくさんの恋をしたベートーヴェンだったが、身分の違いもあってか、どれも実らず、生涯を独身で過ごした。その代わり、結ばれぬ恋の数だけ、音楽史に残る名曲が生まれていったのである。

地獄行きだ

リンカーン
（政治家）

エイブラハム・リンカーン

1809年-1865年。アメリカ合衆国第16代大統領。大統領当選直後、アメリカ最大の内戦、南北戦争が勃発。リンカーンは「奴隷解放宣言」を出して国内外の支持を集め事態を収めたが、その直後、凶弾に倒れた。

2018年に行われた調査で、アメリカの政治学者が「最も偉大な大統領」に選んだのが、エイブラハム・リンカーンだった。農民の子として馬小屋で生まれながら、のちに大統領となり、アメリカ最大の内戦、南北戦争を収束させた政治家で「人民の、人民による、人民のための政治」の言葉は、特に有名だ。

一方、その妻、メアリーは、気性が激しく、しばしば「悪妻」の代表のようにいわれている。すぐにヒステリーを起こし、リンカーンを箒で殴りつけたり、コーヒーを浴びせかけたりしたという。

そんな彼女の性格を見抜いていたのか、リンカーンは一度婚約を破棄している。その後、再会した二人は、正式に結婚式を挙げることになったのだが、気が進まないのか、準備中にためらうような仕草をしていたリンカーンに、友人は

「どこへ行くんだ？」

と尋ねた。すると、彼は

「たぶん、地獄だ」

と、愚痴をいったという。

その後、妻からDVまがいの仕打ちを受けることになるわけだから、リンカーンの「地獄行き」だという予想は、まんまと当たったとも思える。

しかし、これにはまったく別の見方もある。実は、リンカーンは結婚するまで、あまり風采の上がらない人物だったという。正規の学校教育をほとんど受けることなく、川舟乗り、雑貨商、測量技師などの職を転々としたのち、ようやく友人と共同で弁護士事務所を開くことはできたのだが、身だしなみもなってなく、礼儀作法などもほとんど知らない男だったようなのだ。

そんなパッとしない男であったリンカーンを叱咤激励して一流の政治家にしたのが、妻メアリーだったという。文字通り、ダメ男の尻を叩いて、やる気にさせたというのだ。

風采の上がらないままの生活をよしとしてきたダメ男からすれば、そんな状況は、まさに「地獄」である。しかし、その地獄が、彼を「最も偉大な大統領」へと変貌を遂げさせたのだ。

メアリーが行ったのは、DVまがいの叱咤激励だけではない。社交的なことが苦手なリンカーンに代わり社交場では自分が前面に出た。健康増進のため、引きこもりがちなリンカーンに散歩を日課にさせた。もちろん、ファッションや身だしなみのアドバイスも的確に行った。

こうしてリンカーンは、一流の男として成長。結婚して4年後に下院議員となり、のちに大統領となった。

しかし、大統領就任後、南北戦争を収めたリンカーンは、その直後、銃撃されてこの世を去る。最愛の妻、メアリーとの観劇の最中の出来事だった。

街へ出ると、涙が出た。いくら拭いても出てきた

直木三十五
（小説家）

直木三十五
（なおき・さんじゅうご）

1891年-1934年。大阪生まれ。本名、植村宗一。本名の「植」の字をばらした「直木」に年齢を付けた「直木三十一」をペンネームとし、以後「三十二」「三十三」と来て「三十四」を飛ばして「三十五」で定着。代表作『南国太平記』など。

「直木賞」にその名をとどめる小説家直木三十五。生涯を通じて、お金に苦しんできた人間だ。その状況は本人の筆による『貧乏一期、二期、三期　わが落魄の記』や『死までを語る』などの自叙伝に詳しい。

まず、生まれた家が貧乏だった。『貧乏〜』には、生家は玄関と奥座敷あわせて四畳半だった、とあり、『死〜』には、三間だったとあるが、いずれにせよ、かなり狭い家だったようだ。

幼少期には「玩具をもった記憶がない」し「殆ど、間食をした記憶もなかった」という。唯一の間食（おやつ）は「焦げた飯を握った」ものだった。

その後、家の手伝いをしたり、代用教員をしたりしたのち、上京。20歳で早稲田大学に入学する。しかし、残念ながら直木の学生生活は、中途で除籍となって終わる。主たる理由は学費が払えなかったからだ。この頃、直木はのちに妻となる女性と同棲していた。家賃など生活費に困窮していたため、学費が払えなくなったのだ。やがて長女も生まれる。本格的な貧乏生活がはじまっていく。

本を売り、着物を質に入れ、翻訳などの仕事も行ったが、もちろん満足な収入にはならない。妻のほうに仕事の口があった時には、直木が主夫のようになって子どもの面倒を見たという。

27歳の時に知人と出版社を創設してトルストイの全集を出した。これは当たった。これで一旦は貧乏生活から解放された直木だったが、以降、金に困らずに過ごせたわけではない。

その後、知人と「冬夏社」という出版社を起こしたが、半年で倒産。また、同人誌『人間』を出したり、別の知人と「元泉社」という出版社をはじめたりもしたが、事業はてんで成功しなかった。家賃を18カ月滞納したこともある。借金取りからの電話は慣れっこになった。

そんな直木を救ってくれた友人もいる。菊池寛は、何もいわないのに

「君、金いるだろう」

といって、お金をくれたという。子どもの冬服が買えないで困っていた直木に、菊池がお金を恵んでくれた時は

「さよならをして、街へ出ると、涙が出た。いくら拭いても出てきた。貧乏をして泣いたのは、この時だけだ」

と、貧乏への愚痴と感謝の気持ちを綴っている。その後、映画事業での失敗などもあったが、40歳前後から小説も売れはじめ、生活も安定しはじめる。

「貧乏には慣れている」と、後年、公言した直木。とはいえ、貧乏を必ずしも悲しんでばかりいたわけでもないようだ。彼はこうも述べている。

「貧乏の無い人生はいい人生だが、貧乏をしたって必ずしも、人間は不幸になるものではない」

左《さ》候《そうら》わねば

（中略）

召放さるべきより
外《ほか》は之《これ》無く候

徳川吉宗
（将軍）

そうしないと、リストラするしかなくなる

徳川吉宗
（とくがわ・よしむね）
1684年-1751年。徳川御三家の一つ紀州（和歌山）藩に生まれ、兄の病死によって紀州藩主となる。のちに徳川宗家を継承し8代将軍に就任。「享保の改革」を断行し、上げ米の実施、定免法の採用、目安箱の設置などを行った。

徳川家康の死去からちょうど100年。幕府の体制は目に見えて悪化していた。

深刻なのが財政の悪化だ。原因はいくつか挙げられる。4代将軍家綱の時代に起こった明暦の大火もその一つ。10万人を超える死者が出、江戸城天守閣も失われるという大災害であり、これによる復興事業に多額の金銭が使われた。

続く5代将軍綱吉は、護持院、護国寺など寺社の造営を積極的に行ったのだが、それも財政に大きな負担を与えた。

時の財政担当者である荻原重秀は、貨幣に含まれる金の量を少なくすることで財政を賄おうとした。これは一時的に効果が上げたのだが、やがて、インフレなどを引き起こすことにもなった。

次の6、7代将軍に仕えて政治を行った儒学者の新井白石は、金銀の質を上げ、貿易を制限するなどで財政を賄おうとしたが、結局、成功しなかった。白石が学者であったために理想主義に走って失敗したともいわれるが、それだけではない。6代将軍家宣は47歳で将軍となり3年で死去。跡継ぎの7代将軍家継は4歳で将軍となり、なんと7歳で死去。白石は合計7年ほどしか政治ができなかったのである。

こうして、財政問題を抱えたまま、将軍直系の跡継ぎが絶えてしまった江戸幕府に、徳川御三家の一つ紀州藩から将軍として迎えられたのが、徳川吉宗である。血統的には家康のひ孫にあたる。

紀州時代にも倹約などを推奨し藩政改革に努めた吉宗は、将軍となっても食事は一汁三菜、着物は木綿と質素な暮らしを続け、倹約令などで財政改革に努めた。いわゆる「享保《きょうほう》の改革」である。

直接的に効果を上げたのが「上げ米の制」。要は大名からお米を差し出させる制度だ。その文面がなかなかに愚痴っぽさ満開なので、意訳付きで抜粋しよう。

「御家人《ごけにん》、御代々《おんだいだい》段々相増候《あいましそうろう》（直属の家臣が年々増え）」「御蔵入高《おくらいりだか》も先規《せんき》よりは多く候得共《そうらえども》（収入も徐々に増えてはきたが）」「表立候《おもてだちそうろう》御用筋《ごようすじ》の渡方《わたしかた》に引《ひき》合《あい》候《そうらい》ては（必要な経費と比べると）」「畢竟《ひっきょう》年々不足の事に候《そうろう》（結局、毎年不足してしまう）」「万石以上の面々より八木《はちぼく》差し上げ候様《そうろうよう》（だから、1万石以上の大名から米を差し出すようお願いしたい）」「左候《さそうら》わねば御家人の内数百人、御扶持召放《おふちめしはな》さるべきより外《ほか》は之《これ》無く候（そうしないと数百人の家臣をリストラするしかないのだ）」

こんな脅迫めいた愚痴で、なんとか強引に大名から米を出させた吉宗は、他にも年貢の引き上げなどを行い、幕府の財政再建に成功。「幕府中興の祖」「名君」と称えられた。

しかし、その一方、増税などで農民らの不満は増大。「名君」の治世下、百姓一揆等の数は増えていったのである。

31歳にもなって、望ましいものは、ただ「死」あるのみ

ナイチンゲール
（看護師）

フローレンス・ナイチンゲール
1820年-1910年。イギリスの看護師。クリミア戦争の際に献身的な看護を行い「クリミアの天使」と称えられた。その後、著述活動や病院建設などにも尽力し、看護師の職制の確立、衛生管理の充実、赤十字の設立などに大きな影響を与えた。

イギリスの裕福な上流階級の娘として生まれたフローレンス・ナイチンゲール。21歳の時、彼女は家族に向かって、将来の夢を告げた。

「看護師になりたい」

しかし、その夢は、もろくも崩れ去る。家族の猛反対に遭ったのだ。

19世紀半ばのイギリスでは、上流階級の女性は家庭に留まるべきものとされていた。「良妻賢母」であることが求められ、父や夫から保護される代わりに、自分の意志で翼を広げ飛び回ることは許されていなかったのだ。

弁護士の妻・ノラが「妻であり母である前に一個の人間として生きる」として家を出るラストシーンが話題となる『人形の家』が演じられるのも、これから約40年も先のことである。

とはいえ、ナイチンゲールの意志は固かった。彼女は、額に汗して働くこともない上流階級の、特に女性たちを「寄生生物」のようなものと批判していた。

「看護師になりたい」というナイチンゲールとそれを頑として認めない家族との対立は、それからもしばらく続く。ナイチンゲールは神経を病み、臥《ふ》しがちになった。それを哀れんだ人たちの協力で、カイゼルスウェルト学園という看護のやり方を学ぶことができる学校に入ることはできたのだが、それでも両親の反対は終わらなかった。

将来の夢を家族に告げてから、10年ほど、時が過ぎた。

「おお、倦怠の日々よ、いつ果てるとも知れぬ夕暮れよ。（中略）この先、20年も、30年も同じ思いで過ごすことであろう。31歳になって、私に望ましいものは、ただ死あるのみ」

彼女は、日記にこんな愚痴を綴った。看護師になれないなら死んだほうがましだ、と真剣に考えたという。

しかし、それでも彼女は夢を捨てなかった。愚痴をいい、文字通り神経をすり減らしながら、さらに3年弱の月日が過ぎた。そして、とうとう家族のほうが折れた。１８５３年、父は彼女の独立を認め、少なくない金額の独立資金を与えたのだ。

同年、彼女は病院の看護師長となる。その頃、母国イギリスはロシアと激しい戦闘を繰り広げていた。「クリミア戦争」である。傷病兵らは劣悪な環境の中、次々と死んでいくという。

そこで、彼女は38人の看護師を連れて野戦病院に赴任。献身的な看護と衛生的な指導を行い、「クリミアの天使」と称賛された。

しかし、その後彼女は労苦がたたって体調を崩し、残りの人生をほとんどベッドの上で過ごす。12年もの間、憧れ続けた看護師としての現場仕事は、わずかに2年半で終止符を打ったのである。

これは幕府は
とても駄目だ

勝海舟
（政治家）

勝海舟
（かつ・かいしゅう）

1823年–1899年。幕臣、政治家。本名、義邦《よしくに》。通称、麟太郎《りんたろう》。有名な「海舟」は号。蘭学などを学び、幕府海軍の創設等に尽力して軍艦奉行などを歴任。明治維新後も参議、海軍卿などに就任している。坂本龍馬の師としても知られている。

1860年1月、1隻の船が品川港を出港。一路アメリカ大陸を目指した。

船の名は「咸臨丸《かんりんまる》」。蒸気機関と帆を併せ持つ機帆船で、日本人の運航による初の太平洋横断を目指していた。艦長は、幕臣・勝海舟である。

勝海舟は、本来なら幕府を代表し艦長として太平洋を渡るような偉い身分に生まれた人間ではない。武士は武士だが下級幕臣の出で、子どもの頃から貧乏生活を送ってきた。生家は

「餅を搗《つ》く銭がなかった」

と、後年回想しているくらいである。

所帯を持っても、貧乏生活は続いた。人一倍学問には熱心だったが、書物を買う金すらなかった勝は、ひたすら本屋で立ち読みして知識を得たという。

しかし、江戸の町にはまだ人情があった。本来なら立ち読みばかりされて迷惑がるはずの本屋の主人は、むしろ彼を親切に扱った。熱心さを買い、支援を申し出る金持ちたちもいた。下町の人情に助けられ、海舟は貧しいが、西洋事情に詳しい一角《ひとかど》の人物となっていった。

やがて幕府が海軍伝習所を開くと、そこで学んで日本随一の「海軍通」となり、咸臨丸の艦長にまで出世することとなったのである。

さて、無事に太平洋横断を果たした咸臨丸が帰国の途に就き、浦賀港に入港すると、いち早く船中に押し寄せてきたのは、快挙を称える人たちではなかった。幕府の捕吏、今でいえば警察官である。

「無礼者め、何をするのだ」

と問えば、捕吏はこういった。

「数日前、井伊大老が桜田（門外）で殺された」

犯人は水戸藩出身者なので、水戸藩の人間が船中にいないか捜査に来た、というわけだ。無論、咸臨丸に怪しい者は乗っていなかったから、捕吏の取り調べもとくになく、その場は終わった。

その時、勝は初めて井伊直弼の暗殺を知ったという。幕府のトップが一介のテロリストに暗殺されてしまったのだ。

「これは幕府はとても駄目だ」

とその時、勝は思ったそうだ。しかし、それでも勝は、その後も幕府海軍の強化などに懸命に尽くしている。

ところが、勝の予感通り、桜門外の変以後、反幕府派は勢いを増し、わずか7年で幕府は崩壊した。その後、旧幕府（徳川家）の息の根を止めんと、新政府軍が江戸へと進軍してきた時、新政府軍を率いる西郷隆盛と面談して江戸での戦乱を未然に防いだのも、勝であった。

ひょっとすると、「幕府はもう駄目」だと認識してからの勝は、幕府のために尽くしたのではなく、その先を見ていたのかもしれない。幕府も、反幕府派もない。新しい「日本」のために、力を尽くしていたのかもしれない。

新聞小説を書くことが、しみじみ嫌になる

菊池寛
（小説家）

菊池寛
（きくち・かん）
1888年-1948年。香川県出身の小説家、劇作家。本名は同じ字を書いて「ひろし」と読む。代表作に戯曲『父帰る』、小説『恩讐の彼方に』『藤十郎の恋』などがある。他にも日本文藝家協会を設立し、文筆家の福利厚生事業の増進などにも尽力した。

『父帰る』などで有名な文学者・菊池寛には、『私の日常道徳』という道徳的と思われることに関する思いを箇条書きにした小文がある。その中に

「約束は必ず守りたい。人間が約束を守らなくなると社会生活は出来なくなるからだ。従って、私は人との約束は不可抗力の場合以外破ったことがない」

という「約束」に関する項目がある。

一見、立派なことが綴ってあるのだが、この文章には続きがあって、彼にも

「ただ、時々破る約束がある」

というのだ。何かというと、

「それは原稿執筆の約束だ」

と、なんと「時々破る」のは、仕事上の約束なのだと告げた後、

「これだけは、どうも守り切れない」

と、もはや開き直りともとれる愚痴を述べている。

どうやら、菊池もご多分に漏れず、〆切には苦労した口のようだ。彼が最も手を焼いたのは新聞小説だったのではないかと思われる。『新聞小説難』という別の小文では

「新聞小説ほど骨の折れる仕事はない」

「つい愚痴がこぼしたくなった」

と述べたあとも

「どんな天変地変があってもかかなければならない」

「一日の働く時間は、全部その方に取られてしまい、他の仕事は何にも出来なくなる」

「その上、新聞小説位、文句を付けられることの多いものはない」

「如何なる間違も容赦してくれない」

「非難のハガキなどを貰うと、新聞小説を書くことが、しみじみ嫌になる」

などと、もはや解説の必要がないほどの愚痴のオンパレードなのである。そして、結局は

「新聞小説など云うものは、やっぱり専門家の仕事である。僕等の片手間の仕事としてはあまりに困難であり、あまりに責任が重すぎる」

と語っている始末である。新聞小説『真珠夫人』で絶賛を浴びた菊池が、新聞小説は門外漢であるようなことをいっているのは少々解せないが、彼のいう「専門家」とは、新聞小説を書くために朝日新聞に入社した夏目漱石のような人のことをいっているのだろう。

しかし、菊池が、このような小説家の「骨を刻むような」産みの苦労を知っている人間であり、かつ原稿執筆以外の約束は守るような人間だからこそ、多くの文芸人に慕われ、「文壇の大御所」となりえたのだろう。数々の小説や戯曲の名作を発表しただけにとどまらず、『文藝春秋』の創刊や芥川賞、直木賞の創設、劇作家協会や小説家協会（のち合併して日本文藝家協会）の設立など、彼が文壇に残した功績はあまりに大きいのだ。

（降格人事は）

とても請けられない

伊藤博文

（政治家）

伊藤博文

（いとう・ひろぶみ）

1841年-1909年。長州藩出身の政治家。内閣制度を創設し、初代内閣総理大臣となる。その後も枢密院議長などになり、大日本帝国憲法発布に尽力するなど日本の近代化に大きく貢献。のち初代韓国統監となったが、ハルビンで暗殺された。

初代内閣総理大臣になったことでも知られる伊藤博文は、長州藩（山口県）出身。若い頃は松下村塾で吉田松陰の教えを受け、幕末の志士として倒幕に尽力していた。

伊藤が他の志士たちと違っていたことといえば、22歳の時に藩命でイギリスへと留学していたこと。江戸幕府が健在であった時代に、海外を自分の目で見た経験がある者は非常に少ない。この経験はのちのち伊藤の武器ともなる。

やがて江戸幕府が倒れ、明治新政府が動き出す。その中心にいたのは、岩倉具視、三条実美などの公家と、薩摩藩出身の西郷隆盛や大久保利通、長州藩出身の木戸孝允らであった。彼らと比べると若い伊藤は、政府の中枢とまではいえないものの兵庫県知事、大蔵少輔《しょうゆう》などの重職を担った。

とはいえ、日本の政治の中心にいたわけではない。江戸時代にあった「藩」をなくし、新たに「県」などを設け中央集権制を確立する「廃藩置県」などの大改革は、伊藤が大阪で別の仕事をしている時に断行された。つまり、これらの大改革に、伊藤は直接絡んでいないということになる。

明治の世となり生まれ変わった日本を、若い頃に見て学んだ欧米の国々のようにしたい。そんな思いが誰よりも強い伊藤にとって、自分が改革の中心にいられないという現実を目のあたりにしたことは、相当悔しかったに違いない。

しかも、その直後、伊藤は「租税頭《そぜいのかみ》」に任じられる。決して軽い職ではないが、これまでの大蔵少輔から比べれば、格下げ人事といってよい。

伊藤は、長州藩の先輩である木戸に

「とても請けられない（降格などイヤです）」

と、愚痴を綴った手紙を送ったが、人事がくつがえされることはなかった。

実は、この頃、政府内部では外国通の伊藤らが急進的な改革を求めすぎるため、少々煙たがられていたようなのだ。なにせ頼りにしていた木戸までが

「（伊藤は）彼遠《かのとおく》を知って、いまだ皇国の有様《ありさま》を詳《つまびらか》にせず」

と日記に記している。つまり、「外国事情には詳しいかもしれないが、日本の状況がわかっていない」「理想ばかり先走りして現実を踏まえていない」というのだ。このように若き伊藤には、政府内で思うように活動できず、愚痴をいっていた時代があったのである。

ところが、それから6、7年ののちに西郷、大久保、木戸が相次いで命を落とす。ついに伊藤が政治の中心に躍り出る時が来たのだ。その後、内閣制度を確立し、初代首相にもなった。まだ44歳。以降の歴史を見ても最年少の首相だ。

苦難の時を経て、以後20年以上、政界のトップの座に君臨したのである。

不愉快です。
体もよくありません。
時間をムダにしています

ミケランジェロ
（彫刻家）

ミケランジェロ・ブォナローティ。
1475年-1564年。イタリアの彫刻家・画家・建築家。ダ・ヴィンチ、ラファエロと並びルネサンスを代表する芸術家といわれる。代表作に「ピエタ」「ダヴィデ像」などの彫刻やシスティナ礼拝堂の天井画、壁画などがある。

ルネサンス三大巨匠の一人ともいわれ、「神の如き」とも称えられたミケランジェロ。力強い「ダヴィデ像」、見るだけで敬虔な気持ちになれる「ピエタ」などの彫刻で有名だ。

一方、ミケランジェロは、絵画のほうでも名作を残している。代表作として挙げられるのが、システィナ礼拝堂に描かれた「天地創造」などの天井画だろう。しかし、この天井画を描いている時、ミケランジェロは、父や弟への手紙で、数々の愚痴をこぼしている。

「私は不愉快です」

「体は少しもよくありません」

「大変な仕事とともにいます」

「神さま！　後で良いことをほどこしてください」

「私は時をムダにしています」

「神よ、助けてください」

「自分の好きなものを買って食べるなんてことはほとんどない」

「私に苦しみを与えてくれるな」

「もうこの上、堪える力はない」

なにゆえ、これほどまで愚痴をいい続けたのだろうか。

いくつかの要因はあろうが、最も主な理由は、ミケランジェロ自身が

「自分は本来彫刻家であり、絵を描くのは、自分の本職ではない」

と考えていたことにある。愚痴を綴った父への手紙の中にも

「私の業《わざ》（仕事）ではありません」

とある。残された「神の如き」絵画作品からは想像もつかないのだが、どうやらそれは本当らしい。したがって、天井画制作の話が来た時も「自分の業ではないし、成功もしないだろうから」と断ったようなのだが、発注者である教皇は、ほとんど怒りながら、ミケランジェロにその仕事をさせたという。

制作の途中でも、ミケランジェロはなんとか口実をつけて仕事をやめようとした。一度カビが生えてしまい、絵が台無しになったことがある。この時、ミケランジェロは

「やはり、私の業ではないと申し上げた通りです。絵が皆ダメになってしまいました」

などといって、やめようとしたのだが、教皇は「以後気をつけるように」注意しただけで、彼をやめさせなかった。

「助手はなんの役に立たなかった（ほとんど一人でやった）」といった愚痴なども漏らしながら、結局、4年ほどかけて天井画は完成した。

長い間、上を見続けていたので、しばらくは下のほうを見ても、ものがよく見えなかった、ともいっている。

しかし、その出来栄えは、世界中の誰もが驚嘆するほどのものだった。

これほどの大作を描くのには、愚痴の一つも必要だったのかもしれない。

人口の一割が
それ［芸術］を買い
鑑賞し享楽し
九割は世々に疲れて死する

宮沢賢治
（詩人）

宮沢賢治
（みやざわ・けんじ）
1896年-1933年。詩人、童話作家。岩手県出身。地元の花巻農学校に教諭として従事する傍ら、詩や童話などの執筆活動も行う。『雨ニモマケズ』などの詩や『注文の多い料理店』『風の又三郎』『銀河鉄道の夜』などの童話が有名。

「雨ニモマケズ」や「銀河鉄道の夜」などを著した詩人、童話作家として知られる宮沢賢治。そんな彼は、花巻農学校教諭でもあり、農業研究家、農業指導者という顔もある。

とはいえ、賢治は生まれつきの農民というわけではない。彼の生家は質、古着商を営む裕福な家庭である。しかし、生まれは岩手県の花巻であり、子どもの頃には周辺農家が凶作、飢饉などに悩まされている姿も見てきた。また、成育するにつれ、生家のような商売人は、貧しい農民から搾取する存在でもあると知り、苦悶する。

やがて、彼は盛岡高等農林学校（今の岩手大学農学部）に進み、やがて花巻農学校の教諭となる。こうして農業研究家、農業指導者としての生活がはじまっていく。

一方で、賢治は、「農民芸術」の提唱者の一人でもある。実際に『農民芸術概論綱要』という小文を書き、岩手国民高等学校で「農民芸術論」の講義も行っている。その講義用のメモと思われる『農民芸術の興隆』という小文（というか、単語、短文の羅列にすぎない）には

「芸術はいまわれらを離れ多くはわびしく堕落した（中略）人口の一割がそれを買い鑑賞し享楽し九割は世々に疲れて死する」

とある。一方で別の小文には

「おれたちはみな農民である ずいぶん忙しく仕事もつらい

もっと明るく生き生きと生活する道を見付けたい」

などの言葉も登場する。農民の暮らしはつらく、この世で芸術を堪能しているのはごく一部の人だけだ、といった愚痴であり、批判である。

とはいえ、賢治は、農民が単に趣味で絵を描いたり、音楽を鑑賞したりすることを推奨したわけではない。自然界と交流する「農業」という仕事と毎日の生活の中から、自然と生まれてくるのが「農業芸術」であり、それによって「明るく生き生きと」した生活をすることができるようになる、というのである。

賢治の著作に『あすこの田はねえ』など、農民の日常の語り口がそのまま詩になったものがあるが、それが農業芸術の典型であり、農作物などもその一つであるという。毎日の生活から芸術的なものが生まれ、それが生活を豊かにする、といったところだろう。

賢治は、この講義が終わったのち、花巻農学校を辞職し、独居して農業と農民芸術の実践生活を行った。自給自立を目指し、開墾、花壇づくりなどをする傍ら、若者を集めて合奏なども行った。

しかし、彼の目指した理想郷は、自身の病によって2年半足らずで挫折。それから5年ののちに病没してしまう。

その如く面倒なることを
なし遂ぐる気根はなし

杉田玄白
（蘭方医）

そのような面倒なことを
成し遂げる気力や根性はない

杉田玄白
（すぎた・げんぱく）
1733年－1817年。江戸時代中後期の蘭方医、蘭学者。若狭藩医。江戸生まれ。前野良沢、中川淳庵らとともに『解体新書』を著し、それが蘭学の先駆けとなったことで名がある。他にも著書として『蘭学事始』『形影夜話』などがある。

鎖国をしていた江戸時代に、オランダ語の解剖書（通称『ターヘル・アナトミア』）を翻訳し、『解体新書』として刊行した中心人物として知られる杉田玄白。その翻訳事業は3年半ほどかかっており、多大な根気と能力が必要だった。しかし、そのおかげで、西洋の科学文明がすぐれていることが世に知れわたり、蘭学ブームを巻き起こすことになる。

ところが、その杉田玄白も、最初から蘭学に燃えていたわけではないらしい。こんなエピソードが残っている。

玄白が34歳の年、知り合いの前野良沢という医者が玄白の家を訪ねてきて

「これからオランダ人のいる宿所にいって、オランダ語の通訳の人と会う」

と告げた。好奇心旺盛だった玄白は

「ぜひご一緒させてください」

といって、二人で通訳の西善三郎のもとへと出かけていった。

西からいろいろな話を聞き、玄白らが

「私もオランダ語を学びたい」

などというと、西は意外にも

「やめたほうがよい」

といったという。なぜなら、オランダ語を学ぶのは非常に骨が折れる。なにしろ、最初はほとんど言葉が通じないのだから、身振り手振りで示して、「これは何というのか」と尋ねなければならない。形あるものの名前ならまだしも、抽象的な言葉になると、非常に難しい、とにかく生半端なことでは学べない、といったことを西が主張したのだ。

それを聞き、玄白は、

「翁は性急の生れゆえ、その説を尤《もっと》もと聞き、その如く面倒なることをなし遂ぐる気根はなし、徒《いたず》らに日月を費すは無益なることと思い、敢て学ぶ心はなくして帰りぬ」

（自分は生まれつき性急な性格なので、西のいうことをもっともだと思った。そのような面倒なことを成し遂げる気力や根性はない。月日をムダに費やすのもよくないので、オランダ語を学ぶのはやめにした）

とのちに語っている。要は外国語の勉強なんて面倒くさいからや～めた、と弱音を吐いたのである。

このように文句をいうばかりで、そのままオランダ語と関わらなかったら、杉田玄白は歴史に名を残さなかったろうし、日本の医学、科学の発展はもっと遅れていたかもしれない。

しかし、のちに遺体の解剖に立ち会った際、外国の解剖書の図と遺体を見比べ、その正確さに驚いた玄白らは、即刻その解剖書の翻訳をはじめた。オランダ語の難しさは西との面会の際に身に染みてわかっていたはずなのに、である。

こうして玄白らが一旦はあきらめた「気根」を振り絞ったおかげで、蘭書翻訳という偉業は、達成されたのである。

近来の小説の文章は、余程《よほど》蕪雑《ぶざつ》になったように考えられる

泉鏡花
（小説家）

最近の小説の文章は
かなり雑然としているように思われる

泉鏡花
（いずみ・きょうか）
1873年-1939年。本名、鏡太郎。石川県出身。尾崎紅葉に師事し、『夜行巡査』『外科室』などを発表。「観念小説」といわれ称賛される。以後も『高野聖』『婦系図』などの名作を著し、神秘的でロマンにみちた独特の世界観を築き上げた。

泉鏡花は現在、どのくらい読まれている作家なのだろうか。『高野《こうや》聖《ひじり》』や『外科室』などの代表作の名前くらい聞いたことがある、という人は多いだろうが、実際の作品に触れたことがある、という人は、意外に少ないかもしれない。

そんな鏡花が『文章の音律』という小文の中でこんなことを語っている。

「近来の小説の文章は、余程《よほど》蕪雑《ぶざつ》になったように考えられる」

つまり、「最近の小説の文章は雑然としている」といい、「音律ということが忽《ゆるがせ》にされて居る」と、同時代の小説家たちに対し文句をいっているのだ。

ここでいう音律というのは、七五調などのことではない。会話文だけでそれが老若男女誰のセリフだかわかるようにしなければならないし、雨の日の描写だったら「文章でいかにも雨が降ってるなと感じさせせねばならぬ」ことだという。

鏡花に文章に対する強いこだわりがあるのはわかるのだが、同世代の作家がこの一文を読んだら怒りはしないだろうか。大御所と呼ばれるような作家がいったのならよいとしても、この文章を書いた時の鏡花は、まだ36歳である。

同世代にめぼしい作家がいなかったわけでもない。同じ１８７０年代生まれの作家には、島崎藤村、樋口一葉、国木田独歩、田山花袋、有島武郎、永井荷風らがいるし、夏目漱石や森鴎外などの大御所も存命の時代だ。

このような作家たちを前にして、「今の小説の文章はなってない」などと堂々と不平を漏らすほど、鏡花は文章にこだわった作家だったのである。実際に鏡花の文章は格調高く美しいし、他にも『小説文体』『小説に用うる天然』など小説の文章に関する小文を残している。

それゆえ、鏡花の文章に関して、のちの文筆家たちは大いに絶賛している。

かの三島由紀夫は

「鏡花は、明治以後の日本文学の唯一の天才かもしれない（中略）日本語としてもっとも危うきに遊ぶ文体を創始して、貧血した日本近代文学の砂漠の只中に、咲きつづける牡丹園をひらいた」

と語り、中原中也の盟友小林秀雄は

「文章の力というものに関する信仰が殆《ほとん》ど完全である」

といっている。

小説家になりたくて単身上京し、尾崎紅葉の玄関番として弟子になり、小説家としての腕を磨いた泉鏡花。そんな鏡花の小説が、現在あまり読まれていないとしたら、実にもったいない。やはり名文家として知られ、『山月記』などの名作を著した中島敦はこういう。

「日本人に生れながら、あるいは日本語を解しながら、鏡花の作品を読まないのは、折角の日本人たる特権を抛棄《ほうき》しているようなものだ」

アレクサンドロスが
世界を制覇した歳に
なったのに、
自分は何もしていない
じゃないか！

カエサル
（政治家）

ユリウス・カエサル
前100年?–前44年。英語名ジュリアス・シーザー。古代ローマの軍人、政治家。ポンペイウス、クラッススとの三頭政治を経て、ガリア地方の平定などで活躍する。やがてライバルを倒し、独裁的地位を築き、ローマ帝国の礎を築く。

夏目漱石といい、吉田松陰といい、人は30歳前後になると、これまでの人生を振り返り、自身の現状を嘆いたりするものであるようだ。ローマをつくった英雄、カエサルでさえそうであったらしい。

ある時、カエサルが立ち寄ったところにアレクサンドロス大王の像が飾ってあった。その像を前にしてカエサルが語ったとされるのが、右の言葉である。

ギリシャの北方にあるマケドニアの地に生まれたアレクサンドロスが、父王の死後、王の座に就いたのが20歳の時。それから東方遠征をはじめ、大国ペルシアを破り、エジプトからインドに至るまでの大帝国を築いたのが、ちょうど30歳の年だった。

カエサルが愚痴をいったのは、単にアレクサンドロスと比較して無力な自分を悲しんだだけではなかった。同時代のローマにも、カエサルに劣等感を感じさせるほどの人物がいたのだ。ポンペイウスである。彼はシチリアやアフリカでの軍事行動で功績を挙げ、27歳の時には堂々凱旋式を行っており、カエサルが30歳の年には若くして執政官となる大出世を遂げている。その類まれなる活躍を「アレクサンドロス」に重ねて称賛する人もいたという。しかも彼は、カエサルより6歳年上なだけだった。カエサルが

「自分は何もしていない」

と嘆いた時、ポンペイウスの活躍が頭になかったわけではないだろう。

しかし、カエサルは、愚痴をいって人生を終えてしまう男ではなかった。ちょうどこの前後から、権力の頂点を目指そうという意識が芽生えはじめていた。

そのために、手段は選ばなかった。ライバルであるポンペイウスに取り入り、あからさまに支援した。剣闘士の見世物を興行し民衆の人気取りも行った。大神官の地位を得るために大規模な買収までも躊躇せずに実施したのだ。

もちろん、それだけではない。ガリア地域（今のフランス周辺）への軍事行動を成功させ、ローマの領域を拡大した。これにより、カエサルの名声は高まっていく。40代後半にして、ようやく政治的な権力も高まっていった。

このカエサルの台頭は、ライバルを刺激した。やがて、彼はポンペイウスと対立。ポンペイウスはローマで、カエサルはガリアにいて互いににらみ合った。両者の間にはルビコン川が流れている。ローマの法律では、軍を率いてこの川を渡ることは禁じられていた。

しかし、この時のカエサルは、もう「何もしていない」と無力を嘆いていた頃の彼とは違っていた。

「賽《さい》は投げられた」

こういって、軍を率いてルビコン川を渡ったカエサルは、やがてポンペイウスを倒し、権力の頂点に立つのである。

偶然の行違より、近畿騒然に及べるは、已むを得ざる場合にて……

徳川慶喜
（将軍）

偶然の行き違いで近畿地方での
騒乱が起きてしまったのだ。
それは已むを得ないことだったのだ

徳川慶喜
（とくがわ・よしのぶ）
1837年-1913年。水戸藩主徳川斉昭の七男。のちに御三卿一橋家を継ぎ、将軍候補となる。やがて、将軍後見職、禁裏守衛総督となり、禁門の変平定などで活躍。その後、江戸幕府15代将軍となり、大政奉還を行って江戸時代を終了させた。

最後の将軍、徳川慶喜。彼ほど、さまざまな評価が入り交じっている人も少ないのではないだろうか？

慶喜は、徳川御三家の一つ水戸藩に生まれ、のちに一橋家を相続している。子どもの頃より「英明」との評判が高く、文武にすぐれていたというのは、比較的定評のあるところだ。

その後、幕末の混迷の中、将軍後見職などとして活躍。幼い頃からの評価が間違いではないことを示した。そして、29歳の時、14代将軍家茂の死去により15代将軍となった。

その翌年、倒幕の勢いが高まる中、先手を打って大政奉還を行った。政治を朝廷に返上し江戸幕府の歴史を終わらせたのだ。30歳の「英断」である。

政権を返還したのだから、もう幕府（徳川家）を倒す口実はなくなる。徳川家を存続させつつ、以後も最大の大名として実質的な政権を握り続けようという策だ。なかなかの「策士」である。

しかし、完全に幕府（徳川家）の息の根を止めたいと考えた薩摩藩等は、幕府寄りの人々を挑発。幕府側の怒りは頂点に達し、ついに慶喜は薩摩討伐を決意。旧幕府軍と新政府軍の争い、戊辰戦争の緒戦「鳥羽・伏見の戦い」が勃発した。

戦が進むと、旧幕府軍は劣勢に立った。その時、慶喜は、なんと多くの兵らを残し、江戸へと帰還してしまったのだ。そして、朝廷および新政府に対してこんな文書を送っている。

「此度上京の先供、途中偶然の行違より、近畿騒然に及べるは、已むを得ざる場合にて、素より天朝に対し奉り他心あるにあらず」

（この度、上京の途中に偶然の行き違いで近畿地方での騒乱が起きたが、それはやむを得なかったからで、元々朝廷に対し異心があるわけではありません）

戦争が起こったのを「偶然の行き違い」といい、「やむを得なかった」と表現している。つまり、「自分はやりたくなかったんだ。悪くないんだ」とでもいいたげな文章なのである。

まるで言い訳のような愚痴をいい放って、自分は江戸へと帰還してしまったのだから、慶喜は「弱虫」だ、「卑怯者」だ、という評判が立つのもわかる。

しかし、もし、慶喜があくまで徹底抗戦をしていたら……京の都が火の海になっていたのは間違いない。ひょっとすると、日本国中を巻き込んだ大乱が続いたかもしれない。

慶喜が、自らが汚名を浴びることを恐れずに戦いを避け、日本を戦火から守った功績は大きいと評する人もいるのだ。

以後、慶喜は、政治の表舞台からは離れ、写真、狩猟、油絵などの趣味に生き、31歳から76歳まで、長い隠居生活を送ったのである。

乏《とも》しき者《ひと》の訴《うたえ》は、水をもて石に投ぐるに似たり

聖徳太子
（政治家）

貧乏人は、裁判に訴えたところで、
水を石に投げるみたいに、
訴えは聞き届けられないじゃないか！

聖徳太子
（しょうとくたいし）

574年-622年。飛鳥時代の皇族、政治家。用明天皇の皇子。厩《うまや》戸《と》皇子、豊聡耳《とよとみみ》皇子、上宮王《かみつみや》ともいう。推古天皇の摂政として政治を行い、仏教興隆などに功績を挙げた。昭和時代には一万円札、五千円札の肖像としてもおなじみだった。

「生まれながらに上手に言葉をしゃべり、長じては一度に十人の訴えを聞いて誤ることなく上手に裁いた」

とされる聖徳太子。19歳で叔母に当たる推古天皇の皇太子、摂政となり、天皇の政治を助けたとされている。

そんな彼が、30歳の年に発布したとされる「憲法十七条」には、こんな一節が登場する。

「頃《このごろ》、訟《うたえ》を治むる者《ひとども》、利《くほさ》を得て常とし、賄《まいない》を見ては讞《ことわりもう》すを聴く。便《すなわ》ち財《たから》あるものが訴《うたえ》は、石をもて水に投ぐるが如し。乏《とも》しき者《ひと》の訴《うたえ》は、水をもて石に投ぐるに似たり」

（最近の訴訟を担当をする人たちは、利益を得ることを日常とし、賄賂の内容を見て裁判を行っている。そのため、金持ちの訴えは、石を水に投げるようにすぐに効果が表れる「訴えが聞き届けられる」のに、貧乏人の訴えは、水を石に投げるようなものでなんの効果も表れない「訴えは聞き届けられない」）

つまり、賄賂の量などによって訴訟が決まってしまうので、貧乏人には、著しく不利な状況になっている、と現状の訴訟制度に対する不満を述べているのだ。

要は、それゆえ、今後は「接待や賄賂などをやめ、公明正大に訴訟を行うように」と規定したのである。

「憲法十七条」はこのように役人の守るべき心構えなどを17項目に分けて示したもので、中には

「群卿《まえつきみたち》百寮《つかさつかさ》、早く朝《まい》りて晏《おそ》く退《まか》でよ」

（諸々の役人たちは、朝早く出仕し、夜遅くに退勤するようにしろ）

など、ブラック経営者を思わせるフレーズも登場するのだが、概ね道徳的で真摯な勤務態度を要求する内容が多い。

他にも『日本書紀』に出てくる聖徳太子は、能力ある者を登用できるよう「冠位十二階」を設けたり、隋《ずい》（中国）との国交を開く「遣隋使《けんずいし》」を行ったりと、30歳前後で理想的とも思える政治を行っている。人格的にも「聖人」そのものだ。

しかし、近年では、こんな聖人（聖徳太子）は実在しなかった、という説も強い。太子を「理想的な聖人」と描くことで、その聖人の子を暗殺した蘇我氏を「極悪人」扱いし、その蘇我氏を倒した藤原氏を「正義の味方」として描こうとした、などの説である。『日本書紀』がつくられた頃は、藤原不比等らが権力を握っていた時期とも合致しているのだ。

いずれにせよ、「一度に十人の訴えを聞いた」など『日本書紀』の記述に誇張がすぎるのは間違いない。聖徳太子が亡くなった時人々はこう嘆いたという。

「日月輝《ひつきひかり》を失いて、天地《あめつち》既に崩れぬ。今より以後《のち》、誰をか恃《たの》まむ」

（太陽も月も輝きを失い、天地は崩れた。今後は誰を頼りにしたらよいのか）

道すでに廃《すた》る時節か

世阿弥
（能役者）

この芸の道も、すでに廃れる時期に来ているのか！

世阿弥
（ぜあみ）
1363年？-1443年？。室町時代の能役者、能作者。幼名鬼夜叉、藤若、のち観世三郎元清。時の権力者である足利義満に認められ、その保護を受けて能を大成させた。能作品に『高砂』『井筒』など、芸論書に『風姿花伝』『花鏡』などがある。

父・観阿弥とともに能を大成させた世阿弥。すぐれた能役者であり、数々の作品（台本）を書き上げてもいる。さらには、他者の芸のよいところなどを積極的に取り入れ、優美な歌舞中心の芸術として能を進化、発展させた功績は大きい。

それだけではない。『風姿花伝』『花鏡』などの芸論書を書き、後進へ芸の道を引き継ごうとした点も、世阿弥のすぐれたところである。

これらの芸論書の中には

「初心忘るべからず」

「秘すれば花」

などの名言も記されており、能の道を進む人だけでなく、一般の人の生き方にも通じる処世訓となっている。

そんな世阿弥の芸論書の中でも、最も有名な『風姿花伝（花伝書）』の中に、

「道すでに廃《すた》る時節か」

（この芸の道も、すでに廃れる時期に来ているのか！）

といった嘆きの愚痴が登場する。生涯を費やし、能の大成に命を懸けてきた世阿弥が、なぜ「能ももう終わりだ」などといったのだろうか？　その前後を少し見てみよう。

「当世、この道の輩《ともがら》を見るに、芸の嗜《たしな》みは疎《おろそ》かにて、非道のみ行じ、たまたま当芸に至る時も、ただ一夕《いっせき》の見証《けしょう》、一旦の名利《みょうり》に染《そ》みて、源《みなもと》を忘れて流れを失う事、道すでに廃《すた》る時節かと、これを嘆くのみなり」

（最近、この芸を行う人を見ていると、修業はおろそかで、それ以外のことにばかり熱心だ。たまたま芸に打ち込んでも、一時的な悟りや一時的な名誉を得ることに夢中で、芸の根源を忘れ、ここに至るまでの道筋を見失っている。これでは、能の道も廃れる時期に来ているのではないかと、ただただ嘆くばかりだ）

平たくいえば、「最近の若い者は、きっちり精進しないからダメだ」といっているのだ。

とはいえ、世阿弥は単に嘆いていただけではもちろんない。後進に芸の奥義を伝えるべく、なんと、20種以上も芸論書を書き続けたのだ。その中には

「一子たりというとも、無器量の者には伝うべからず」

という一節もある。たとえ芸を伝えるべき実子が一人しかいなかったとしても、器量のない者には伝えてはならない、という厳しい教えだ。もちろん、この「器量」には、見かけや才能だけでなく、いかに芸の道に熱心に取り組むか、という姿勢も含まれているのだろう。

世阿弥の晩年は、時の権力者に疎んじられ、なんと70歳を過ぎて佐渡島に島流しにも遭っている。しかし、それでも世阿弥の「この道を廃れさせない」という芸への執念は消えなかった。配所でも小謡集『金島書』などを書いているのだ。

漢皆已に楚を得たるか

項羽
（武将）

漢の軍はもう楚を手に入れてしまったのか

項羽
（こう・う）

前232年－前202年。中国の武将。幼くして孤児となり、叔父の項梁に育てられる。劉邦とともに秦を滅ぼすことに功績を挙げ西楚の覇王となる。しかし、最後には垓下《がいか》で敗れ、寵姫《ちょうき》虞《ぐ》美人との別れを悲しむ詩を詠んで自殺した。

太古、中国では、春秋戦国時代という戦乱の世が５００年以上も続いた。その戦乱を制し、中国初の皇帝となったのが、秦の始皇帝である。

しかし、始皇帝の死後、再び世は乱れる。各地で反乱が相次ぎ、まさに戦国の様相を呈しはじめる。その中から台頭してきたのが項羽である。

項羽は楚の国の将軍の一族で、いわば名門の出。身の丈は八尺（約1メートル80センチ）あまりの怪力の大男だったという。しかし、幼い頃は読み書きを学ばせてもまるでダメで、剣術を学ばせてもてんで身に付かなかったという。育ての親がそれに怒ると
「読み書きなど名前が書ければ十分。剣術など一人の敵に対するものだから学んでもしょうがない。自分は、万人の敵に対する術を学びたいのです」

と述べたという。そして、兵法を学ばせてみたところ、大いに喜んだという。若い頃から、将として兵を率いることに興味を持ち、またその自覚を持っていたということであろう。

始皇帝が亡くなると、叔父の項梁とともに挙兵。徐々に諸侯の中心となり、秦の都咸陽《かんよう》を攻め落とすのに、あと一歩と迫った。

しかし、この時、別の勢力が先に咸陽を落としてしまう。漢の劉邦の軍である。聞けば劉邦とは、貧しい農民の出だという。そんな者に先手をとられた項羽は大いに怒った。項羽の軍は40万、劉邦の軍は10万。項羽は劉邦を一気に叩き潰してやろうと考えた。

ところが、両者が面会した際、劉邦は恭順の姿勢を示した。忠臣樊噲《はんかい》の活躍もあり、なんとかその場では、劉邦は死を免れた。

その後、項羽は「西楚の覇王」と称し諸侯を率いていく。しかし、劉邦は、そんな項羽に不満を抱き、やがて両者は再び対立することになる。

戦いは、約4年間続いた。一進一退の攻防があり、劉邦も何度か命を落としかけたが、徐々に立場は逆転。ついに、項羽は、自分が見下していた農民出身の男に追い詰められてしまう。

やがて、項羽は垓下《がいか》の戦いで大敗。周囲を劉邦の軍勢に囲まれた。その夜、敵の軍隊のあちこちから、楚国の歌が流れてくるのを耳にする。

「劉邦軍はもう楚をものにしたのか。自分の味方である楚の兵士らは、皆劉邦に捕まってしまったのか」

そう嘆いた項羽は、時を置かずして自害した。これが四字熟語「四面楚歌」の故事となる。

やがて、劉邦は中国を統一して漢の皇帝となる。紀元前２０２年。日本はまだ弥生時代で、女王卑弥呼が誕生する４００年近くも前のことである。

その製品も
殆《ほと》んど顧みられず、
会社では
厄介視せられて居た

鈴木梅太郎
（農芸化学者）

鈴木梅太郎
（すずき・うめたろう）
1874年-1943年。静岡県の農家の子として生まれる。ヨーロッパに留学後、東大教授となる。理化学研究所主任研究員、日本農芸化学会初代会長などを歴任。脚気予防効果のある「オリザニン（ビタミンB_1）」の発見で名高い。

天然食品中に微量に存在する栄養素「ビタミン」。それを発見し、「ビタミン」と命名したのはポーランドのフンクである。しかしながら、フンクよりも前にビタミンB_1を発見し、学会で講演、並びに専門誌に発表していた日本人がいた。その男こそ、鈴木梅太郎である。

　しかし、現在でも「ビタミン」の名が通用しているように、一般的にはビタミンの発見はフンクの偉業とされている。鈴木の発見が日本語でなされていたため、世界では相手にされていなかった、というのが主な理由である。

　鈴木梅太郎は、脚気《かっけ》の治療のための研究過程でビタミンを発見した。当時、日本でも脚気が猛威を振るっていたが、その原因がわかっていなかったのだ。

　鈴木は、やがて白米食が脚気の原因と考え、白米に不足する栄養素を米ぬかから抽出した。それが「オリザニン（現在でいう『ビタミンB_1』）である。

　脚気がオリザニン（ビタミン）欠乏症だと確信を持った鈴木だったが、世間の目は冷たかった。鈴木が、農芸化学者で、医者ではなかったことが大きい。

「糠《ぬか》（から抽出した成分）で脚気が癒るなら、小便を飲んでも癒る」

　と酷評した医学者もいたという。

　オリザニンの製法特許をとり医薬品会社に製造をお願いし、医者に実験してもらう手筈も整えたが、ほとんど顧みられることはなかった。当の製薬会社でも

「厄介視せられて居た」

　と、後年、鈴木は振り返り、当時の愚痴をいっている。

　鈴木の周囲で脚気になった人にオリザニンを与えてみた。みんなみるみるうちに快方に向かっていく。そんな事例をたくさん集めていったが、それも役には立たなかった。なぜなら「自分（鈴木）が医者でないから、発表する事が出来なかった」のだ。成果の発表の機会さえろくになかった鈴木には、愚痴をいうくらいしかできなかったのだ。

　しかし、その後陸軍の脚気調査会や他の学者らの間で研究が進み、徐々に鈴木の学説が正しいことが証明されてくる。やがて１９１７年頃には、世界中の多くの学者が脚気はビタミン欠乏症であるということを認めるようになる。鈴木がオリザニンのことを学会で講演してから約７年の月日が経っていた。

「兎《と》に角《かく》、一つの学説が一般に承認せらるるのは、なかなか容易のことではない」

　と後年、愚痴った鈴木だが、同じ小文ではこうも述べている。

「こういう研究は全く根気が続かなくては駄目である。折角始めても、途中で止めては何にもならない。（中略）倦まずにやったならば、今後も何か面白いことが出来るだろう」

結局失敗に終わってしまった

小林一三
（実業家）

小林一三
（こばやし・いちぞう）
1873年-1957年。実業家。阪急グループ創始者。阪急百貨店、東宝映画の設立、東京電灯（現在の東京電力）の経営立て直しなどでも手腕を発揮する。政治活動も行い、第二次近衛内閣で商工相、幣原内閣で国務相を歴任した。

1873年、山梨県韮崎町（現・韮崎市）に生まれたその少年は、「一三」と名付けられた。命名の由来は、誕生日が「一月三日」だったからである。

成育して慶應義塾に入った彼は、小説家志望の文学青年となったが、卒業後入社した三井銀行で事業の面白さを覚え、実業の世界にのめり込んでいく。実業家小林一三の誕生である。

のちに34歳で三井銀行を退社。箕面有馬電気軌道（現、阪急宝塚線・箕面線）を創立し、専務となる。

3年後、鉄道は敷設できたが、乗客が増えなければ事業は成り立たない。てっとり早く乗客を増やすには沿線に住宅を建てればよいのだが、いきなり住宅地を開発するのはなかなか難しい。

そこで、まずは乗客数を安定させ、その後、住宅地をつくろうと考えた。そのために、大阪の中心部から人を呼ぶ施設として、沿線の箕面（大阪府箕面市）に動物園を、当時まだ寂しい温泉地だった宝塚（兵庫県宝塚市）に大理石づくりの大浴場などをつくった。

これにより、乗客数は増えた。新しい娯楽場に人が集まっていったのだ。しかし、一筋縄ではいかないこともいろいろとあったようだ。

まず箕面の動物園だが、徐々に客数は増えていったものの、その存在自体に反対する者も現れた。箕面のような美しい自然を有する町をむやみに開発するべきではない。大自然のままに保護しよう、という意見である。

実は、箕面動物園は面積が約10万㎡、甲子園球場の総面積の約2・5倍もある国内最大規模といわれていた巨大施設で、事業的には成功していたものの、結局、閉園となってしまった。

こうして宝塚に事業を集中することとなり、室内プールをメイン施設とした近代的な洋館が設けられた。洋館の名は「パラダイス」と名付けられた。

ところが、これがなかなかうまくいかなかった。

なにしろ、メインとなる室内プールの水が冷たくて、泳ぐどころではない。通常海外では、陽が入らない室内プールの場合、パイプを通し蒸気で水を温めていたのだが、当時の担当者はそのことを知らなかったのだ。

おまけに当時の社会情勢は、男女が一緒に泳ぐことを認めてはくれなかった。

「結局失敗に終わってしまった」

と後年、小林は語っている。

しかし、失敗を、ただの愚痴では終わらせなかったのが小林である。

廃止となったプールに蓋をして客席をつくった。脱衣場を改造して舞台をつくった。そう、失敗を糧にして、この地に生まれたのが、のちに歌劇団で有名になる「宝塚劇場」なのである。

デモンに憑かれろ！憑かれろ！

堀辰雄
（小説家）

堀辰雄
（ほり・たつお）
1904年-1953年。東京生まれの小説家。室生犀星、芥川龍之介に師事し、中野重治らと同人雑誌『驢馬《ろば》』を創刊。西洋の心理主義文学の手法をとり入れた世界観に定評がある。代表作に『聖家族』『美しい村』『風立ちぬ』『菜穂子』などがある。

小説家・堀辰雄の書簡形式の小文『手紙』に、こんな一節がある。

「小林よ。デモンに憑かれろ！　憑かれろ！」

「デモン」とはいわゆる悪魔のこと。

「小林」とは、中原中也、長谷川泰子との三角関係でも知られる文学者・小林秀雄のこと。堀と小林は第一高等学校の同期生で、学生時代から交流があった。

親しい友人に対し「悪魔にとりつかれてしまえ！」などというとは、いったい何があったのだろう。

この小文の中で堀は、主に小林が書いた小説『オフェリヤ遺文』についての感想などを述べている。『オフェリヤ遺文』とは、ハムレットの恋人で精神を病んで水死する女性オフェリヤが、ハムレットに対して綴った遺書の形式で書かれた小説である。

これを読んだ堀は、この『オフェリヤ遺文』を書いた時の小林は、『エグモント』という本を書いた時のゲーテに似ていると語る。ゲーテはデモンにとりつかれて恋に落ちたが、その恋が自滅に結びつくと知り、それを振り落とすために『エグモント』を書き、自身を救った。同様に小林もデモンにとりつかれ、それを振り落とすために『オフェリヤ遺文』を書いたのではないか、というのだ。

小林がとりつかれた「デモン」が何だったのかは示されていない。しかし、小林の書いた「オフェリヤ」にはしばしば、長谷川泰子のイメージが重なるといわれてきた。『ハムレット』の中でオフェリヤが精神を病んだように、長谷川泰子も、中原中也と別れたあたりから潔癖症などの症状が強くなっていた。

『オフェリヤ遺文』が書かれたのは、小林と泰子の同棲関係が解消されてから3年ものちのことだが、その恋をまったく引きずっていなかったとはいえないだろう。小林にとりついたデモンは、泰子との恋に関するなんらかのしがらみであった可能性もある。

それでは、堀のいう「小林よ。デモンに憑かれろ！」とは、ゲーテと同じように、「小林もデモンにとりつかれて泰子と再び恋に落ちろ」という意味なのだろうか？

おそらくそうではあるまい。堀がこの一節を綴った年には、泰子はもう別の男性の子を産んでいたし、小林も別の女性と結婚している。そんな状況を友人である堀が知らなかったわけはない。

おそらく堀は、ゲーテや小林が、デモンを振り落とすために『エグモント』や『オフェリヤ遺文』という傑作を書いたように、これからも小林には傑作を書き続けてほしい。そのきっかけとなるのなら、デモンにでもとりつかれればよいと語ったのだろう。友人の筆力への賛美と叱咤激励の言葉なのではないだろうか。

妻子の面に接せんと思えば、
また何となく
嬉しきようの心地もあり。
豈《あに》慚《ざん》愧《き》のいたりならずや

近藤勇
（幕臣）

心ならずも郷里に帰り、
妻子の顔と接することになると思うと……
なんとなくうれしい気持ちもある。
実に恥ずかしいことこの上ない

近藤勇
（こんどう・いさみ）
1834年-1868年。武蔵国多摩郡出身。近藤周助に剣を学び、養子となる。のちに天然理心流の剣術道場「試衛館」を継ぐ。その後新選組局長として活躍。幕臣となる。池田屋事件で宮部鼎蔵、吉田稔麿らの志士を捕縛、殺傷したことで有名。

「泣く子も黙る」と称され、幕末の混迷の中、独特の輝きを見せた新選組。近藤勇を局長、土方歳三を副長としたこの剣の達人集団は、尊王攘夷を唱える志士たちのテロ活動などから京の治安を守るために組織された。そして、池田屋事件などで実際に多くの志士らを討ち取り、実績を挙げていた。

新選組は、長州藩士ら反幕府の姿勢を示していた志士たちを相手に、幕府を守るための活動をしてきたのだが、彼らの腕前だけでは、大きな時代の流れに打ち勝つことはできなかった。

1867年、最後の将軍徳川慶喜が大政奉還をし幕府は崩壊する。翌年、旧幕府軍と新政府軍の武力衝突、戊辰戦争がはじまる。緒戦の鳥羽・伏見の戦いには、新選組ももちろん旧幕府軍側として参戦したが、結果は敗戦。将軍慶喜はいち早く江戸へと逃げ帰り、新選組らも軍艦に乗り江戸へと帰還することになる。

この船上で近藤は、幕府海軍の中心人物である榎本武揚に対しこう語った。

「予の前年京師に赴く時深く決する所あり。よって妻子は決別し、心窃《ひそ》かに再会を期せざりき。然《しか》るに今、変故に遭遇し、不意《はからず》も郷里に帰り、妻子の面に接せんと思えば、また何となく嬉しきようの心地もあり。豈慚愧《あにざんき》のいたりならずや」

(自分は、去年、京の都に行く時に深く心に決めた。妻子とは決別し、密かに再会を願う気持ちを捨てた。しかし、今、戦に敗れ、心ならずも郷里に帰り、妻子と会うことになると思うと……なんとなくうれしい気持ちもある。実に恥ずかしいことこの上ない)

すると、これを聞いた榎本は

「それ、人の実情なり。人にして情なくんば、たとえ文武に富むも、なんぞ禽《きん》獣《じゅう》に異ならん」

(それこそ人の本当の姿でしょう。情けの心がなければ、たとえ文武に秀でていても獣たちと一緒ですよ)

と励ましたという。

戦に負けて、京を去ることに悔しさをにじませながら、家族に会える喜びを語るという人間らしい一面を見せた近藤勇。しかし、この後も彼に十分な一家団らんの時は巡ってこなかった。

翌々月には、江戸を立ち甲州で新政府軍と会戦。敗れたのち寡兵にて流山(千葉県流山市)で再起を図っているところを新政府軍に見つかってしまう。そこで、近藤は仲間を助けるために、身分を隠し新政府軍に投降した。

しかし、すぐに身元は割れた。新政府軍の中に近藤の顔を知る者がいたのだ。かつて京都で、新政府軍の中心をなす尊王攘夷派の志士を粛清していた憎き新選組の局長に対し、新政府軍は容赦しなかった。近藤は斬首となり、その首は京都の三条河原にさらされたのである。

只《ただ》上《じょう》気《き》に相《あい》成《なり》、
先《ま》ず一口に申せば
世の中に酔い候《そうろう》塩《あん》梅《ばい》

西郷隆盛
（軍人）

［あいつらは］ただ頭に血が上っていて、
一言でいえば『世の中の風潮に酔っている』
といった塩梅だ

西郷隆盛
（さいごう・たかもり）
1827年-1877年。幕末の薩摩藩士。幼名、小吉、吉之助。号は南洲。薩長同盟締結、倒幕、戊辰戦争などで功績を残し、明治政府でも廃藩置県などに尽力した。のち征韓論争に敗れて下野。西南戦争を起こし敗北して自刃する。

西郷隆盛といえば、体もスケールも大きな人、という印象を多くの人が抱いているのではないだろうか。そんな西郷だから、「愚痴」だとか、人の「悪口」などは、絶対いわない人のようにも思えるのだが、実はそうでもないようだ。

ある薩摩藩士に送った手紙では、藩内の過激な尊王攘夷派の人々を評してこんな言葉を使っている。

「只上気《ただじょうき》に相成《あいなり》、先《ま》ず一口に申せば世の中に酔い候《そうろう》塩梅《あんばい》」

（「あいつらは」ただ頭に血が上っていて、一言でいえば『世の中の風潮に酔っている』といった塩梅だ）

幕末の過激派たちは、常に合言葉のように唱えていた「尊王攘夷（天皇を敬い、外国人を追い払え）」などの思想や世の風潮に陶酔しているだけだ、という、なかなかのきつい愚痴なのである。しかも、それはまだ続く。

「口に勤王とさえ唱《となえ》候《そうら》得《え》ば忠良のものと心得《こころえ》、さらば勤王は当時如何之処《いかのところ》に手を付候《つけそうら》わば、勤王に罷成《まかりなり》候《そうろう》哉《や》其《その》道筋を問詰候《といつめそうら》えば訳も分らぬ事にて」

（口で『勤王（天皇のために尽くすこと）』とさえ唱えていれば、忠義に厚いものだと心得ているようで、そのくせ『それなら勤王のために、時宜に際して何からすればよいのか』と、その道筋を問い詰めれば、［満足に答えられず］訳がわからなくなってしまう）

「国家之《の》大体さえケ様之《かようの》ものと明《あきら》めも、不出来《できず》、（中略）幕之《ばくの》形勢も不存《ぞんぜず》、諸国之《の》事情も更に弁《わきま》え無之《これなく》、そうして天下之《の》事を尽そうとは（後略）」

（国家のおおよその形さえ明らかにできず、（中略）幕府の形勢も知らず、他の藩の事情もさらに弁《わきま》えることもなく、そうして天下のことに尽くそうとは「目隠しして藪をつついて蛇を出すようなことになっても仕方がない」（後略））

などとかなりの愚痴、悪口を書き連ねているのだ。

もっともこの当時の西郷は、藩の上層部と意見が合わず、島流しの憂き目に遭っていた。自由に活動することができず、もどかしい状況の中、過激な志士たちの暴走を止めようと思ったら、このくらいの強い言葉を使う必要があったのかもしれない。

この後、西郷は復権し、倒幕、および旧幕府軍との戦（戊辰戦争）の最前線に立つことになる。とはいえ、西郷の場合は、「只上気に相成《あいなり》（頭に血が上って）」戦いにひた走っていたわけではない。旧幕府側の代表である勝海舟と話し合いをして、江戸での大規模な戦闘を取りやめるという英断も下している。

不必要な戦いは避けながら、「国家のおおよその形」、すなわち、天皇を中心とした新しい国をつくるために、先頭に立って邁進していったのである。

何もをもわくのなき人

坂本龍馬
（幕末の志士）

［あいつは］何も考えていない人［だ］

坂本龍馬
（さかもと・りょうま）
1835年-1867年。土佐藩（高知県）出身の幕末の志士。江戸で剣術修行中に黒船来航を耳にする。のちに脱藩。幕臣勝海舟の弟子となり、その後亀山社中（のちの海援隊）を結成。西郷、木戸らと好を結び、薩長同盟を実現。維新史に功績を挙げた。

坂本龍馬は、土佐藩の比較的裕福な家の末っ子として生まれた。兄が一人、姉が3人の5人兄弟である。

その中でも、すぐ上の姉乙女《おとめ》と兄の娘、つまり姪に当たる春猪《はるい》（愛称『おやべ』）とは仲が良かったようで、龍馬はしばしば二人宛に手紙を書いている。右の言葉もそんな手紙の一つに書かれている愚痴である。

「な～んも考えてない男（何も思惑の無き人）」といわれているのは、坂本清次郎。何を隠そう春猪の夫である。しかも、兄を当主とする坂本家には跡継ぎとなる男子がいなかった上に末っ子の龍馬も脱藩してしまったがために、坂本家の跡継ぎとして養子に入った人物である。

ところが、この清次郎が、龍馬の後を追うようにして、脱藩して龍馬のつくった海援隊に入隊してしまった。せっかく養子にしたのに、脱藩浪人となってしまっては、坂本家の跡継ぎにはなれない。春猪はじめ坂本家の面々はかんかんとなり、龍馬も懸命になだめている。また、清次郎が脱藩したことで坂本家に迷惑がかからないように、土佐藩のお偉方にさり気なく根回しもしていた。

この当時の龍馬は、非常に忙しい時期にあった。土佐藩の重役後藤象二郎に、新しい世をつくるための方策である「船中八策」を提示し、いよいよ大政奉還を実現させようと頻繁に動き回っていた時期だ。この手紙の書き出しも

「今日も忙しく、薩摩の屋敷へ行く前、朝の6時頃からこの手紙をしたためました」

と書かれている。ところが、この手紙、その割にはとてつもなく長い。なんと全長5m以上。現存する龍馬の手紙の中で最も長いものだ。あらゆることを、しっかり伝えておかなければ、という思いでもあったかのような長さだ。

さて、当の清次郎の人物評だが、まだ続く。意訳にて紹介すれば

「清次郎は、ただ連れて歩くくらいの人物だ。もうちょっとましな人物になればいいのだが……」

「今1、2年も苦労すれば、少しは役に立つのだろうが、まあ、今のところは何もしようのない人間ですな」

などとやっぱり評価は低く、龍馬にしては非常に愚痴っぽい内容なのだが、まあ、かわいい姪の夫であるから、1～2年は自分のそばで鍛えてあげよう、という愛情も見て取れる。

ところが、この計画は実現しなかった。この手紙から半年も経たずに、龍馬は暗殺されてしまう。清次郎を鍛え上げることはできず、彼は特段歴史に名を刻むような人間にはならなかった。

そして、思いの丈をすべて綴ったような、この長い手紙が、乙女らに宛てた最後の手紙となった。

義行（義経）今に出来せず。
これ且つは公卿の侍臣
皆悉く鎌倉を悪《にく》み、
且つは京中の
諸人同意結構の故《ゆえ》に候《そうろう》

源頼朝
（武将）

義行［義経］がいまだに捕縛できないのは、
朝廷の家臣らが皆自分たちを憎んでいたり、
京中の人々が義行［義経］に
味方していたりするからじゃないのか？

源頼朝
（みなもとのよりとも）

1147年-1199年。平安末～鎌倉初期の武将。鎌倉幕府初代将軍。後白河上皇の皇子以仁王《もちひとおう》の令旨を受けて挙兵し、平氏討伐の中心として活躍。1192年に征夷大将軍となった。ライバルを破り、初めての本格的な武家政権樹立に成功した。

鎌倉幕府を築いた源頼朝は、どん底から這い上がってきた人物だ。なにしろ、初陣である平治の乱で敗れ、父は殺され、自身も処刑されるところだったのだ。しかし、勝者である平清盛の継母池禅尼《いけのぜんに》のとりなしによって一命は救われ、伊豆国へと配流になった。一説には、早世した池禅尼の実子とよく似ていたためだともいう。

伊豆での流人生活は20年に及んだ。その間、父の仇である平氏は、我が物顔で政権を独占した。

しかし、やがて平家打倒の機運が高まると、頼朝もついに挙兵。ここから前代未聞の逆転劇がはじまっていく。

無論、主たる標的は平氏である。しかし、敵は平氏だけではなかった。討伐の必要があれば、親戚や兄弟であっても容赦なく蹴散らした。

先に平家を京から追いやったのは、従兄弟に当たる源義仲（木曽義仲）であったが、彼の粗暴な行いは京の都で大変評判が悪かった。彼の家臣らも京で乱暴狼藉を働いたという。そこで、頼朝は弟の義経や範頼に命じ、従兄弟の義仲を成敗させたのだ。

その後、平家を西へ西へと追い詰め、ついに壇ノ浦で滅亡させることに成功。一番の殊勲は弟の義経だったろう。

しかし、今度はその義経と対立した。自分の許可を得ないで官職を得たことなどが原因であった。義経を倒せば、もはや敵らしい敵はいなくなる。義経は、

「義経犯す無くして咎を蒙る。（中略）空しく紅涙に沈む」

などと綴った腰越状（57ページ参照）を送ってきたが、頼朝は許さなかった。

ここから、義経征討作戦がはじまる。ところが、これは容易には成功しなかった。木曽義仲の場合、半年かからずに片が付いた。あれほど全盛を誇っていた平氏を滅亡に追い込むことでさえ5年とかかっていなかった。それなのに、たった一人の弟を成敗するのに、なんと3年半もかかっているのだ。

その途中、頼朝は、

「義行（義経）今に出来せず。これ且つは公卿の侍臣皆悉く鎌倉を悪《にく》み、且つは京中の諸人同意結構の故《ゆえ》に候《そうろう》」

（義行（義経のこと。一時改名していた）がいまだに捕縛できていない。これは公卿の家臣らが皆自分たちを憎んでいることと、京中の人々が義経に心を寄せていることが原因ではないか）

などと朝廷相手に、なかなか義経を討伐できない愚痴をこぼしているのだ。

この愚痴から数年後、ついに頼朝は、弟を自害に追い詰め、政権を盤石なものとした。しかし、苦労して築いた源氏の天下も、長くは続かなかった。頼朝の没後、二人の息子が相次いで暗殺され、源氏の世は、義経の死からわずか30年で終わってしまったのである。

今日も飯はうまくない

正岡子規
（俳人・歌人）

正岡子規
（まさおか・しき）
1867年-1902年。伊予国（愛媛県）の出身。本名、常規《つねのり》。大学予備門（一高）で夏目漱石と知り合う。写生俳句・写生文を提唱し、根岸短歌会を結成。短歌革新運動を行う。代表作に『寒山落木』『歌よみに与ふる書』『病牀六尺』などがある。

「柿くえば鐘が鳴るなり法隆寺」などの俳句や短歌でおなじみの正岡子規。そんな彼の日記『仰臥漫録《ぎょうがまんろく》』に、

「今日も飯はうまくない」

というわかりやすい愚痴が書かれている。どうして、ご飯がおいしく感じられないのかというと、この時、彼は病で臥せっていたからだ。

子規は、体が丈夫ではなく、学生の頃から何度も喀血を経験していた。そもそも「子規」という筆名は、「血を吐くまで鳴く」といわれている「ホトトギス」の異名である。

その後、脊椎カリエスとなり、30代の多くを病床で過ごした。そんな時期に書かれたのが、日記『仰臥漫録』であり、随筆『病牀六尺《びょうしょうろくしゃく》』である。その中では

「苦しがって少し煩悶を始める」

「蒲団の外へまで足を延ばして体をくつろぐ事も出来ない。甚だしい時は極端の苦痛に苦しめられて五分も一寸も体の動けない事がある」

「誰かこの苦を救うてくれる者はあるまいか」

などと述べ、時には

「自殺熱はむらむらと起って来た」

と自殺願望まであったことを告白。

「次の間へ行けば剃刀《かみそり》があることは分って居る。その剃刀さえあれば咽喉を掻く位はわけはないが、悲しいことには今は匍匐《ほふく》のことも出来ぬ」

などと切実な状況を綴っている。

しかし、子規は、これらを綴ることを主目的として随筆等を書いたわけではない。ましてや、世間の同情を買うつもりではないし、つらい病状を綴ることを売りにして書籍を出版しようとしたわけでもない。いや、それどころか、余命1年半と宣告された中江兆民が『一年有半』という評論集を書き、ベストセラーになったことなどを受けて

「生命を売物にしたるは卑《いや》し」

と、「余命」や「病と死」などを「売り物（セールスポイント）」にすることは卑しい行為だ、と告げているのだ。

確かに子規の随筆に書かれているのは、病のことだけではない。

「食事は朝、麺包《パン》、スープ等。午《ひる》、粥、さしみ、鶏卵等」

などと細かく食事も記しているし、

「警視庁は衛生のためという理由を以て、東京の牛乳屋に牛舎の改築または移転を命じたそうな」

「この頃売り出した双眼写真というのがある」

など、見聞きしたものの雑感なども楽しく書かれている。

病苦も、日常生活も、雑感もひっくるめ、すべてをありのままに写生しようとした正岡子規。だからこそ、彼の言葉は、我々の心にも刺さるのだろう。

笛の音も、
歌も聞こえないなんて、
なんという屈辱なんだ！

ベートーヴェン
（作曲家）

ルートヴィヒ・ヴァン・ベートーヴェン

1770年-1827年。ドイツの作曲家。ボンに生まれ、ウィーンに移住した。バッハ、モーツァルトと並び称される音楽史上最高の巨匠。『英雄』『運命』『第九』など9つの交響曲のほか、協奏曲・ピアノソナタ・弦楽四重奏曲などに傑作を残した。

「楽聖」とも称される天才音楽家ベートーヴェン。その彼が、音楽家としては致命的ともいえる難聴を患っていたことは、現在、多くの人々に知られている。

しかし、当時の彼は、その事実を隠し続け、それゆえに一層苦悩を募らせていた。弟たちに送った手紙の中に、彼は病と治療に当たった医師たちへの愚痴を書き綴った。

「無能な医者たちのため容態を悪化させられながら、やがては恢復《かいふく》するであろうとの希望に歳から歳へと欺かれて、ついには病気の慢性であることを認めざるを得なくなった」

「私の脇にいる人が遠くの横笛《フレーテ》の音を聴いているのに私にはまったく何も聴こえず、だれかが羊飼いのうたう歌を聴いているのに私には全然聴こえないとき、それは何という屈辱だろう」

そして、難聴に悩まされているという「弱点を人々の前へ曝《さら》け出しに行くこと」ができなかったベートーヴェンは、「人々から孤《ひと》り遠ざかって孤独の生活をしなければならなくなった」という。

「人々の集まりへ近づくと、自分の病状を気づかれはしまいかという恐ろしい不安が私の心を襲う」からだ。これが彼を二重に苦しめた。

そして、「たびたびこんな目に遭ったために」「ほとんどまったく希望を喪《うしな》った」彼は、ついに、自ら命を捨てる決心をする。その時、二人の弟たちに向けて書いたのが「ハイリゲンシュタットの遺書」であり、ここで引用しているのはすべてこの中の文章である。

文字通り遺書であり、独身だったベートーヴェンは、財産や楽器の処分のことなども書き残している。

しかし、この遺書を書くことが心の整理にもなったようで、徐々に文面は愚痴だけではなくなっていく。自殺まであと一歩というところまで追い込まれたのだが、思いとどまったという。

「私を引き留めたものはただ『芸術』である。自分が使命を自覚している仕事を仕遂げないでこの世を見捨ててはならないように想われたのだ」

芸術のために生き続けると決め、

「今や私が自分の案内者として選ぶべきは忍従である」

「自分の状態がよい方へ向かうにもせよ悪化するにもせよ、私の覚悟はできている」

こう語ったベートーヴェンは、何かが吹っ切れたように、音楽の道を突き進む。彼の代表作とされる『英雄』『運命』などはこの「遺書」以降の作品である。

それから十数年の時が経ち、50歳を前にしてベートーヴェンは聴覚をほとんど失ってしまう。しかし、「使命」を自覚した彼は、病状が「悪化」した以降も『第九』などの名曲を生み出したのだ。

こんな絵は
狂人にしか描けない

ムンク
（画家）

エドヴァルド・ムンク

1863年-1944年。ノルウェーの画家、版画家。『叫び』に代表される独特の絵は、世界中の多くの人に愛されている。ナチスドイツは彼の作品を退廃芸術として没収。晩年、そのドイツがノルウェーを占領していた時期に没している。

絵画にはあまり興味がない、という人であっても、「ムンクの『叫び』」といえば、おおよそのイメージがわくのではないだろうか。夕暮れの暗い背景を持つ橋の上で、骸骨のような風貌の人が体をくねらせながら耳をふさぎ、口を大きく開けている。独特の雰囲気のある絵画である。

同じモチーフの作品は、いくつかあるのだが、実はそのうちの一つの絵の左上部分に、鉛筆で薄く

「こんな絵は狂人にしか描けない」

と書きこまれている。これはいったい誰が書きこんだのか、長い間不明であったのだが、2021年、ノルウェーの国立美術館の学芸員らによって、「ムンク自身が書きこんだものだ」という調査結果が発表された。

実は、同作品が一般公開された時、見た人から批判、並びに作者の精神状態を疑問視する声がたくさん上がったという。その声を受けて、ムンクが自分自身で書き込みをしたのではないか、という説が有力視されているのだ。

「この画家は精神状態がおかしいのではないか?」

という声を肯定した愚痴なのだ。

確かにムンクの絵、特に代表作とされるこの『叫び』を見ていると、こちらまでが不安な気持ちにさせられる。

なぜ、ムンクはこのような絵を描いたのだろうか。

ムンクの父は医者で、病院を訪れるのは下層階級の人ばかりだった。患者は、それぞれが病を抱え、死の不安におびえていた。患者だけではない。彼は5歳の時に実の母を結核で失くしている。14歳の時には一つ年上の姉が同じく結核で亡くなっていた。そして、ムンク自身も病弱で、妹の一人はうつ病に苦しんでいた。のちにムンクは

「私のゆりかごを守っていたのは、病気と狂気と死という黒い天使たちだった」

と語っている。幼い頃から病気と狂気と死に囲まれて生きてきたのだ。

そして、彼は『叫び』についてのイメージをこう日記に書き残している。

「友人と二人で道を歩いていた。太陽が沈みかけており、空は血のように赤く染まっていた。私は立ち止まって手すりにもたれた。疲れ果てていた。雲が血や剣のように燃えていた。眼下には青黒いフィヨルドと町。友人は行ってしまったが、私は立ち尽くしていた。そして、大きく果てしない自然の叫びを感じた」

『叫び』とは、絵の人物が叫んでいるのではなく、自然の叫びであり、彼はそれを聞くまいと耳をふさいでいるのだ。病も、死も、成長も、不安も、「自然」の一部である。この絵を見ると、我々も彼の不安を共有できる気がする。

ちなみに、この風景は妹の入院していた精神科病院からの眺めであるという。

もう、長いことはない

サン＝テグジュペリ
（小説家）

アントワーヌ・ド・サン＝テグジュペリ
1900年-1944年。フランスの小説家・飛行家。郵便航空機のパイロットの仕事の傍ら執筆に従事し、処女作『南方郵便機』、フェミナ賞受賞作『夜間飛行』、エッセイ集『人間の土地』などの作品を生んだ。童話『星の王子さま』の著者として有名。

『星の王子さま』でおなじみのフランスの作家サン＝テグジュペリは、文筆家であるとともに、飛行家でもあった。それも趣味で自家用飛行機に乗る、といったレベルではない。民間の航空会社に入り、郵便飛行や空路開拓に従事したプロの飛行機乗りである。

　しかし、当時は、まだ飛行機が現在のように一般的なものではなく、特に民間での利用は黎明《れいめい》期にあり、航空路の開発が徐々に進行していた時代であった。それゆえ、飛行機の操縦は危険と隣り合わせであり、サン＝テグジュペリも何度か危ない目に遭っている。

　正式に郵便航空機のパイロットとなった27歳の年のこと、彼の乗った機体はリオデジャネイロの砂漠に不時着し、その地で一夜を過ごした。リオデジャネイロは当時スペイン領で、西洋人の支配を快く思っていない人々からの襲撃におびえた一夜だったという。

　他にもいくつか事故を経験しているし、海中に落ちて死にかけたこともある。しかし、一番危険を感じたのは、35歳になった年の年末、アフリカのリビア砂漠に墜落した時ではないだろうか。

　他の地では考えられないような酷暑の中、食べ物も、のどを潤す水もないまま、助けを求めて数日間、砂漠を歩き続けた。その時のことをこう記している。

「日向《ひなた》を三日も歩き続けると、人は勇気の命令には従わなくなって、蜃気楼の命令に従うようになる」

「人はもう自分の脚も、自分の精神も号令できなくなる。感動がまるでなくなってしまう。感動には適度の湿気が必要なものらしい！」

　過酷な環境の中、飢えと渇きに堪え続けたことで、体はもちろん、心まで動かなくなった。そんな状況を的確かつ詩的に表現した後で彼はこう述べている。

「こうなるともう、長いことはない」

　死を覚悟し、最後の愚痴を述べたところで、彼は偶然めぐりあえたアラブの隊商に助けられ、一命をとりとめたのだ。

　これらの経験は、パイロットとしての熟練度を増すことにつながったのはもちろん、作家としてのサン＝テグジュペリにも大きな影響を与えた。エッセイ集『人間の土地』や『南方郵便機』には、直接的に砂漠での体験が描かれている。

　それだけではない。もうお気づきの人もいるかもしれないが、不朽の名作『星の王子さま』でも、主人公の「ぼく」が、王子さまに出会ったのは、飛行機の故障でサハラ砂漠にとりのこされ途方に暮れている時だった。

　作家と飛行家という二つの顔を持っていたサン＝テグジュペリ。しかし、第二次大戦がはじまると、従軍した彼は、偵察機に搭乗して飛び立ったまま、帰らぬ人となった。

不便なものですね

塙保己一
（学者）

塙保己一

（はなわ・ほきいち）

1746年-1821年。江戸後期の国学者。武蔵国保木野村（埼玉県本庄市）の農家荻野宇兵衛の長男として生まれる。幼名、寅之助。雨富検校《けんぎょう》の門に入り、のちに国学者となる。広範な文献を６６６冊にまとめた『群書類従』の編纂などで有名。

塙保己一は、その持ち前の集中力と記憶力、そして向学心によって、『群書類従』の編纂などに大きな功績を挙げた江戸時代の学者である。しかも、彼は6歳の時に病で失明している。まだ、点字などもない時代、本を読むこともままならないのに学問を志すというのは、大きなハンディキャップだったはずである。

彼は、著名な国学者である賀茂真淵《かものまぶち》をはじめとするいく人かの師に就いて学んだほか、あん摩をしていた時の客などから本の読み聞かせをしてもらうなどして知識を磨いた。彼の家には、約6万冊の蔵書があったとされるが、そのすべての内容を記憶していたという。

こんなエピソードがある。学者として彼の名が知れわたりはじめた頃、彼のもとには講義を聴きに多くの弟子たちが集まっていた。ある晩、弟子たちを前に『源氏物語』の講義をしていた時のこと。ふいに一陣の風が吹いて、部屋のろうそくの火が消えてしまった。街灯などなかった当時のこと。部屋は真っ暗になり、何も見えない。本を見ながら講義を聴いていた人もいるかもしれない。弟子たちは大慌てだったが、目の見えない保己一はそのまま講義を続けていた。

「先生、少々お待ちください。今、風で灯りが消えてしまいました」

と弟子の一人がいうと、保己一はそっといったという。

「目が見えるというのは、不便なものですね」

視力に頼っている人たちのせいで講義が続けられなくなったことに対する愚痴のようでありながら、座の人々をなごませるユニークな一言でもある。

この話は、かつて修身の教科書などにも載っており、よく知られていた。ただし、伝承によってやや内容に違いがあり、正確な時期も不明であるが、30代半ばのことではないかと推測されている。

さらに、この話は遠く海外にまで伝わっていたらしい。とあるアメリカ人の女性は、この話を聞いて心から感動し、保己一のことを尊敬し続けたという。彼女は、保己一の死後何十年も経ってから生まれたというのに、である。

1937年、彼女は初来日し、保己一ゆかりの地を訪ね、愛用した机や保己一の像を自らの手で触れ、こう述べた。

「使い古された質素な机と、優しそうに首をかしげた先生の像に触っていると、先生のお人柄が伝わってきて、心から尊敬の気持ちがいっそう強くなりました。先生のお名前は、水が流れるように、永遠に後世に伝えられていくに違いありません」

彼女の名はヘレン・ケラー。視力、聴力と言葉を失いながら、著述家、社会福祉事業家として成功し、『奇跡の人』として映画にもなった人物である。

日《ひ》来《ごろ》は何とも覚えぬ鎧が、今日は重うなったるぞや

木曽義仲
（武将）

木曽義仲
（きそ・よしなか）

1154年-1184年。本名、源義仲。父の死後、信濃国の中原兼遠に育てられ成育する。26歳で以仁王《もちひとおう》の挙兵呼びかけに応じて木曽で平氏追討の兵を挙げる。倶利伽羅峠《くりからとうげ》の戦いなどで活躍したのち、30歳の年に粟津の戦いで戦死する。

平安末期、武士の二大勢力源氏と平氏が争う「源平合戦」が起こった。

最初に権力の座に就いたのは、平氏である。一族の長・平清盛は、保元・平治の乱で活躍し太政大臣という貴族としてもトップの地位に座る。

「平家にあらずんば人にあらず」

と豪語する人間まで現れる始末である。しかし、

「驕《おご》る平家は久しからず」

ともいわれる通り、専制を続ける平氏に不満の声も強くなる。やがて、源頼朝や源義経らの軍勢が挙兵。その最中、平清盛が熱病にて没してしまう。一気に平氏の旗色は悪くなる。

この後、平氏は源氏との戦いに敗れ、京を追われる。その後も西へ西へと敗走を続け、最後は壇ノ浦の戦いで滅亡することになる。

ところで、実際に平氏を京の都から追いやったのは、源氏の棟梁・源頼朝でもなければ、幼名の「牛若丸」でおなじみの源義経でもない。彼らの従兄弟に当たる源義仲、通称「木曽義仲」である。

幼い頃に父と死に別れた義仲は、信濃国の土豪に養われ、木曽の山中で育った。やがて、平氏打倒の兵を挙げ、北陸から京へと入り、平氏の軍勢を追い払ったのである。

まさに快進撃を遂げ、のちに従四位下征夷大将軍となり「旭将軍《あさひ》」とも呼ばれるようになる義仲だったが、栄光の時はここまでだった。

とかく田舎育ちの義仲の軍勢は、京での評判が悪かった。略奪なども行われ、権力者であった後白河法皇や源氏の長・頼朝との対立が深まっていく。やがて、頼朝の命を受けた弟の源範頼、義経の軍勢が義仲に迫る。源氏同士の争いが幕を開けたのである。

この戦いに木曽義仲は、敗れた。敗走する義仲の軍勢は、徐々に減り、最後には乳母子《めのとご》の今井兼平と二人だけになってしまう。この時に義仲がいった言葉が

「日来《ひごろ》は何とも覚えぬ鎧が、今日は重うなったるぞや（いつもは何とも思わない鎧が、今日はとても重く感じられる）」

である。鎧が重く感じられたのは、疲労のせいもあったろう。逆に、かなりの重量があるはずの鎧を普段何とも思わなかった、というのは、義仲が力強い武将だったこともあろうが、功名心に燃え気力が充実していたからこそ、軽く感じられたのだろう。今は、それもない。

やがて、義仲は自害する間もなく、位の高くない敵兵によって討ち取られた。ちょうど30歳になる年だった。

右の言葉は『平家物語』に登場する一節なので、脚色もあるだろう。しかし、栄光の座からすべり落ち、無念の最期を迎えようとしている人の偽りなき真情として、得心のゆく言葉である。

僕の言葉は
風の中の歌のように消える

芥川龍之介
（小説家）

芥川龍之介
（あくたがわ・りゅうのすけ）
1892年-1927年。東京生まれの小説家。別号に「澄江堂主人」「我鬼」などがある。『今昔物語集』などを題材とした『羅生門』『鼻』『芋粥』などのほか、『河童』『歯車』『或阿呆の一生』など傑作との呼び声が高い作品多数。「芥川賞」にその名を残す。

初恋を失くした年に名作『羅生門』を著した芥川は、その翌年、『鼻』を発表。これが文豪・夏目漱石から絶賛されることになり、文壇における一定の地位を確立した。

同年、大学を卒業し、やはり名作と名高い『芋粥』を発表。新進作家としての地位は揺るぎないものとなっていく。

前途洋々に思えた当年24歳の芥川にとって、暗い影が差し込んだのは、師であり恩人でもあった夏目漱石が、『鼻』を絶賛してから1年と経たずに没してしまったことくらいではないだろうか。

20代の後半も、芥川は作家として充実した日々を送っている。『戯作三昧』『地獄変』『蜘蛛の糸』『奉教人の死』『杜子春』などの作品を発表。プライベートでは、結婚もし、長男も生まれている。

しかし、20代最後の年、中国旅行に行った際に肋膜炎を患う。そして、この頃から、徐々に芥川の体は病にむしばまれていく。「神経衰弱甚しく睡眠薬なしに一睡も出来ぬ次第」となり、神経衰弱のほかにも「胃痙攣《いけいれん》、腸カタル、ピリン疹《しん》、心悸昂進《しんきこうしん》」などの症状が出はじめる。

健康悪化と軌を一にするようにして、創作活動の腕も鈍りはじめる。30歳の年には『トロッコ』『藪の中』などの傑作も生みだしたが、以降数年間は、一般に知られているような名作は生みだしていない。文壇の中からも芥川の衰えを指摘する声が出はじめる。

そして、35歳の年になると、芥川の周辺で衝撃的な事件が続く。

正月早々、義兄宅が全焼したのだが、それが保険金狙いの放火だという嫌疑がかけられ、義兄は鉄道自殺をしてしまう。残された妻や子、そして借金の世話も芥川が見ることになる。

5月に親友で作家の宇野浩二が精神を患う。自身を「狂人の子」といい、狂気の遺伝を恐れていた芥川にとって、これは大きな衝撃ともなった。

そして運命の7月24日、自ら大量の睡眠薬を飲み、芥川は二度と帰らぬ人となった。友人宛ての遺書（『或旧友へ送る手記』）に、自死の動機を「将来に対する唯ぼんやりした不安」と綴った芥川。菊池寛は

「彼の死因は彼の肉体及精神を襲った神経衰弱に半以上を帰せしめることが出来るだろうが、その残った半分近きものは、彼が人生及び芸術に対して、あまりに良心的であり、あまりに神経過敏であったためであるように思われる」

と述べている。一方で遺書の中には

「僕の言葉は風の中の歌のように消える」

との寂し気な言葉も登場する。しかし、そうはならなかった。逝去の年に発表された『河童』『歯車』『或阿呆の一生』などは、数ある作品の中でも傑作とされ、今でも多くの読者に愛されているのだ。

毎晩通してねないのでもうくたくたです

北原白秋
（詩人・歌人）

北原白秋
（きたはら・はくしゅう）
1885年-1942年。福岡出身の詩人、歌人。本名、隆吉。与謝野鉄幹に誘われ新詩社に参加。『明星』などに作品を発表する。のちに「パンの会」を創設。詩集『邪宗門』『思ひ出』、歌集『桐の花』のほか、「ペチカ」「あめふり」などの童謡も有名。

詩人、歌人として有名な北原白秋。ひょっとすると、「雨雨、ふれふれ、母さんが♪」などの童謡を作詞した人、としてのほうが、おなじみかもしれない。

作品から作者像を想像すると、とても穏やかで、いつまでも童心を忘れない、やさしい人、というイメージができあがる、のではないだろうか。

しかし、実際の北原白秋は、少々イメージと違う……ようだ。

三度の結婚と逮捕、投獄を経験している、というだけで、思っていた人物像と違う、と感じる人も出てくるだろう。

まず、27歳の時には、3つ年下の人妻と恋に落ち、その夫から姦通罪で訴えられ、逮捕されている。その後、示談が成立し保釈された白秋は、その女性と結婚するが、1年ほどで離別している。

その2年後、31歳の年に、白秋は別の女性と結婚したが、4年ほどでまた離婚している。原因は妻の不倫だといわれているが、妻のほうではそれを否定しているらしい。

その翌年、別の女性と見合い結婚。この女性との間には二人の子どもも生まれ、生涯添い遂げることとなる。家庭的に安定したのは、彼女と結婚した36歳以降といえるだろう。

それまでは経済的にも、あまりしっかりしているとはいえなかった。

33歳の時に書かれた手紙によれば、当時の定収入は短歌や詩の選者としての収入で28円。他にたまに印税等が入るだけだという。執筆の依頼が来ることもあるが、テーマや文字数に制限がつけられるのが気に入らなくて受けないことも多かったらしい。当時の公務員の初任給が70円というから、白秋の収入はその半分以下。しかもそれは、自分で仕事を選り好みしての結果である。

しかし、この「定収入28円」と綴られた手紙が書かれた翌月、鈴木三重吉が児童書『赤い鳥』を創刊し、そこに白秋も加わったことで事態は好転する。同誌で童謡部門を担当し、生活は徐々に安定してくる。

どうやら白秋の人生は、若い頃は奔放な生活を送っていたのだが、30代半ば頃からようやく仕事も家庭も安定してきた、といってよさそうだ。

右の愚痴は、37歳の年に、『赤い鳥』の主宰者鈴木三重吉に送った手紙の中の一節である。

「(徹夜続きで)もうくたくた」

などという文章を読むと、かわいそうだという気もするが、若い頃の奔放生活を知ってから読むと、この「くたくた」が健全なようにも思えてくる。この手紙の中で白秋はこうも書いている。

「雑誌をはじめたのはいいが急にいそがしくなりました。然し何か機会を作って貰うと、何か仕事はやれるものですね」

ああ、神様！
たとえ私たちが
過ちを犯したとしても、
もう十分に償ったでは
ありませんか

マリー・アントワネット
（王妃）

マリー・アントワネット

1755年-1793年。神聖ローマ皇帝フランツ1世とオーストリアの女帝マリア・テレジアの四女としてウィーンに生まれる。1770年、フランス王朝ブルボン家の王太子と結婚。のちに王妃となる。革命の進行により、38歳の年に没した。

フランス王妃マリー・アントワネット。とはいえ、彼女はフランス人ではない。オーストリアのハプスブルク家の出身である。ハプスブルク家といえば、神聖ローマ皇帝の座を世襲してきたヨーロッパ有数の名家である。

つまり、マリー・アントワネットは、ハプスブルク家とフランスのブルボン王朝家という二つの名家の政略結婚のために、フランスに渡ったのである。

わずか15歳で政略結婚した彼女は、その美貌を称えられながら、夫の即位に伴い、19歳でフランス王妃となった。夫・ルイ16世は一つ年上である。

彼女は、美しきファッションリーダーでもあったわけだが、浪費癖があり、詐欺事件に関わったり、他の貴族との恋が噂されたりしたため、国民からの反感を買うことも多かった。

ちなみにマリー・アントワネットは

「パンがなければ、お菓子（ケーキ）を食べればいいじゃない」

といって、貧しい国民たちから一層、顰蹙《ひんしゅく》を買った、という話もあるが、これは事実ではないとされる。

実はフランスの思想家・ルソーが書いた『告白』という本の中に似たような逸話がある。それが誤ってマリー・アントワネットの言葉として伝わった可能性が高いのだ。このエピソードが書かれた時、まだマリー・アントワネットは嫁入り前と考えられるので、この言葉が彼女のものである可能性は非常に低い。

その後、彼女が母となり30代半ばに差し掛かった頃、フランス革命が勃発。これにより、彼女の運命は一転する。

王を中心とした旧体制の変革を望む革命の嵐により、やがて王家の一族はベルサイユからパリへと居を移され、厳しい状況に置かれることとなった。とりわけマリー・アントワネットは、贅沢な王家の象徴的扱いを受けていたし、彼女の実家であるオーストリアがフランス革命に干渉する姿勢を見せていたこともあり、一層非難を浴びることにもなった。贅を極めた暮らしは終わりを迎えた。

革命の最中、彼女はこんな言葉を綴った手紙を、兄であり神聖ローマ皇帝であるレオポルト2世に送っている。

「ああ、神様！　たとえ私たちが過ちを犯したとしても、もう十分に償ったではありませんか」

しかし、彼女への試練はまだ続いた。夫ルイ16世に続き、彼女にも死刑がいい渡されたのである。処刑の少し前、

「いよいよ勇気が試される時です」

と神父が語ると、もはや何か吹っ切れたかのように、彼女はこう答えた。

「勇気ですって？　私は何年もそれを示してきました。苦しみから解放されようという時に、勇気を失ったりするものですか！」

この世は夢のごとくに候。

（中略）

とく遁世したく候

足利尊氏
（将軍）

この世は夢のようなものだ。
（中略）早く世を捨てたい

足利尊氏

（あしかが・たかうじ）

1305年-1358年。室町幕府初代将軍（1338年-1358年）源氏の名門、足利家の嫡流。後醍醐天皇に従い鎌倉幕府を滅ぼしたが、のちに反旗を翻す。後醍醐天皇の南朝に対抗し北朝を立て、自らは征夷大将軍となり室町幕府を開いた。

たとえ歴史が苦手という人でも、「足利尊氏」という名前を聞いたことがない、という人はまずいないだろう。室町幕府をつくった初代将軍である。

足利尊氏は、元は鎌倉幕府の有力御家人だったが、のちに後醍醐天皇による倒幕運動に参加。鎌倉幕府の滅亡に功績を挙げた。その後、後醍醐天皇の政権の評判が悪くなると、後醍醐天皇を追いやり別の天皇を立て、自ら室町幕府の将軍となった、という人物である。

家柄もよく、武芸にもすぐれ、歴史的な功績を数々残した名将であるから、さぞや自信たっぷりの人間なのかと思いきや、彼が31歳の時に、清水寺に奉納した願文《がんもん》を見てみると、かなりネガティブな言葉が並んでいる。

「この世は夢のごとくに候。尊氏に道心給《た》ばせ給《たまい》候《そうらい》て、後生助けさせおわしまし候べく候。猶々《なおなお》、とく遁世したく候」

（この世は夢のようなものだ。この尊氏に道心を与え、来世でお助け下さいませ。やはりなお、早くこの世を逃れたい。出家がしたいのです）

と、現世から逃げ出したい、とまでいっているのだ。しかも、最終的には、

「今生《こんじょう》の果報に代えて、後生《ごしょう》助けさせ候べく候。今生の果報をば、直義《ただよし》に給《た》ばせ給いて、直義安穏に守らせ給《たまい》候《そうろう》べく候」

（現世の果報はもう結構ですから、その代わりに来世でお助け下さい。現世の果報は、弟の［足利］直義《ただよし》に与えてあげてください。そして、直義が安穏でいられるようお守りください）

と、もはやこの世のことは弟の足利直義に任せたい、と語っているのだ。

この願文が書かれたのは、後醍醐天皇らに対し兵を挙げ、名将楠木正成らを破って京を制圧し、新たに光明《こうみょう》天皇を即位（践祚《せんそ》）させた2日後のこと。いわば、ようやく敵対勢力を追いやり、これから足利家を中心とした新しい武士の世がはじまろうとしていた時である。年齢的にもまだ30代のはじめだ。なぜ、こんな弱気なことを口走ったのだろうか。

願文に理由が記されているわけではないが、おそらく、恐れ多くも天皇に対して弓を引き、敵味方合わせて多くの犠牲者を出したことに対して厭世的な気分になったのではないかと推測される。

しかし、後醍醐天皇を擁する南朝の軍勢も全滅したわけではない。ここから南北朝の戦いが何十年も続くことになる。その状況下、家柄もよく、武芸にもすぐれた足利尊氏を遁世させることは、彼を慕う多くの武将らが許しはしなかった。

結局、この2年後には征夷大将軍となって室町幕府を開き、今生の果報を手中にする。しかし、その後も幕府の内乱や南北朝の争いは続く。尊氏は最期まで戦乱の中心で生き抜いたのである。

生きることは、
たえずわき道に
それていくことだ

カフカ
（小説家）

フランツ・カフカ

1883年-1924年。プラハ生まれの小説家。「カフカ」とはチェコ語で「カラス」の意。ある朝、自分が巨大な毒虫に変身しているのを発見したことからはじまる『変身』や「孤独の三部作」と称される『審判』『城』『アメリカ』などが有名。

右に挙げた

「生きることは、たえずわき道にそれていくこと」

という文章は、『変身』『審判』などで著名な文豪カフカが、メモとして残した一文である。

しかし、世界的にも知られる文豪の人生が「たえずわき道にそれてい」たとは、とても思えないのだが、実際には、本人がそう思うのも仕方のないところだったのかもしれない。実はカフカの小説は、生前、ほとんど売れていない。ほぼ無名の作家だったのだ。

いや、「無名の作家」というのも正しくないかもしれない。彼は、成人してから人生のほとんどを労働者傷害保険局に勤務する、いわゆるサラリーマンとして生きていたのだ。しかも、その仕事に従事している間中、副業である文筆業に専念したいと考えていたようなのだ。文筆活動に集中したいのに、生きるために仕事をやめることができない。創作活動に専念したがっていたカフカにとって会社勤務は、わき道にそれること、にしか思えなかったのだろう。

「勤めをやめないかぎりたしかに私は駄目になってしまう」

「恐るべき二重生活。逃げ道は、狂気のほかはあるまい」

そんなふうに当時の彼は、考えていたようだ。

もう一つ、恋愛、家庭生活においても彼の生活はブレていたといってよいだろう。カフカは30歳の時に知り合った女性と2年後に婚約したが、わずか3カ月で婚約を解消している。さらに同じ女性と33歳の時にもう一度婚約し、その翌年にまた婚約を解消しているのだ。

その後も女性と恋に落ちたり、同棲したりもしているのだが、結局のところそれは実らず、生涯を独身のまま過ごしている。上杉謙信のように生涯独身を宣言したというのなら別だろうが、二度も婚約したのに、結局、独身だったというわけだから、「わき道にそれて」ばかりだと、本人がいうのもうなずける話だ。

そんな願い通りとはいえない人生を過ごしてきたカフカに、さらに不幸が襲う。結核を病んでしまったのだ。

その後、カフカは39歳でついに職をやめ、療養しつつ念願だった創作活動に専念しようと試みる。しかし、時はもう残り少なかった。41歳の年に彼は病没してしまったのである。

死の直前、彼は友人に

「未発表の作品は燃やしてくれ」

と依頼する。わき道にそれるどころか、文豪となる最後のチャンスも捨て去ろうとしたのだ。しかし、その友人はカフカの願いを聞き入れず、死後、それらの作品を刊行。それが世界中で評価されることになる。ブレまくった末に、カフカは死後、文豪の称号を得たのである。

国王は

（中略）

人民の命を奪った

ジェファーソン
（政治家）

トーマス・ジェファーソン

1743年-1826年。バージニア州の農場主の子。大学を卒業後、弁護士となりアメリカ合衆国の独立運動に参加。「独立宣言」を起草し、独立後は、国務長官、副大統領、大統領といった重職を歴任。ルイジアナの買収などを行った。

1776年7月4日、アメリカは『独立宣言』を発した。実際には、その後も独立戦争が続き、イギリスが独立を認め講話条約が結ばれたのは、1783年9月3日だが、独立宣言が採択された7月4日がアメリカの独立記念日となっている。いかに、アメリカ人にとって、「独立宣言」が重要なものであるかがわかる。

この「独立宣言」においては、ごく最初の部分に

「すべての人間は生まれながらにして平等であり、その創造主によって、生命、自由、および幸福の追求を含む不可侵の権利を与えられている」

と「平等」「自由」がうたわれているのが特徴だ。

ちなみにその後を見てみると、

「国王は、公共の利益にとって最も有益かつ必要である法律の承認を拒否してきた」

「国王は、われわれの領海で略奪行為を行い、沿岸地域を蹂躙《じゅうりん》し、町を焼き払い、人民の命を奪った」

「国王は、最も野蛮な時代にもほとんど例を見ない、およそ文明国家の長として全くふさわしくない残忍さと背信行為の数々で……（後略）」

など本国イギリス（国王）に対する恨みや不満を露《あら》わにする愚痴が数多く並んでいる。これが独立を勝ち取るためのエネルギーにつながっていったのだろう。

この「独立宣言」を起草した中心人物が、ジェファーソンである。

ところが、「生まれながらにして平等」を高らかにうたいあげたジェファーソンだったが、実は彼は生涯大量の奴隷を所有していた人物でもあった。大農場主の子に生まれた彼は、父から土地や20人程度の奴隷を相続している。ところが、独立宣言が出された頃には、母や義父からの相続もあり、奴隷の数は200人前後と、大幅に増えているのだ。

それどころか、彼は「奴隷は劣った人種だ」という意味の差別的発言までしていたことがあるらしい。ジェファーソンに限らず、大農場主が奴隷を手放すことは、経済その他の大変革を伴うために、現実的には大きな困難が生じる。そのため、彼を擁護する声もあるのだが、それにしても、政治的な理想と現実はこれほどまでに違うものなのだろうか。

いずれにせよ、ジェファーソンは独立宣言起草後も、バージニア邦知事などとして独立戦争、独立運動を率いた。さらに、初代大統領ワシントンのもと初代国務長官となり、第2代アダムズ大統領のもとで副大統領を務め、その後第3代大統領となった。政界引退後はバージニア大学の創立などに尽くしている。

亡くなったのは独立宣言からちょうど50年後で83歳の年。日付は奇しくも、独立記念日である7月4日だった。

むしろ死んだ方が
いいのじゃないかと
悶えたことがあった。
四十歳前後のことで

愚痴

上村松園『青帛の仙女』「生きることに悶えた四十代」同朋舎出版より

第3章 40代の

世の人の心まどわすこと、色欲にはしかず

兼好法師
（文筆家）

兼好法師
（けんこうほうし）

1283年？ -1352年？。鎌倉時代の末から南北朝時代にかけて活躍した歌人、随筆家。京都吉田神社の神職の子で、のちに出家する。当時の「和歌四天王」と呼ばれた歌人でもあり、勅撰集に18首選ばれている。随筆『徒然草』が有名。

「日本三大随筆」の一つともいわれる『徒然草』の作者として有名な兼好法師（吉田兼好）。右の言葉も『徒然草』からの引用である。後文と訳も記すと

「世の人の心まどわすこと、色欲にはしかず。人の心はおろかなるものかな」

（人の心を惑わすものとしては『色欲』が第一に挙げられる。人間とは愚かなものだ）

　である。出家の身である兼好法師が女色に厳しいのは、当然といえば当然かもしれない。続きを意訳すると、

「匂いなどはあくまで仮のものであって、あれは着物に薫物《たきもの》をして匂いをつけただけだ、とは知りつつも、いいようのないような（女性の）よい匂いを嗅ぐと必ず心がときめいてしまうものだ」

　とある。現代ならドルチェ&ガッバーナの香水の匂いに参ってしまうといったところだが、そんなことは愚かなことだと語っている。

　さらにその後は、『今昔物語集』などでおなじみの久米仙人の例を出す。

「久米仙人が、洗濯物をしている女性の白い足を見て、神通力《じんつうりき》を失ってしまう話がある。手足が美しく適度に肉感があり、つやつやしているのは、他にはない様子なので、それはまあ、しょうがないところか」

　と、今度は、香水など人工的に着飾ったものではないので、生足に興奮してしまうのは「まあ、しょうがないか」といっているわけである。なにやら急に話が俗っぽくなってきたようだ。

　別のところには、

「妻《め》というものこそ、おのこの持つまじき物なれ」

　と出てくる。意訳で補足しよう。

「妻など持ってはいけない。（中略）どんな女性であっても、明け暮れ一緒にいたら気に入らないところも出てくるし、嫌気がさしてしまうものだ」

　と、なかなか手厳しい。やはり出家した人は女性に関心などないのか、と思って先を読むと、

「よそながら、時々通いすまむこそ、年月をへても絶えぬなからいともならめ」

（別々の家に住んで、時々通っていくのなら、年月を経ても変わらず愛し合えるだろう）

　と、一緒に住まずに時々逢瀬《おうせ》を重ねるのがよいと勧めている。結婚はダメだが、デートはOKなわけだ。

　これらの文章から判断すると、兼好法師は、決して恋愛を知らないわけではなく、それなりに経験が豊富だったのではないかという気がしてくる。

　ちなみに、軍記物『太平記』の中に、兼好法師が武士に頼まれラブレターを代筆する話が出てくる。恋愛の機微を経験した者でなければ、人の心を打つラブレターなど書けるものではない。

子どもらが外出したがっているんだが……、服も靴もないんだ

カール・マルクス
（経済学者）

カール・マルクス
1818年-1883年。ドイツの経済学者、哲学者。科学的社会主義の創始者であり、いわゆる「マルクス主義」の祖である。エンゲルスとともに『共産党宣言』『資本論』らを刊行。弁証法的・史的唯物論による共産主義理論を確立した。

資本主義から社会主義への移行を必然ととらえ、科学的社会主義ならび革命理論を完成させたドイツの哲学者カール・マルクス。

このような肩書や経歴だけ眺めていると、とてもとっつきにくい人のように思えるが、素顔のマルクスは、とても人間ぽく、それでいて少々ずるいところもあったようだ。

プライベートでの悪癖を書き連ねたら、きりがない。まずは、わがままで子どもっぽい。チェスで負けそうになると不機嫌になり、すぐに八つ当たりをしはじめる。

離れて暮らす家族に、ろくに手紙も書かない。たまに書いてもものすごい悪筆で、とても読めたものではない。読む人の気持ちなどあまり考えていないのかもしれない。

女癖もあまりよくはなかった。その典型的な例は、家政婦に手を出し、子どもを産ませていることだろう。

そして、しばしばいわれるのが、お金に対してルーズであったということ。自分ではろくに稼がないのに、人からは平気でお金を借りる。父親はもちろん、友人で共同執筆者でもあるエンゲルスなどは、これによって、大いに困惑させられていた。

基本的にマルクスは、世の人が「定職」と呼ぶようなものには就いていない。一度だけ、鉄道の事務所に就職する、という話があったのだが、あっさりと断られている。原因は、あまりに字が汚かったためだ。

マルクスが45歳の年、終生の友、エンゲルスの事実婚の相手が亡くなった。悲しみに暮れるエンゲルスに、マルクスは手紙を書いた。

「死の知らせに私は驚き、狼狽した」

最初はもちろん、友の最愛の人の死を悼んでいた。しかし、マルクスは、そのうちに自分のことを書きはじめる。

「子どもたちが外へ出るにも、服も靴もないんだ」

だから金を貸してくれ、という借財の手紙なのだ。愛する人の死を悲しんでいる友人に対してである。

さすがのエンゲルスも後日怒りの手紙を送ったのだが、それに対しマルクスは

「あんな手紙を書いて悪かった（中略）ただ、肉屋はしつこく代金の請求をするし、家には石炭も食べ物もないんだ」

とさらに輪をかけて金がないことを愚痴り、性懲りもなく金の催促をした。

もっとも、これは、悲嘆に暮れるエンゲルスに「自分はもっと悲惨なんだよ」と告げてなぐさめようとしたのだという解釈もあるのだが、そうだとしてもあまり効果的ではなかったようだ。

それでも、二人の友情はその後も続いた。マルクスの死後もエンゲルスは遺稿をまとめ『資本論』を完成させている。

神さま、
どうかこの憐れな魂を、
お救いください

エドガー・アラン・ポー
（小説家）

エドガー・アラン・ポー

1809年-1849年。アメリカの詩人、小説家、批評家。幻想的、怪奇的な短編小説を残し、「推理小説の祖」ともいわれる。代表作に『モルグ街の殺人』『黒猫』『アッシャー家の没落』『黄金虫』『ウィリアム・ウィルソン』などがある。

世界初の推理小説といわれる『モルグ街の殺人』、暗号解読の面白さを備えた『黄金虫』など数々の傑作小説を生み出したエドガー・アラン・ポー。彼は実生活においても、作品世界の登場人物のように波乱万丈で数奇な運命をたどっていた。

ポーの両親は、若い旅役者だったが、ポーが誕生して間もなく、父親が失踪してしまう。その後、2歳の時に母も亡くなっているので、ポーは両親の顔もろくに知らないことになる。

やがて、ポーは兄弟と別れ、商人であったアラン家の養子となる。しかし、養父とは徐々に折り合いが悪くなった。なんとかヴァージニア大学に入学できたものの、彼はその時、賭博にはまり、借金をつくってしまう。

険悪な関係でもあった養父が借金を肩代わりしてくれるはずもなく、大学は退学となる。この辺りから、彼の生活は貧困と酒にまみれた、乱れたものとなっていく。

一時、陸軍に入隊し、その後士官学校にも入ったが、養父からの送金が途絶え、彼も軍務を怠ったために、再び退学となった。22歳の時である。

その前後から、詩や小説を書きはじめた。時には懸賞で賞金を得るなどして文名は徐々に上がり、わずかながら金銭を手にするようにもなった。

やがて、25歳の時に養父が死去。しかし、その遺言状にポーの名は一切無かった。その2年後、彼は従妹のヴァージニアと結婚する。彼女はその時、まだ13歳であった。

20代から30代を通じて、彼は小説を書いたり、雑誌社に勤めて編集長となったり、自身で本を発行したりした。しかし、経済的には貧困の中に生き続けた。決して腕が悪かったわけではない。彼が編集長を務めた『グレアムズ・マガジン』は発行部数が7倍以上に跳ね上がった。編集長自らが書いた『モルグ街の殺人』などが好評を得たことも大きな要因である。ところが、編集長である彼の給料は、安く据え置かれたままだったという。創刊しようとした雑誌などは、資金不足で失敗に終わっている。

そんな中、最愛の妻が病気で亡くなってしまう。まだ24歳。貧困と酷寒の中、せめてもの暖をとろうと、猫を抱いたまま帰らぬ人となった。

それから酒と女に溺れる日々はますますひどくなる。そして、妻の死の2年後、選挙当日、投票所の前で泥酔して意識不明のまま倒れているところを発見され、担ぎ込まれた病院で息を引き取った。推理小説さながらの謎の死である。生涯を貧困のまま生きた彼の最期の言葉は、

「神さま、どうかこの憐れな魂を、お救いください」

であった。

我五《ご》斗《と》米《べい》の為に腰を折りて郷里の小人に向かう能《あた》わず

陶淵明
（詩人）

自分はわずかなお金のために、
郷里の小役人に頭を下げることなんてできない

陶淵明
（とう・えんめい）

365年-427年。中国の詩人。名は「潜《せん》」、字《あざな》が「淵明」。ただし、名が「淵明」、字が「元亮《げんりょう》」とする説もある。『帰去来の辞』『桃花源記』などが有名。夏目漱石が『草枕』の中でその詩を引用するなど、日本文学に与えた影響も大きい。

中国の有名な詩人陶淵明は、下級貴族の家に生まれた。若い頃から勉学に励み、20代後半で官職に就くことになる。

しかし、どうやら役所の仕事が彼には合わなかったようだ。何度か仕官したがすぐにやめてしまった。その後、軍隊にも入ったが、長続きはしなかった。

40歳の年には、地方の行政官（県の長官）となった。就任してまだ間もない頃、彼のもとに郡の上官が視察に来ることになった。まだ若いとはいえ上官なのだから、きちんと礼服を来て出迎えるように、というお達しが、その時下った。

すると、陶淵明は
「我五斗米《ごとべい》の為に腰を折りて郷里の小人に向かう能《あた》わず」

（私は、五斗米のために腰を屈めて郷里の小役人に相対することなどできない）

といい放った。「五斗米」とは、給料として支給される年五升ほどの米のことで、「わずかな給料」を意味する言葉だ。

「わずかな給料をもらうために、若造に頭など下げられるか！」

といった意味合いの愚痴である。この言葉を残し、陶淵明は職を辞した。就任後約80日で、これを最後に彼は二度と就職することはなかった。故郷に帰り、田畑を耕し、貧しいながら悠々気ままな生活を楽しんだという。この時の気持ちを詠んだのが、『帰去来の辞』だ。

「帰りなんいざ。

田園将に蕪《あ》れなんとす、胡《なん》ぞ帰らざる
既に自ら心を以て形の役と為す
奚《なん》ぞ惆悵《ちゅうちょう》して独り悲しむ
已往《いおう》の諫《いさ》められざるを悟り
来者の追う可きを知る　（後略）」

（さあ、帰ろう。田園は今荒れようとしている。帰らないでいられようか。今までは心を苛みながら役人生活をしてきた。どうして一人嘆き悲しむことがあろうか。過ぎたことを諫めることはできないが、未来は追い求めることができるのだ）

ところで、この陶淵明の生き方は、現代でいえば、脱サラしてお店を開いたり農業をしたりする、といった生活に似ている。収入は少なくなるかもしれないが、組織に縛られない生き方ができる。

40代になった陶淵明のこのような生き方をあなたはどう評価するだろうか。

もちろん、生まれ育った家柄が出世に影響するなど時代背景の違いもあるし、置かれた状況はそれぞれ違う。そもそも役人やサラリーマンなどは、必ずしも五斗米（わずかな給料）のために頑張っているわけではない。世のため、人のため、業界の発展のため、一人では実現できない夢の実現のために邁進している人も多いだろう。一方、自営の仕事でも若造に頭を下げることは多いかもしれない。

それらを理解したうえで、あなたは陶淵明の生き方をどう思うだろうか？

ドモナラヌ

岩倉具視
（公家）

岩倉具視
（いわくら・ともみ）
1825年-1883年。堀河康親の次男で、岩倉具慶の養子となる。王政復古の実現に功を成し、新政府の中枢として活躍。華族会館長に就任し、華族銀行（第十五国立銀行）や日本鉄道会社の設立なども行う。没後、国葬が行われた。

「ドモナラヌ」（どうにもならない）

岩倉具視の口癖だ。

この言葉に象徴されるように、岩倉具視は、数多くの困難に直面しながら、幕末、維新の激動を生き抜いた人物だ。

岩倉は公家とはいえ、位は高くない。台頭してきたのは1854年、29歳で孝明天皇の侍従となってからである。

その前年、黒船が来航。世は風雲急の様相を呈していた。外圧に屈し開国へと舵を切った幕府を「弱腰」と批判し、「異国人を撃ち払え」と叫ぶ攘夷派の志士たちが反幕府の姿勢を強めていた。

そこで幕府は、朝廷との結びつきを強め、難局を乗り切ろうとした。そのために天皇の妹和宮が将軍家に嫁ぐこととなり、これを推進したのが岩倉だった。

しかし、これが尊王攘夷派を大いに刺激した。攘夷派の工作により、岩倉は「どうにもならない」状況にまで追い込まれる。官を辞し、落飾して都落ちした。寺をめぐり、のちには廃屋に近い家にひっそりと住みつく。かつて天皇の侍従でもあった人間が、世捨て人のようなみじめな生活を営むようになった。

しかし、そんな岩倉のもとに志士たちが集うようになる。大久保利通や坂本龍馬らである。岩倉には知恵があり、筆が立ち、朝廷にも顔が利く。倒幕、王政復古の思想が彼らとも一致していた。

やがて幕府は倒れ、岩倉は復権。王政復古の実現に寄与した。さらに、新政府では参与、議定、副総裁などになり、政治の中枢として活躍していく。

しかし、それからも「ドモナラヌ」事態は続いていく。新政府の急激な改革には反発の声が出はじめ、政府内での対立も続いた。その最たるものは征韓論争で、政府は真っ二つになり、西郷隆盛らが下野することとなる。

「ドモナラヌ」

岩倉はつぶやいたことだろう。しかも、その後、西郷らを信奉する士族らに岩倉は襲撃されてしまう。幸い顔や腰への怪我だけで一命はとりとめたのだが、精神的なダメージは大きかった。

その後も士族の反乱は収まらず、下野した西郷らは西南戦争を起こす。岩倉とともに西郷らを下野させた大久保利通も不平士族に暗殺されてしまう。

これらを最後に、不平士族の武力行使は収まりを見せたのだが、次は民権運動が高まり、岩倉のような一部の公家や薩摩長州出身の一部の士族が政府を牛耳っている現状を変えようという動きが激しくなる。岩倉は天皇制を擁護する欽定憲法の制定で対抗しようとしたが、それが実現したのは岩倉の死後であった。

たくさんの対抗勢力を前に

「ドモナラヌ」

といいながらも、決して屈することなく最後まで抗い続けた人生だった。

大統領なんか
ならなきゃよかった

ケネディ
（政治家）

ジョン・フィッツジェラルド・ケネディ
1917年-1963年。アメリカの第35代大統領。史上初となるカトリック系の大統領。アメリカの威信回復を目ざして、「ニューフロンティア精神」を提唱。キューバ危機などに対応した大統領として著名。在任中、ダラスで暗殺された。

史上最年少となる43歳でアメリカ大統領に当選したのが、ケネディである。（ちなみに、史上最年少の大統領はケネディではない。42歳と322日で大統領となったセオドア・ルーズベルトである。ただし、彼は大統領の暗殺に伴い、副大統領職から繰り上がりで大統領になったのであり、選挙で当選したわけではない。）

前任のアイゼンハウアー大統領の下で副大統領を務めてきたニクソンという強敵を破り、若さと人気を武器にアメリカを率いることになったケネディ。しかし、その彼が、かつて大統領候補者選びのための選挙（民主党予備選）で争ってきたライバル議員に向かって

「大統領の仕事がこんなにキツイと知っていたら……。

あなたに勝つんじゃなかった」

と述べたことがあったという。

つまり、「大統領になんかなるんじゃなかった」という愚痴である。いったい何があったのだろうか。

この当時、アメリカは「キューバ危機」に揺れていた。この頃、世界はアメリカを中心とする西側諸国とソ連を中心とする東側諸国がさまざまな面で対立を繰り広げた「冷戦」の真っただ中にあった。その時、アメリカの目と鼻の先にあるキューバに、ソ連がミサイル基地を建設しているという情報が入った。キューバには、カストロらの手によって社会主義国家が樹立されていたのだ。

国土のすぐそばにミサイル基地が建設されたら、わき腹にピストルを突きつけられて生活するようなもの。基地建設の情報を得たケネディは、海上を封鎖しミサイルの搬入を阻止した。しかし、ソ連はそれを「主権の侵害だ」と激しく抗議。米ソの緊張は最大限に高まり、核戦争まで「あと一歩」とささやかれた。

矢面に立ったケネディは、臨戦態勢を整えながら、議会にも協力を求めた。この頃の彼は、いつもの自信満々の笑顔ではなく、少しやつれたように見えていたという。そして、この時、大統領選挙も終わり今や同じ党の仲間に戻った元ライバルに対し、そっと述べたのが右の言葉だったのである。

とはいえ、仲間内では弱音を吐きつつも、外交上の脅威に対しては一歩も引かなかったケネディは、ソ連に対して強い態度を示しながら、密かに外交交渉も進めていた。そしてついにソ連は「アメリカがキューバへ侵攻しないこと」を条件にミサイルの撤去に同意。間一髪、キューバ危機は回避されたのである。

かつてのライバルに愚痴を漏らすほど精神的に追い詰められながら、無事にアメリカと世界を救ったケネディ。その後の活躍が大いに期待されたのだが、それからわずか1年後に凶弾に倒れてしまった。まだ46歳の若さである。

是非に及ばず

織田信長
（戦国武将）

どうしようもない

織田信長
（おだ・のぶなが）

1534年-1582年。尾張国守護代の一族の家に生まれる。徳川家康と同盟を結び、尾張国を平定後、斎藤、浅井、朝倉、武田などを滅ぼしたほか、本願寺、延暦寺なども攻撃。天下統一にあと一歩と迫った。絢爛豪華な安土城を築いてもいる。

織田信長は、数ある戦国武将たちの中でも、特に人気の高い武将である。

彼が26歳の時、桶狭間の戦いにおいてわずかな兵で東海の大大名今川義元を破ったのは有名だ。これにより信長は天下有数の大大名になった、と思っている人も多いようだが、実際は少し違う。

この戦は、大大名今川の侵略を防いだ、というだけであり、今川の領地を奪ったわけでもなく、今川家は以後も存続している。織田家はその後も尾張一国を治める大名にすぎず、隣国の美濃国攻略に約7年の月日を費やしている。

信長が天下に名乗りを上げるのは、美濃国攻略の翌年、室町幕府の将軍足利義昭を奉じて入京したことにはじまる。これにより、上方《かみがた》（京阪地区）の要所を抑え、天下に最も近い大名と称されるようになっていく。

信長と将軍足利義昭との間を仲介したのが明智光秀である。その後、明智は織田家有数の家臣となる。信長の天下統一事業が進む中で、中国地方は豊臣秀吉、北陸は柴田勝家、関東は滝川一益が担当し、近畿は明智光秀がその任を負った。当時の日本の中心部を任されたわけで、信長の期待の重さがわかる。

1582年、織田は宿敵武田を滅ぼした。いよいよ天下統一はすぐそこまで、という状態にまで近づいたのである。その2カ月後、信長は京に入った。上機嫌に公家などを相手に酒宴、茶会などを催していたという。その時の宿所は、本能寺であった。

にぎやかに過ごした1日が暮れ、眠りについた信長は、早暁、周囲の騒音で目を覚ます。「ケンカか？」とも思ったがさにあらず。周囲では鬨《とき》の声が上がり、鉄砲が撃ち込まれた。

「是《これ》は謀反歟《か》、如何《いか》なる者の企《くわだ》てぞ」

（これは謀反か？　誰の企てだ？）

と聞くと、小姓の森蘭丸が

「明智が者と見え申候《もうしそうろう》」

（明智光秀の軍勢と思われます）

と答える。その時信長はいった。

「是非に及ばず」

（是非を論じるまでもない。もはやどうしようもない）

あきらめの愚痴である。知勇ともにすぐれ、あれほど信頼していた明智だから、ぬかりがあろうはずはない。本能寺にはわずかの伴しか連れていないのだ。自身の最期を確信した信長は、しばし奮戦した後、燃え盛る紅蓮の炎の中、自害を遂げた。

「人間五十年、下天の内をくらぶれば、夢幻のごとくなり」

信長が好んでいた謡曲『敦盛《あつもり》』の一節である。この歌の通り、天下に名を馳せた戦国大名織田信長は、満48歳でこの世を去った。天下統一の覇業は夢幻のごとく消え去ったのである。

もし今少し
人数をも具《ぐ》したらんには

徳川家康
（戦国武将）

もしも、もう少したくさんの人数を連れていたらなぁ

徳川家康
（とくがわ・いえやす）

1542年-1616年。岡崎城主松平広忠の子。幼名、竹千代。のちに松平元信→元康→家康と名乗り、姓を「徳川」に改める。信長と同盟、秀吉に臣従後、「天下分け目」の関ケ原の戦いに勝利。征夷大将軍となり江戸幕府を開いた。

戦国の世の最終勝者といわれる徳川家康。関ケ原の戦いで勝利し、その子孫が代々将軍となる「天下泰平」の時代をつくりあげたわけだから、異存はあるまい。

その家康にとって

「御生涯御艱難《かんなん》の第一」

（生涯で最大の苦境）

だったと、幕府編纂の歴史書に記されているのが、「伊賀越え」である。この事件は本能寺の変の直後に起きた。

当時、家康は信長と強い同盟関係を結び、信長の天下平定の大きな助けを果たしていた。折りしも、武田家滅亡などに功績を挙げたとして、信長は家康を接待している。その後、家康はわずかな伴だけを連れ、貿易都市として栄えていた堺の町（大阪府堺市）を見学していた。

その時、本能寺の変で信長が命を落としたとの一報が入った。明智光秀の軍勢は、信長の次に、その同盟者である家康の命を狙ってくるかもしれない。家康の本拠地は三河国（愛知県東部）である。堺から三河に帰るには、明智の軍勢がひしめいている京都周辺を通らなければならない。それは自殺行為に近い。

「もし今少し人数をも具《ぐ》したらんには、光秀を追のけ織田殿の仇を報ずべしといえども、此《この》無勢にてはそれもかなうまじ」

（もし、もう少したくさんの人数を率いていたなら、明智光秀を追いやって、信長さまの仇を討つべきなのだが……こんな少数の伴しかいないのでは、それも叶わないだろう）

わずかな軍勢しか連れていなかったことに後悔の愚痴を述べ、

「織田殿と死をともにせん」

とまで、家康はいったという。

しかし、自害を口にする家康を家臣らは懸命に説得。

「なんとかして本国に帰りつき態勢を整え、明智討伐に向かうのが信長の恩に報いることになるのではないか」

との意見にようやく家康も納得した。

そして、帰路は、敵が渦巻く京都周辺を避け、伊賀の山道を行くこととした。とはいえ、山道は厳しく、山賊や明智の軍勢らが潜んでいるかもしれない。まさに命がけの行軍だった。

この時、服部半蔵らの活躍もあり、なんとか家康たちは命からがら三河へとたどり着いた。堺まで一緒にいて、途中で分かれた武将穴山梅雪一行は、帰路において一揆に遭い実際に命を落としているのだから、家康が無事だったのも、本当に紙一重の幸運だったといえよう。

愚痴をいい、一度は自害を決意した家康だったが、そこであきらめなかったことがのちの歴史を大きく変えていった。

この後、信長の仇討ちは秀吉に先を越されたが、その秀吉の死後、徳川の天下が訪れることになるのである。

私は袋小路に入ってしまった

ルノワール
（画家）

ピエール＝オーギュスト・ルノワール
1841年-1919年。フランスの画家。印象派を代表する画家の一人ともいわれる。子どもや裸婦、花などを好んで描き、「色彩の魔術師」などと呼ばれた。代表作に『ムーラン・ド・ラ・ギャレット』『ピアノの前の少女たち』などがある。

ルノワールの描く女性像は美しい。日本で、「好きな洋画家ランキング」のアンケートをとると、必ずといってよいほど上位に挙げられるのも、当然かもしれない。

描く絵が美しいばかりではなく、ルノワールは比較的多作なほうでもあったという。まさに名画を生み出すために生まれてきたような人物だといえよう。

しかし、そんなルノワールにも、スランプの時は訪れた。それも少しくらいのスランプではない。晩年、彼自身が語ったところによると、

「自分はもう絵を描くこともデッサンすることもできないのではないかという結論に達した。つまり、一口にいえば、私は袋小路に入ってしまったのだ」

というくらいの完全なるスランプだった。しかも、この状態に陥ったのは1883年頃というから、もはや新人時代ではない。印象派を代表する画家として活躍し、名作『ムーラン・ド・ラ・ギャレット』などを描きあげた後、40代前半のことなのである。

なぜ、そんなスランプに陥ってしまったのかというと、それは、彼がいわゆる印象派の一員として活躍していたことに原因がある。

印象派は、「光」を重視する。光の輝きと光線の効果を最大限に活かすために、絵の具を混ぜることをやめ、代わりに原色を点描することで見る人の網膜や頭の中で色彩をつくり出す「色彩分割」の手法などが用いられた。近くで見るとよくわからないが、少し離れると美しい像が見えてくるといったタイプの絵だ。

しかし、それらの手法を使うと、明るく美しい絵にはなるが、描かれた対象の形や質感は損なわれてしまう。人を描いても、それがどんな顔立ちで、どんな表情をしているのかがわかりづらくなってしまうのだ。印象派の代表といわれるモネの絵などは、顔や表情がまるでわからないものがあるし、ある時を境にモネは人物を描かなくなる。

しかし、ルノワールにはそれができなかった。「光」を重視した結果、モデルの顔や美しき肌の質感が損なわれるのは我慢ができなかった。彼は、描くべき少女を、裸婦を、花を、そしてすべてのモデルを、あまりに愛しすぎていたのだ。

やがてルノワールは、徐々に印象派からの脱却を図り、ラファエロやアングルのようなしっかりと人物を描く手法を学んだり、独自の色彩を薄く重ねる手法などを取り入れたりした。

試行錯誤は10年ほど続き、やがて「虹色の時期」ともいう独自の手法を完成させスランプを克服。描くべき対象を愛し抜き、それを美しく描くために苦労を重ね、『ピアノの前の少女たち』などの傑作を生み出していった。だからこそ、ルノワールの描く女性像は美しいのだ。

もういい加減にせぬか

木戸孝允
（政治家）

木戸孝允
（きど・たかよし）
1833年-1877年。長州藩士。兵学等を吉田松陰に、剣術を剣豪斎藤弥九郎に、洋式兵術を江川太郎左衛門に学ぶなどして文武両道で名を成す。のちに薩長同盟を締結して倒幕で活躍。明治新政府でも参与となり、その中枢として活躍した。

木戸孝允（桂小五郎）は、幕末維新期に活躍した武士であり政治家だ。西郷隆盛、大久保利通とともに「維新の三傑」と呼ばれている。しかも、残された肖像画を見てみると、洋装、和装どちらも似合っていて、なかなかのイケメンだ。一方、剣術の達人でもあり、のちに「五箇条の御誓文」起草に関わったことからもわかるように文筆も達者である。幸運の女神にえこひいきされているかのようにも思えるのだが、実は彼の人生、それほど幸運に恵まれていたわけではなかった。

彼の属していた長州藩は、幕末の世にあって尊王攘夷、反幕府の中心的役割を担っていた。しかし、1863年、八月十八日の政変が起こり、長州藩士らは京を追われることになる。それでも、木戸は以後も密かに京都に潜伏し、復権の機会を探り続けた。

その間、何度も命の危険にさらされ、幕府側の人間に捕縛されそうにもなった。浮浪者同然の姿になって橋の下に隠れていたこともあったという。

しかも木戸は、保守的な藩の上層部と過激な志士たちの間に入り、調整役を果たしてもいた。つらい仕事である。

その後、藩内では反対意見がある中、薩摩藩と薩長同盟を締結。これが契機となって、薩長ら新政府軍は倒幕を果たす。念願の明治政府ができ、木戸はその中枢を担うこととなる。

こうして、これまでの苦労が一気に払拭されるかに思えた。しかし、木戸の苦労はまだまだ続いたのである。

急造の明治政府内では、意見の対立もあり、なかなか思うようには仕事が進まなかった。1873年には外交方針の対立から板垣退助、江藤新平、西郷隆盛らが下野。その後、板垣らは国会を開設するよう要求し、江藤新平らは反政府の兵を挙げた。問題山積みの中、政府内では大久保利通らと対立し、木戸は一時政権を離れてもいる。

その後、伊藤博文らの仲介もあり、政府に復帰するのだが、その頃から、徐々に健康状態が悪化していく。政権内では、大久保利通が独裁体制を築きはじめ、木戸は徐々に孤立しはじめる。

その時、驚くべき一報が入る。一緒に薩長同盟を締結した仲間であった西郷隆盛が、鹿児島で反政府の兵を挙げたのだ。西南戦争である。病床でその行方を見守っていた木戸は、弱まる意識の中、「おい、西郷、もういい加減にせぬか」と語ったという。一説によれば、これが最後の言葉だったともされる。

これは、もちろん反乱を起こした西郷に対する言葉である。しかし、木戸の人生を振り返りながら読み返すと、まるで、振り払っても振り払っても、次々に巻き起こるさまざまな困難に対していい放った言葉のようにも思えてくる。

まわりすべてが、
敵ばかりだ！

ザビエル
（宗教家）

フランシスコ・ザビエル

1506年-1552年。ナバラ王国（のちにスペインに併合）出身。イエズス会の創設メンバーの一人。アジアへの布教を行い、1549年、鹿児島に上陸し日本にキリスト教を伝える。中国への布教も志したが、果たせずに病死。1622年、列聖。

日本に初めてキリスト教を伝えた人物として知られるザビエル。彼が11歳の時、ドイツでルターが「95カ条の論題」を発表。宗教改革がはじまり、プロテスタント（新教）が徐々に広まっていった。

そんな時代背景の中、成育したザビエルは、ロヨラらとともにカトリックの教団「イエズス会」を設立する。徐々にプロテスタント（新教）が広まる中、カトリック（旧教）の伝道を強化すべく、イエズス会は積極的に海外へも進出した。

当初、アジアへは別の会士が派遣される予定だった。しかし、出発の日が近づくと、その会士が体調を崩してしまう。自身も病で臥せっていたロヨラが対応に苦慮していると、ザビエルは

「私がここにいますよ」

と声をかけ、自らアジア行きを志願したという。

当時、大陸を移動するには船に頼るしかなかった。しかも、その頃の技術では季節風などの影響により何カ月も経由地で待機を余儀なくされることもある。それでもザビエルは、いかにもそれが自身の使命であるかの如く、苦難の旅を受け入れ、アジアへと出港した。旅立ちの日はちょうど彼の35歳の誕生日だった。

航海は、半年ほどかかる予定だった。ところが、途中やはり風待ちで数カ月も足止めをくらったこともあり、インドに着いた時には、彼は36歳になっていた。1年以上の時を要したのだ。

それから7年以上の月日をインドやマレーシア、インドネシアなどでの布教に費やした。これらの地にはすでにヨーロッパ人が進出していたので、苦労しながらも布教は進んでいった。

ある日、ザビエルはマレーシアで日本人アンジロウ（ヤジロウ）と出会い、東方の島国に興味を持つ。やがて意を決して日本へ上陸したザビエルは、初めて日本にキリスト教を伝えることになる。

当時の日本は戦国時代。決して彼のことを温かく迎えてくれる人たちばかりではなかった。飢えや寒さ、偏見などに悩まされることもあった。

「友人も、知己もなく（中略）すべてが偶像崇拝者で、キリストの敵ばかり」

そんな愚痴を綴ったこともあったという。結局、将軍や帝には面会すらできなかった。山口の大内義隆のような好意的な大名もいたが、2年3カ月の滞在期間で洗礼を施したのは700人ほど。満足の行く成果とはいい難かった。

やがて、イエズス会の都合で一旦日本を離れることになったザビエル。しかし、彼は再び戻るつもりであったという。つらい目に遭いながらも日本人を

「今まで接触した国民の中で最高」

と評していたのだ。しかし、願いは叶わずに終わってしまう。日本を離れた翌年、彼は熱病で天に召されたのである。

日本で見たうちで、最も醜い

小泉八雲
（文学者）

小泉八雲
（こいずみ・やくも）
1850年-1904年。本名、ラフカディオ・ハーン。来日して小泉節子と結婚。のち日本に帰化。「小泉八雲」を名のる。大学講師などをしながら日本文化の研究、発信に努めた。著書に『知られざる日本の面影』『心』『怪談』などがある。

アイルランド人の父とギリシャ人の母の間に生まれたラフカディオ・ハーンは、19歳で単身アメリカに移民。新聞記者として働きながら、万博で日本文化に触れたり、英訳の『古事記』などを読んだりして日本に深い関心を寄せていた。

その後、ハーンは、40歳になる年に念願の来日を果たす。出版社との契約によるわずか2カ月の特派員としての滞在……のはずだった。

ところが、来日後、出版社と契約条件で揉め、特派員としての仕事は中途半端に終わりを告げる。そして、旧知の仲であり先に来日していた帝国大学教師チェンバレンらの尽力により、島根県松江の尋常中学校の英語教師となり日本に腰を据えることになった。

神話の国・出雲に属していた松江とハーンとの相性は抜群だったようだ。ハーンは、松江の人々と美しい町を愛した。多神教の古い町並みが、生まれ故郷のギリシャを彷彿とさせたのでは、との指摘もある。一方で、松江の人々も、日本の服を着て日本食を好んで食すハーンを喜んで迎え入れたという。

さらに、ここで運命の出会いがあった。敬愛していた士族《SAMURAI》の娘・小泉セツと恋に落ち、やがて二人は結婚する。ハーンは帰化し、名を「小泉八雲」と変えた。2カ月の滞在予定だった日本に永住することとなったのだ。

その間、彼は熊本、東京などと居を移し、日本各地を歩いた。そして、美しい日本の風景や日本の文化、そして「むじな」「耳なし芳一」などの民話、怪談を世界に発信した。

とはいえ、ハーン改め八雲は、手放しで日本の文化を称賛していたわけではない。彼の美意識にそぐわないものには厳しい言葉で非難することもあった。長崎市の諏訪神社の鳥居を見た時には「今まで日本で見たうちで、最も醜い」といっている。友人のチェンバレンに宛てた手紙の中の言葉とはいえ、なかなか痛烈だ。当神社の鳥居は青銅製で少々威圧感があり、近代的でもある。つくられたのは江戸時代後期で八雲が見た時にはまだ築60数年と、鳥居としては比較的新しいものでもあった。そんなところが、古い日本文化をよしとする八雲の美意識にそぐわなかったのかもしれない。

ところが、八雲の美意識にそぐわなかったのはその鳥居だけではなかった。いや、ある意味、日本全体が八雲の美意識にそぐわなくなりつつあったのかもしれない。明治の日本は、急速な近代化、西洋化を進めていた。変わりつつある日本を見つめ、八雲はこういった。

「日本には美しい心がある。なぜ、西洋の真似をするか」

「真実なものは古い日本でした。私は新しい日本を好むことができません」

今度の合戦は
叡慮に起こらず、
謀臣等が申し行うところなり

後鳥羽上皇
（上皇）

今度の合戦は自分の意志で起こったものではなく、
謀臣らが申し立てて行ったことである

後鳥羽上皇
（ごとばじょうこう）

1180年-1239年。第82代の天皇（在位1183年-1198年）。父は高倉天皇。平家とともに入水した安徳天皇の弟で、後白河法皇の孫でもある。承久の乱を起こしたことで知られる。藤原定家らに『新古今和歌集』を撰集させたことでも有名。

後鳥羽上皇といえば、「承久の乱」を起こし鎌倉幕府を倒そうとした人物として有名だ。結果は失敗に終わり、隠岐に流罪となる。この結果から、「戦のプロである武士（幕府）に武力で挑むなんて浅はかだ」などと後鳥羽上皇に否定的な意見を持つ人も多いという。しかし、それは一概にいえることだろうか？

現代の我々は、源頼朝が幕府を立ててから、中断する時期はあったものの、基本的には何百年も武士（幕府）が支配する時代が続くことを知っている。しかし、当時としては、まだ幕府ができてから、30年ほどしか経っていない。

いや、正確には「幕府」などという言葉はなかったし、当時の鎌倉幕府は、東国を中心とした武士の組織、といった位置付けでもあった。

「日本を支配しているのは、朝廷ないし皇室であって、武士はあくまで皇室の命に従って、戦《いくさ》などをする部隊であったはず。上皇である自分が声をかければ、幕府を牛耳っている執権北条義時らなど簡単に討ち取れるのではないか」

後鳥羽上皇がそう感じたとしても無理からぬ状況があったのは事実である。ましてや、この後鳥羽上皇、若い頃から文武に秀でていたことでも有名だった。

1221年、ついに上皇は、北条義時追討の宣旨を出し挙兵。「承久の乱」が勃発した。

もちろん、上皇の挙兵に鎌倉幕府の武士たちも大いに動揺した。しかし、一旦、出陣が決まると、彼らは強かった。およそ半月ほどで、上皇の軍を圧倒。たまりかねて上皇は降伏を申し出た。その文章にはこうある。

「今度の合戦は叡慮に起こらず、謀臣等が申し行うところなり」

（今度の合戦は後鳥羽上皇自身の意志で起こったものではなく、謀臣らが申し立てて行ったことである）

つまり、あくまで、「自分の遺志ではない。部下たちに諮《はか》られたのだ」と、愚痴っぽい言い訳を述べたのだが、そんな言い分が通るわけはない。結局、後鳥羽上皇と2人の皇子は流罪となる。

世の中を正そうと思って乱を起こしたとはいえ、結果は失敗に終わってしまった。都から遠い隠岐の島で、上皇は自らの行為を悔いたり、京の人々を懐かしんだり、鎌倉幕府の兵たちを恨んだりもしたことだろう。乱から18年後、後鳥羽上皇はこの地で命を落としている。

和歌にも造詣《ぞうけい》の深かった後鳥羽上皇の歌は『小倉百人一首』にも選ばれている。

「人もおし人もうらめしあじきなく世を思うゆえに物おもう身は」

（人を愛おしくもあり、うらめしくもある。世の中のことを思っているが故に、どうしようもなく物思いにふけってしまう私は）

髀《ひ》裏《り》に肉生《にくしょう》ず

劉備

（皇帝）

太ももに贅肉がついてしまった

劉備

（りゅう・び）

161年-223年。中国・蜀《しょく》の王。字《あざな》は玄徳《げんとく》。魏《ぎ》の曹操《そうそう》、呉《ご》の孫《そん》権《けん》とともに三国時代の一角をなす。関羽《かんう》、張飛《ちょうひ》らと桃園の契りを結び、軍師諸葛亮《しょかつりょう》（孔明《こうめい》）を味方にして戦った。日本の卑弥呼《ひみこ》とおおよそ同時代の人間である。

「三国志」でおなじみの劉《りゅう》備《び》（玄徳《げんとく》）は、幼い頃、貧しい暮らしをしていた。父の死後は、母と二人で筵《むしろ》を織って生活していたという。

やがて、漢の治世に乱れが生じると、各地で反乱が起きる。この乱世を制し、功成り名を挙げようと、兵を挙げる武将たちも多くいた。

劉備は、漢を建国した劉邦と同じ「劉」姓を持っており、自ら漢の皇帝の末裔《まつえい》だと称している。自分はいつまでもみじめな暮らしを続け、地方で朽ちたまま終わる人間ではない。そんな自負もあったのだろう。やがて、劉備も挙兵する。義兄弟の契りを交わしたという関羽《かんう》（雲《うん》長《ちょう》）、張飛《ちょうひ》（益徳《えきとく》）ら強力な仲間がともに立ち上がってくれた。

徐々に勢力を増していった劉備だったが、39歳の年に袁紹《えんしょう》に与し、曹操《そうそう》軍と「官渡《かんと》の戦い」で刃を合わせた結果、大敗を喫してしまう。以降、劉備は劉表という豪族のもとに身を寄せ、不遇の時を過ごすこととなった。一方で、袁紹、劉備らを倒した曹操は徐々に天下を制するべく力を蓄えていた。

少し時が経ち、劉備が厠《かわや》へと向かった時、ふと見ると、自分の太ももに贅肉《ぜいにく》がつき、太りはじめたことに気づく。

「常時身鞍《くら》を離れず、髀肉《ひにく》皆消ゆ、今復騎せず、髀裏《ひり》に肉生《にくしょう》ず」

（昔、常に戦いで馬に乗っていた時には太ももから贅肉は消えていた。然し今、馬に乗ることがなくなり、再び太ももに贅肉がついてしまった）

この劉備の愚痴から、「活躍の機会に恵まれず、空しく時を過ごす」ことを意味する「髀肉《ひにく》の嘆《たん》（を託《かこ》つ）」という言葉が生まれた。

ビジネスにおいても、配置転換などで「自分の実力が発揮できない」と思うような状態に置かれることはよくある。劉備がそうであったように40歳前後というのは、過去を振り返り、未来の自分の姿を想像し、現在の境遇に思いをはせる時期なのかもしれない。

そして、この時期に、現在の境遇を嘆き愚痴をいって済ましてしまうのか、何らかの行動を起こすのかで、未来は確実に変わってくる。

劉備はもちろん後者だった。

天才軍師との呼び声の高い諸葛《しょかつ》亮《りょう》（孔明《こうめい》）を三顧《さんこ》の礼で迎え入れ、再起の体制を整えたのだ。

やがて、諸葛亮の説く「天下三分の計」を受け入れ、呉の孫権と結び、赤壁《せきへき》の戦いで宿敵曹操の軍を破った。かつての借りは返し、太ももの肉も消え失せたことだろう。

以後、天下三分の形勢が形づくられ、劉備は、蜀《しょく》の国を治める王となる。魏《ぎ》の曹操《そうそう》、呉《ご》の孫権《そんけん》とともに三国時代を形成していくことになるのだ。

世の学者は
大概腰ぬけにて

福沢諭吉
（教育家）

福沢諭吉
（ふくざわ・ゆきち）
1834年-1901年。中津藩士。慶應義塾創立者。江戸時代に長崎、江戸、大坂、アメリカ、ヨーロッパで遊学。幕末から明治にかけて西洋事情等の啓蒙に寄与する。主著『学問のすすめ』は、存命中に累計発行部数が340万部に達したともいう。

福沢諭吉の代表的な著書である『学問のすすめ』にはこんな記述が登場する。

「世の学者は大概腰ぬけにてその気力は不慥《ふたしか》なれども」

　当時の学者たちを「腰抜け」呼ばわりする大胆な発言である。どういう趣旨でこの言葉を述べたのか、前後を意訳して解説すると、

「『学問のすすめ』の初編から三編までは一般向けにやさしく書いたのだが、四編、五編は学者向けに書いたので、少々難しい文章になってしまった。世の学者はたいてい腰抜けで、根性もないけれども、文章を見る目は確かで、どんな難文でも困ることがないので、遠慮なく難しい文章で書いてしまった」

　という内容である。全文を読めば、決して学者に対して文句ばかりをいっているわけではない。ただし、それならば、逆にいうと「腰抜け」という表現は不要でもある。やはり、この一文、なかなかに挑発的な愚痴なのだ。

　しかも、この一文が登場する『学問のすすめ　五編』は、福沢がちょうど40歳になる年のはじめに書かれたものである。実績的には十分とはいえ、年齢的にはまだ中堅どころといえる。福沢諭吉という男、やはり豪快で大胆なところのある人物である。

　さて、それでは、なぜ福沢が世の学者を「腰抜け」呼ばわりしたのだろうか？

理由は一つではないだろうが、直前に書かれた『学問のすすめ　四編』では、維新の時代に世の方向性を示すのは洋学者しかいない、などと語りつつ、

「方今世の洋学者流は概ね皆官途に就き、私に事をなす者は僅《わずか》に指を屈するに足らず」

　という。簡単にいえば、今の学者たちは政府にべったりで、民間で事を起こそうという人は指折り数えるくらいしかいない、というのだ。

　しかし、それではいけない。官立ではなく私立、すなわち民間の立場で行動を起こす必要があると説き、

「今我より私立の実例を示し」

「人間の事業は独り政府の任にあらず、学者は学者にて私に事を行うべし」

　と、自ら、その先頭に立つとの気概を見せる。実際に福沢のつくった慶應義塾は私立のトップに立つ学問の府となっているのだから、有言実行といってよいだろう。

　福沢がこのような強気な発言ができたのには、もう一つ理由がある。当時は政府の検閲があり、学者が自由に意見を発表する障害にもなっていた。しかし、当時の担当課長は、なんと慶應義塾の卒業生が就いていたのだ。

「出版免許の課長は肥田君と秋山君なり。大丈夫なる請人にて面白し」

　などと福沢自身も語っていたという。

短所と云う程のものは目に附かない

森鷗外
（小説家）

森鷗外

（もり・おうがい）

1862年-1922年。石見国津和野（島根県津和野町）出身。本名、林太郎。東大医学部卒業後、軍医となり、陸軍軍医総監にまで出世。そのかたわら、小説『舞姫』『雁』『阿部一族』『山椒大夫』『高瀬舟』や翻訳『即興詩人』などを残した。

かの文豪・森鷗外が、もう一人の巨匠・夏目漱石について、一問一答の形式で論じた『夏目漱石論』という小文がある。その中の「その長所と短所」という項目では

「今まで読んだところでは長所が沢山目に附いて、短所と云う程のものは目に附かない」

と、綴っている。ほぼ絶賛しているといってよい。この文章が書かれたのは１９１０年だから森鷗外は48歳、５つ年下の夏目漱石は43歳。『吾輩は猫である』『坊っちゃん』などに続き『三四郎』『それから』『門』の三部作を発表したところである。

両者が最初に出会ったのは、これより14年ほど前、正岡子規が開いた句会での出来事だった。この時、鷗外はすでに軍医として活躍しながら『舞姫』『うたかたの記』などを発表し文壇の評価も高まっていた。一方、漱石はまだ一介の教員にすぎなかった。

実は、この句会の翌月に漱石が書いた手紙の中に登場するのが、64ページの

「小弟碌々として遂に三十年と相成」

の一文である。ひょっとすると、

「30歳にもなって何もしていない」

と漱石が考えたのは、この時点で既に軍医と作家、両方で華々しい活躍していた森鷗外と自分とを比較してのことだったのかもしれない。

漱石が『吾輩は猫である』を正式に発表し、彗星のごとく文壇にデビューするのは、それから9年後のこと。以後、鷗外も驚くほどの活躍をしていくのは周知の通り。その時、漱石の頭の中に「鷗外に追いつき、追い越せ」の意識があったのかは、想像してみるしかない。

一方で、鷗外のほうでも

「短所と云う程のものは目に附かない」
「立派な伎倆だと認める」

と語っているくらいだから、漱石のことをまったく意識していなかったわけではあるまい。ちなみに、鷗外が『雁』『阿部一族』『山椒大夫』『高瀬舟』などの傑作を残すのは、この『夏目漱石論』を書いて以降のことである。

明治期を代表する文豪の二人が顔を合わせたのは、漱石の無名時代を合わせても３、４回程度。表向きはクールな間柄を維持していた。しかし内面では、互いに意識していなかったわけではないと考えられよう。

ちなみに、漱石は、かつて森鷗外が住んでいた家を、そうとは知らずに借り、住まいとしたことがある。この家に鷗外は１８９０年から約1年半。漱石は１９０３年から約3年半住み、『吾輩は猫である』や『坊っちゃん』などの名作を著した。ただし、そこが鷗外の住んでいた家であることを漱石は生涯知らずに過ごしたという。一方で、鷗外はそのことにちゃんと気づいていたようだ。

鼻の低い足の短い妻（中略）
僕は黄顔細鼻の男（中略）
諦念して二人は
一しょに歩いていた

斎藤茂吉
（歌人）

鼻の低い足の短い妻と黄色い顔で細い鼻の自分が、
あきらめて一緒に歩いていた

斎藤茂吉
（さいとう・もきち）
1882年-1953年。山形県生まれ。東大医学部を卒業。精神科医となり、長崎医専教授を経て青山脳病院院長になる。歌人としては、歌誌『アララギ』の同人となり歌集『赤光』などを刊行。精神科医斎藤茂太、作家北杜夫の父でもある。

歌人斎藤茂吉に『妻』という名の小文がある。夫婦でヨーロッパ旅行をした時のことを綴ったものだ。そこには、西洋人と比べ「鼻の低い足の短い妻」と「黄顔細鼻」で「不器量に相違ない」自分が、あきらめて「一しょに歩いていた」などの自虐的なフレーズも散りばめられている。

その後には、突然の妻の問いかけからはじまるこんな文章が載っている。

「『日本の梅干ねえ』
『何だ』
『おいしいわねえ』
会話はそのまま途切れてしまったけれども、僕はその時、今までに経験しなかった一つの感情を経験したのであった」

この一節を読むと、なにやらほのぼのとした仲のよさそうな夫婦像が浮かんでくる。しかし、実際の二人の関係は、あまりほのぼのとしたものではなかった。

斎藤茂吉は山形県の農家の三男として生まれ、14歳の時に東京の開業医で同郷の斎藤紀一の家に寄寓することになる。跡取りのいなかった斎藤家が優秀な養子を欲していたからである。その前年に斎藤家に生まれたのが、のちに妻となる輝子である。

やがて茂吉は東大医学部に進み、斎藤家の跡取りとなる。輝子は9歳の時に茂吉と婚約し、19歳の時に結婚した。恋心が芽生える前にすでに嫁入り先が決まっていたという状況に近い。

裕福な家庭に育ち、わがままで勝ち気だったという輝子と農村育ちで心優しい茂吉とは、性格的にはあまり合わなかったようだ。ヨーロッパ旅行の際も、実際にはケンカばっかりだったらしい。

こののち、医師として歌人として茂吉が名声を博してきた１９３３年、俗にいう「ダンスホール事件」が起こる。ダンス教師と複数の女性華族との間で不倫などが行われたという性的スキャンダルである。そして、その女性たちの一人として輝子の名が挙がっていた。

事件をきっかけに二人は別居生活を送る。その期間、なんと12年に及ぶ。しかし、この間、なんと茂吉のほうでも若い女性と不倫状態にあったという。

１９４５年、二人は再び同居する。仲直りしたわけではないようだ。戦争が激しくなる中、家族の説得によりしぶしぶ同居するようになった、という状況だった。輝子は茂吉に関わらず、夫の世話は女中に任せきりだったという。

やがて茂吉は寝たきりとなり、介護が必要な状態になってしまう。

それからだ、輝子が変わったのは。女中に任せず自ら献身的に介護をした。良家のお嬢様が下《しも》の世話までしたという。

それまでケンカばかりだった二人は、一方がケンカもできなくなってから、急に仲睦まじい夫婦となったのである。

僕のことなんて、
もう忘れたんでしょうね

マネ
（画家）

エドゥアール・マネ

1832年-1883年。フランスの画家。写実的でありながら、平面的な画面構成と明るい色彩感覚にあふれた絵が特徴。印象派の先駆けとも称される。『笛を吹く少年』『草上の昼食』『オランピア』『フォリー・ベルジェールの酒場』などの作品が有名。

マネは、「お騒がせの画家」だ、ともいわれる。『笛を吹く少年』などのしっかりとした輪郭線を持ち平面的な絵は、「トランプの絵柄」のようだと揶揄された。『死せるキリストと天使たち』では、あろうことかキリストの傷を左右逆に描いてしまい、厳しい批判を浴びた。

その中で最も痛烈な非難を浴びたのが、『草上の昼食』と『オランピア』だろう。前者は着衣の男性と全裸の女性が談笑している絵であり、後者はベッドの上に実在の娼婦とわかる裸の女性が横たわる絵だ。当時、女性のヌードを描くなら、女神など神話、伝説上の女性を描くのが常識とされていたからだ。

こんなふうにスキャンダルにまみれてばかりいると、マネは現代でいう「炎上覚悟」の迷惑系ユーチューバーのような存在だったのかと、思ってしまうほどだ。しかし、現実のマネは違った。本人は、ひたすらサロンに入賞し画家として認められることを目指し、真摯に取り組んでいただけだった。それが証拠に、批判されると、ひどく落胆していたという。あえてスキャンダラスな絵を描こうとしていたわけではないようだ。

そもそも彼は、パリの裕福なブルジョア家庭に生まれたおぼっちゃまだ。画家になろうと決意したが、父に反対され、やむなく海軍兵学校を受験したが失敗。この段でようやく父はあきらめ、マネに画家の道を進むことを許した。

そんな経緯もあったため、マネはひたすらサロンでの入賞を目指し、一流の画家として認められることを願っていたのだという。しかし、結果は、前述のように厳しい批判とスキャンダラスな話題ばかり目立つ結果となっていった。

1860年代後半から70年代にかけて、徐々に評価する声も出はじめるが、サロンでは入選することもあれば、落選することもあった。そんな彼を病が襲う。足を病んだ彼は、医者の勧めで郊外での療養生活を続けることになる。一流の画家としての名声にはまだ遠い。晴れやかなパリとは隔たった場所に居を移した彼は、毎日のように友人に手紙を書き

「僕のことなんて、もう忘れたんでしょうね」

などと愚痴を綴っていたという。

しかし、この翌年、彼の描いた作品がサロンで評価され、以後無審査で出品できる資格を得た。同年暮れには、友人の働き掛けもありレジオンドヌール勲章の授与も決まった。ようやく押しも押されもしない一流の画家としての評価を得た、といってよいだろう。

しかし、病は悪化するばかり、

「もう遅すぎる」

とマネも嘆いたという。

そして、勲章授与から1年半も経たずに、帰らぬ人となったのである。

悲涙禁じがたし

北条義時
（武将）

悲しみの涙が止められないのだ

北条義時
（ほうじょう・よしとき）
1163年-1224年。北条時政の次男。兄の戦死後、北条家の後継者となり、父の失脚後、鎌倉幕府の２代執権となった。後鳥羽上皇による倒幕運動「承久の乱」が起こった時には、姉政子と協力して、無事、これを鎮圧した。

２０２２年大河ドラマ『鎌倉殿の13人』の主人公として、一躍有名となった北条義時。父である鎌倉幕府の初代執権（将軍補佐役）北条時政の跡を継いで、2代目の執権となる人物だ。姉に源頼朝の妻・北条政子がいる。

その他にも腹違いの兄弟姉妹がおり、その結婚相手、すなわち義兄弟に当たる人物に畠山重忠と平賀朝雅がいる。

畠山は知勇兼備で「坂東武士の鑑」とまで称された人物。一方の平賀は、北条時政の寵愛を受けていた後妻・牧の方の娘婿として幅を利かせていた。

この平賀と畠山の息子が、不和となる。そこで平賀は義理の母である牧の方に訴え、畠山を殲滅しようと図る。牧の方とそれを愛する北条時政は、平賀の訴えを聞き入れ、「畠山に謀反あり」として、その討伐を決定。討伐実行の命を受けたのが、北条義時であった。

義時は、畠山重忠の高潔な人物像を知っていた。彼が謀反など起こすはずはない、と思っていただろう。事実、

「犯否《ぼんぷ》の真偽を糺《ただ》すの後にその沙汰あるも、停滞すべからざらんか」

（真偽を確かめてから、取り扱いを決めても遅くはないのではないか）

と告げたが、その訴えは聞き入れられなかった。やがて、義時は大軍を率いて戦いの場へと赴く。そして、いざ対峙してみると、畠山の軍勢はわずかに１３０余騎。数に劣る畠山軍はあっさりと敗れ、畠山重忠も首をはねられた。

こうして戦に勝ち、手柄を立てたはずの義時は、決して喜ばなかった。１歳しか違わない義理の弟の首を見て、しきりに涙を流したという。

「もし、本当に謀反を企てていたのなら、合戦に参加した兵がたった１３０余騎のはずはない。やはり、謀反など嘘だ。父・時政と牧の方が謀って、私に義理の弟を殺させたに違いない」

そう考えた義時は、こうつぶやく。

「首を斬りて陣頭に持ち来《きた》る。これを見るに、年来合眼《ごうがん》の昵《むつみ》を忘れず、悲涙禁じがたし」

（味方の兵が畠山重忠の首を持ってきた。それを見ると、長い間、顔を会わせてきた間柄が忘れられず、悲しみの涙を止めることができない）

義理の弟であり、友であり、尊敬に値する武将であった畠山重忠が、実の父と継母らの謀略によって空しくこの世を去ったことは、義時の心に強い衝撃と父に対する不信感を植え付けた。

このの ち、時政と牧の方は、なんと、畠山の死の直接の原因となった平賀朝雅を、鎌倉幕府の将軍に擁立しようと計画する。その時、謀略を未然に防ぎ、彼らを失脚へと導いたのが北条義時だ。義時は、今度は実父を成敗することで、義理の弟の無念を晴らしたのである。

はなと《ど》もぬけ申候《もうしそうろう》。
ひけ《げ》なと《ど》もくろきハ
あまり無之《これなく》候《そうろう》

真田信繁（幸村）
（戦国武将）

歯なども抜け、ヒゲなども黒いものは
あまりなくなってしまいました

真田信繁
（さなだ・のぶしげ）

1567年-1615年。安土桃山時代の武将。信濃国（長野県）上田城を本拠地とする真田昌幸の次男。父に従い武田、上杉、豊臣などに臣従する。関ヶ原の戦いでは西軍に与したため、配流となる。のちに大坂の陣で豊臣方として大活躍を果たす。

猿《さる》

飛《とび》佐助《さすけ》、霧隠《きりがくれ》才蔵《さいぞう》ら真田十勇士を率いて徳川相手に獅子奮迅の大活躍を見せた真田幸村。ただし、これらの話のほとんどは後世のつくり話。「幸村」という名前も、信頼のおける史料には登場しない。本名は「真田信繁」である。

実際の真田信繁は、生まれたのが戦国の世の終わり頃であることや若い頃から上杉家や豊臣家に人質や近臣として仕えていたこともあり、実戦経験は少ない。一般には、秀吉の天下統一最後の戦である「小田原の陣」が初陣だったといわれる。その前の第一次上田合戦に参加していたとの説もあるが、いずれにせよ、実戦経験はあまり豊富ではない。信繁が成育した頃には、戦国の世は秀吉によってほぼ平定されていたのである。

しかし、天下人・豊臣秀吉が亡くなると、世は再び乱れる。豊臣秀頼を擁する石田三成の軍（西軍）と徳川家康率いる軍（東軍）との天下分け目の争い「関ケ原の戦い」が勃発した。

この時、真田家は父昌幸と信繁が西軍、兄信幸が東軍に参加した。どちらが勝っても真田家が存続するように計らったためだともいう。

この戦いにおいては、信繁らは関ケ原での本戦には加わらず、上田城にあって家康の嫡男・秀忠の軍に手痛い打撃を与える大活躍をしている。

しかし、本戦で西軍は大敗。昌幸と信繁は高野山の麓、紀州和歌山にある九度《くど》山《やま》の地に配流となった。

これまでは数万石の領地を知行する有力な武将として暮らしていたのに、それからは家族とわずかな家臣だけを連れてみじめな流人として生活することになったわけである。

当然ながら生活は苦しく、主な収入源は兄信幸からの仕送りだった。身の回りのものにも不足し、焼酎、金、蝋燭などを送ってほしい、と手紙で催促している。それらの手紙の中には、「万事不自由」で「大草臥《くたびれ》者」になった、という愚痴が書かれたものもある。

このみじめな配流生活は、10数年続き、父昌幸もこの地で亡くなった。この頃の自分の状況を信繁は

「去年から急に歳を取り、病人のようになってしまいました。歯なども抜け、ヒゲなども黒いものはあまりなくなってしまいました」

と語っている。この時、信繁はまだ40代である。みじめな暮らしは精神的に人を老いさせるものなのだろうか。

しかし、信繁はそれで終わらなかった。豊臣対徳川の最終決戦、大坂の陣に豊臣方の武将として参戦。敵将家康の首まであと一歩と迫る大活躍を見せたのだ。惜しくも最後は討ち死にとなるのだが、その見事な戦いぶりは、敵兵からも「日本一《ひのもといち》の兵《つわもの》」と称賛されている。

持病さえおこりて、
消《きえ》入《いる》計《ばかり》になん

松尾芭蕉
（俳人）

持病まで起こり、もう死んでしまいそうな状態だった

松尾芭蕉
（まつお・ばしょう）

1644年-1694年。江戸時代の俳人。井原西鶴、近松門左衛門とともに元禄三大文豪の一人ともされる。『おくのほそ道』『野ざらし紀行』『笈の小文』などの紀行文や「古池や 蛙《かわず》飛びこむ 水のおと」などの名句で知られている。

松尾芭蕉はたいそう健脚であったといわれる。『おくのほそ道』の旅に出たのは、45歳の年のことであるが、１５６日間で江戸から福島、山形を通り、北陸を経て岐阜県大垣へと渡っている。その距離約１７６８㎞である。旅といえば、電車か車、あるいは飛行機を使うのが当然のようになっている現代人からすれば、その距離を聞いただけで少々驚いてしまう。

しかも、１７６８㎞を１５６日で踏破するには１日11㎞以上歩かなくてはならない。俗に「健康のために１日８０００歩は歩こう！」などといわれるが、歩幅を70㎝くらいとすると、約５・６㎞になる。そのちょうど倍くらいの数字だ。

しかし、これは正しい数字ではない。１５６日といっても、１日中同じところに滞在することも多かったので、移動日だけだと、１日平均約30㎞歩いた計算になるという。50㎞以上歩いた日もあるというから、移動日は毎日、ハーフマラソン〜フルマラソンくらいは歩いていることになる。確かに健脚だ。このように大変健脚で、また忍者の里として知られる伊賀国（三重県北西部）出身なため「芭蕉＝忍者」説もあるくらいである。

ただ、芭蕉に限らず江戸時代の人はよく歩いた。当時の男性旅行者は１日平均40㎞弱くらい歩いたともいわれているので、芭蕉の健脚ぶりも驚くほどではないのかもしれない。

しかし、当時の芭蕉が、病に悩まされていた、と考えるとまた印象が変わってくるだろう。芭蕉が福島の飯塚の宿（現在の福島市飯坂町・飯坂温泉）に着いた時には、

「雷鳴雨《かみなり》しきりに降《ふり》て、臥《ふせ》る上よりもり、蚤・蚊にせせられて眠らず。持病さえおこりて、消入計《きえいるばかり》になん」

（雷雨がひどく、寝ている上から雨漏りがして、蚤や蚊にも刺されて眠れず、しかも、持病まで起こり、もう死んでしまいそうな状態だった）

と書いている。

芭蕉の持病とは、「疝気《せんき》（下腹部の痛み）」と「痔」であった。どちらも歩くのには難儀な病気である。事実、芭蕉もこの後

「遥《はるか》なる行末《ゆくすえ》をかかえて、斯《かか》る病《やまい》覚束《おぼつか》なし」

（まだ遥かな旅路が残っているのに、こんな病があるのでは、先々が心配だ）

などと語っている。もっとも同行した門人・曽良の日記には「雨は強かった」とあるが、病のことなどは特に記されていないから、多少の脚色はあるのかもしれない。

しかし、芭蕉が病を抱えながらも旅を続けたのは事実だ。この旅が終わってからも芭蕉は、別の旅に出て最後は旅先で病死している。辞世の句はこう詠んだ。

「旅に病んで夢は枯野をかけ廻《めぐ》る」

発作がどんなに苦しいか、知らないんでしょう！

ドストエフスキー
（小説家）

フョードル・ミハイロビチ・ドストエフスキー

1821年-1881年。モスクワのマリヤ貧民救済病院医師の子として生まれ、のちにロシア文学を代表する作家となる。代表作に、処女作『貧しき人々』や『罪と罰』『カラマーゾフの兄弟』『悪霊』『白痴』などがある。

ロシアを代表する文豪ドストエフスキーは、病に苦しめられてきた作家でもある。芭蕉と同じように痔にも苦しんでいたし、賭博癖（ギャンブル依存症）も抱えていた。

　しかし、何より彼を苦しめてきたのは若い頃から患っていた「癲癇《てんかん》」の発作だろう。知人宛ての手紙の中で、彼はさまざまな愚痴を述べている。

「癲癇にひどく不安な思いをさせられました」

「今度は痔に苦しめられるようになってからこれでもう一カ月になります」

「あなたはこの病気についてはおそらくなんの知識もなくその発作がどんなに苦しいものであるかもご存じないでしょう」

「どの器官もまったく健康なのに、長椅子から起き上がるやいなやたちまち襲いかかる痙攣《けいれん》のために立っていることも坐っていることもできないというただそれだけのことで、じっと横になっていなければならない」

　これらを読むと、彼が持病、特に癲癇の発作に悩まされてきた様子が、手に取るように伝わってくる。

　彼の病気が悪化したのには、若い時の波乱万丈な人生経験が影響しているともいわれる。

　ドストエフスキーは、空想的社会主義思想のサークルに参加し秘密印刷所開設を企てたとして逮捕されたことがある。28歳の時である。8カ月ほどの取り調べ等を経て、下された判決は「死刑」であった。しかし、執行の直前に特赦が出て、銃殺刑は辛うじて回避され、懲役刑に切り替えられた。以後、シベリアのオムスク監獄で過ごした4年間の過酷な日々が彼の癲癇を悪化させてしまったといわれている。

　また、彼は18歳の年に父親が農奴に殺害されるという経験をしている。この時、若きドストエフスキーは、気難しい父に対して彼が潜在的に抱いていた「父殺し」の願望が実現したかのような感慨に打たれたともいわれている。もちろん、「父殺し」の願望などは倫理的に許されることではない。そこで、許されざる願望を抱いた自己を処罰したいとする心が働き、それが癲癇の発症につながったのではないか、との仮説も提唱されているのだ。

　いずれにせよ、彼の持病やそれを生み出した壮絶な体験は、知人への手紙にある通り執筆の妨げにもなったが、名作を彩るモチーフにもなった。

　賭博癖は『賭博者』の題材となり、シベリアの監獄での体験は『死の家の記録』につながっている。もちろん、父殺しは『カラマーゾフの兄弟』の主題でもある。そして、『白痴』では、癲癇の症状を持つ主人公を登場させ、発作の状況なども描いているのだ。

自分自身に対しても
実に相済まぬ事とおもう

若山牧水
（歌人）

若山牧水
（わかやま・ぼくすい）
1885年-1928年。宮崎県の医師の長男として生まれる。本名、繁。中学時代から積極的に歌を詠み、牧水と号した。早稲田大学卒業と同時に歌集『海の声』を出版。歌集『別離』などで注目をあびる。旅好きで紀行文、随筆も得意とした。

「白玉の歯にしみとおる秋の夜の酒は静かに飲むべかりけり」

などの歌で知られる若山牧水。この歌が載った歌集が出版された時は、まだ26歳だった。

「酒は静かに……」とは、若い割に上品な大人の酒の飲み方を知っているように思えるのだが……。素顔の牧水は、少々違っていたようだ。

実は、牧水、大変な大酒飲みとして知られた人物である。

「出鱈目《でたらめ》に酒を飲んで来た」

彼が42歳の時に書いた「酒と歌」という小文にもこんな言葉が書かれている。自他ともに認める大酒飲みだったのである。

どのくらい大酒飲みだったか、一例を挙げておこう。彼が39歳の時の九州旅行では、1日平均2升半も飲み干したという。しかも、これ、短期間ではない。50日間の旅の間中、毎日そのくらい飲んだわけだから、1升瓶にして合計120～130本くらいの量の酒を飲んだ計算になる。やはり、とんでもない酒豪ぶりだ。

たとえ「静かに」飲んだとしても、これだけ飲めば飲みすぎで、よく体を壊さないものだと思うくらいである。もちろん、「静かに」飲むだけではなく、宴会などもあったようだ。

先ほどの『酒と歌』という小文には、

「この頃ではさすがにその飲みぶりがいやになった」

とある。とはいえ、酒が嫌になったのではなく、まさに湯水のごとく酒を飲む、その飲み方が嫌になったのであり、

「酒に対しても自分自身に対しても実に相済まぬ事とおもう」

ようになったのだと反省の弁を述べている。そして、

「無事に四十二歳まで生きて来た感謝として」

これまでの

「よく体が保てたものだと他もいい自分でも考える位い無茶な酒の飲みかた」

を改め、湯水のごとくではなく

「本来の酒として飲むことに心がけようと思う」

と宣言している。

そして、この小文の最後を

「そうすればこの廿《にじゆう》年来の親友は必ず本気になってわたしのこの懸命の為事《しごと》を助けてくれるに相違ない」

と結んでいる。

しかし、20年来の友である酒は、牧水を助けてくれなかった。

この翌年、牧水は病没してしまう。主たる死因は酒の飲みすぎから来る肝硬変であったという。「本来の」飲み方に気づくのが遅すぎたのであろうか。

生前、彼はこんな歌を詠んでいる。

「酒のためわれ若うして死にもせば友よいかにかあわれならまし」

数本の白髪を発見した

寺田寅彦
（物理学者・文筆家）

寺田寅彦
（てらだ・とらひこ）
1878年-1935年。物理学者、随筆家。X線回折のラウエ斑点の研究方法の改良により学士院賞受賞。地球物理学や震災の研究でも名高く、「天災は忘れられたる頃来る」の言葉を残した。吉村冬彦、藪柑子《やぶこうじ》などの名で随筆、俳句なども残す。

寺田寅彦という人物を一言で紹介するのは難しい。東大教授であり理化学研究所や地震研究所などに在籍して地球物理学の研究などをしているのだから、一流の物理学者であることは間違いない。

しかし、一般には、夏目漱石に師事し、すぐれた随筆や俳句などを残した文筆家としての功績のほうが、ひょっとして有名なのではないだろうか。2020年には没後85年を記念して、随筆集が何冊も復刊されているくらいである。

文系とか、理系とかいう枠組みに意味などないのではないかと思わせるような活躍ぶりである。

そんな寺田には

「気分にも頭脳の働きにも何の変りもないと思われるにもかかわらず、運動が出来ず仕事をする事の出来なかった近頃の私には、朝起きてから夜寝るまでの一日の経過はかなりに永く感ぜられた」

ではじまる『厄年と etc.』という短い随筆がある。この中には

「手鏡を弄んでいるうちに、私の額の辺に銀色に光る数本の白髪を発見した」

「近頃少し細かい字を見る時には、不知《しらず》不識《しらず》眼を細くするような習慣が生じているのであった」

など40代となり厄年を経験した寺田が、自らの老いを感じて愚痴を述べている箇所がある。しかし、その記述は物理学者らしく、どこか客観的でもある。友人の白髪を発見した場面では

「その人の背後の窓から来る強い光線が頭髪に映っているのを注意して見ると、漆黒な色の上に浮ぶ紫色の表面色が或るアニリン染料を思い出させたりした」

などとあり、いかにも物理学者らしい表現方法だと思わせる。一方で、

「(『論語』に出てくる)『四十にして不惑《まどわず》』という言葉の裏に四十は惑い易い年齢であるという隠れた意味を認めたい」

とあるのは、いかにも文学者らしい記述に思える。

さて、この小文の冒頭に

「運動が出来ず仕事をする事の出来なかった」

とあるが、なぜ寺田は運動も仕事もできなかったのだろうか。それは、病のためである。胃潰瘍等を患った寺田は前年の42歳の年から病院と自宅とで療養を続けていた。肉体の衰えと厄年の意味を肌で味わっていたのである。

しかし、この病気が一つの転機となった。運動も仕事もできない静養期間に、寺田の随筆執筆が本格化したのだ。『厄年と etc.』を含む処女随筆集『冬彦集』が刊行されたのは、療養を終えた2年後のことである。

不惑を過ぎ、厄年を経験した寺田は、以降も、さまざまなことに惑い、悩み、思考を巡らせ、それによってすぐれた随筆を書き続けたのである。

私は来る日も来る日も
同じ時刻に、
同じ時のあいだを
泣きつくした

ワイルド
（小説家）

オスカー・フィンガル・
オフレアティ・ワイルド

1854年-1900年。イギリスの詩人、小説家、劇作家。アイルランド生まれ。「世紀末文学」の中心人物といわれ、芸術至上主義を唱えた。戯曲『サロメ』、童話集『幸福な王子』、長編小説『ドリアン・グレイの肖像』などの傑作を残した。

童話『幸福な王子』などで知られるオスカー・ワイルドは、恵まれた環境と才能の中に生きてきた人物だった。

アイルランドのダブリンで、著名な医学者の父と家柄のよい文筆家の母との間に生まれ、成育してオックスフォード大学を優秀な成績で卒業した。しかも、残された写真を見てもわかる通り、なかなかのイケメンで、ファッションリーダーとしてももてはやされ、イギリスの社交界で注目を浴び続けた。

しかも、20代で『詩集』を出し、30代の時には『幸福な王子』『ドリアン・グレイの肖像』『サロメ』など童話、小説、戯曲といったさまざまな分野で注目を浴びていた。その幸せを一つでも、あのスタンダールに分けてあげたいと思うような華々しい活躍だったのである。

そんな彼が、

「来る日も来る日も」「泣きつくした」

とは、いったい何があったのだろう。

実はワイルドは、41歳の年に投獄され、2年間も牢獄暮らしをしているのだ。その罪は「同性愛」。当時イギリスでは同性愛は違法とされていたのだ。世間の嘲笑を浴びながら入獄してからしばらくの間、彼は毎日のように「泣きつくし」たのだという。この入獄で

「私は名を失い、地位を失い、幸福を奪われ、自由を奪われ、富をなくした」

「私は囚人となり乞食となり果てた」

と、悲しい愚痴を同性愛の相手とされる男性宛ての手紙に書いている。この書簡集は、彼の死後『獄中記』として出版され、大いに話題となる。

この『獄中記』の中で

「名声と汚名とのあいだに、もし間隔があるとすれば、僅かに一歩の差があるにすぎない」

と、彼も述べているように、入獄前の富も名声も、2年間の牢獄生活ですべて失ってしまったのだ。

やがて、刑期を終え出獄した彼は、華やかな思い出のあるイギリスを逃れ、フランスへと移り住んだ。貧しい暮らしを続け、心身は日増しに衰えていった。そして、出獄からわずか3年ののち、わびしいホテルの一室で、静かに人生の幕を下ろしたのである。

彼が残した『幸福な王子』に出てくる王子の像は、全身が金箔に包まれ、目にはサファイアが埋め込まれていた。しかし、これらの宝玉を貧しい人に与えてしまったがために、最後は「乞食も同然」の姿になり取り壊されてしまう。まるで晴れやかな栄光の座から落ちぶれ果ててしまう自身の姿を予言していたかのようである。物語の中で幸福な王子は、生前の華やかな暮らしを振り返っている。

「廷臣たちはわたしを幸福な王子と呼んだし、わたしもじっさい幸福だったのだ、もし快楽が幸福であるとしたらね」

死ぬのも楽じゃない

ナポレオン
（皇帝）

ナポレオン・ボナパルト

1769年-1821年。フランスの軍人、皇帝。フランス革命後、国民兵として台頭。やがてクーデターを起こし政権をつかみ、のちに皇帝となる。一時ヨーロッパを席巻したが、やがて敗戦。絶海の孤島で没した。「ナポレオン法典」の制定でも有名。

英雄の代名詞ともされるナポレオン。彼の人生は栄光と挫折の繰り返しだった。

コルシカ島の小貴族の家に生まれた彼は、フランス革命が起きた段階では、まだ一介の兵士にすぎなかったが、やがてイタリア遠征などで頭角を現し、最終的には皇帝の座に上り詰める。

数々の戦勝によってヨーロッパの多くを手中に収めたナポレオンだったが、ロシア遠征に失敗すると、徐々に状況は悪くなる。やがて諸国民戦争に敗れた彼は皇帝の座から降ろされ、エルバ島へと流されることとなった。その時、ナポレオンはまだ45歳。政治家として軍人として、まだまだ働き盛りの年齢だった。

権力も財産も、すべてを奪われた彼の胸元には、小さな絹の袋が下がっていた。毒薬である。

配流地エルバ島行きを目前に控えたある夜、ナポレオンは、ついにその毒薬を口にした。

激しい痛みが彼を襲う。愛する妻への手紙を側近に手渡すと、痛みは一層強くなった。その時、彼の口から出たのが「死ぬのも楽じゃない」の言葉だったという。

かつてのナポレオンは、軍事の天才としての名声をほしいままにしていた。少々大げさに表現すれば、多くの戦いは英雄にとって「楽勝」ものだった。しかし、ロシア遠征に失敗してからは、立て続けに敗戦を経験。戦争に従事することは「楽なこと」ではなくなっていた。

政治家としてもナポレオンはいくつかの功績を残した。法律を整備し、「ナポレオン法典」の名が刻まれた。もはや政治は彼の意のままだった。しかし、戦争に敗れた後は、すべての政治的権力を奪われた。政治家の地位に安住することはできなくなってしまった。

そんな彼が、唯一手にすることのできた自由。それが自分の意志で死を選ぶことだった。

しかし、死に至る道は楽ではなかった。激しい腹痛、嘔吐に長い時間悩まされた。ナポレオンの愚痴をもう一度読み返してみよう。

「死ぬのは楽じゃない」ではない。「死ぬのも楽じゃない」だ。敗戦と失脚を経験した彼にとって生きることは辛いことの連続だった。しかし、死に至ることは、それに匹敵するくらいの苦であることを彼はこの時知ったのだ。その後、結局蘇生し、服毒自殺は失敗に終わる。

やがて、エルバ島に流された彼が選んだのは、「死」ではなく、「生」だった。エルバ島を脱出し、再び、権力の座に就こうとしたのだ。結果は「百日天下」に終わるのだが、死出の旅に失敗し愚痴をこぼした45歳のナポレオンは、この時、「もう一度、ひと花咲かせよう」と心に決めたのである。

私は労《つか》れた

種田山頭火
（俳人）

種田山頭火
（たねだ・さんとうか）
1882年-1940年。山口県防府町（現防府市）生まれ。本名、正一。五・七・五の音律にとらわれない自由律俳句で人気の俳人。荻原井泉水に師事。出家して漂泊の旅に出、さまざまな句を詠んだ。全国に600以上の句碑がある。

自由律俳句の名手として人気のある種田山頭火。彼が数えで50歳（満49歳）の年に書いた小文にこうある。

「私は労《つか》れた。歩くことにも労れたが、それよりも行乞《ぎょうこつ》の矛盾を繰り返すことに労れた。（中略）応供の資格なくして供養を受ける苦脳《悩》には堪えきれなくなったのである」

43歳で出家した山頭火は、その後托鉢《たくはつ》して歩く旅に出たのだが、「それにも疲れた。なによりそんな資格も値打もないのに、施しを受けて回る矛盾に疲れた」といっているのだ。

ここで、これまでの山頭火の人生を振り返ってみよう。

山口県の大地主の子として生まれた彼に最初に降りかかった不幸は、10歳で母を亡くしたことだろう。自死である。

のちに俳句を学び、早稲田大学に入ったが、神経衰弱のために退学することになる。その後、帰郷して父とともに酒造業を営み、27歳で結婚。翌年に子どもも生まれている。

しかし、34歳で酒造業は破産。熊本で古書店などを開いたが、結局、妻とも別れることになる。その後、東京に出て図書館で働いたこともあったが、関東大震災の際、社会主義者と間違えられ、拘置所に入れられるという苦い経験もする。

刑務所から出された後、熊本へ帰ったが、それからは酒におぼれる乱れた生活をするようになる。泥酔して市電を止めるという事件も起こしている。

そして、43歳の年に世を捨てて出家。その翌年から、行乞の旅に出たのである。句作を続けながら旅を続けた。5年の月日が流れた。波乱万丈の人生を過ごした山頭火はこうつぶやいた。

「私は労《つか》れた」

おそらく本心であろう。そして、今後について
「生きている間は出来るだけ感情を偽らずに生きたい」

「言いかえれば、好きなものを好きといい、嫌いなものを嫌いといいたい。やりたい事をやって、したくない事をしないようになりたい」

と語り、個人誌「三八九」を刊行。ここに挙げた文章は、その第一号に記された言葉である。そして、翌年、第一句集の『鉢の子』を出版。以降もいくつかの句集を世に出すことになる。

とはいえ、山頭火は机に向かって句集を編み出したわけではない。旅と酒と俳句という「好き」で「やりたい事」だけを、疲れることもなく、以後も続けていくのである。

最後に、「労《つか》れた」と愚痴をいっていた頃の句をいくつか紹介しておこう。

「どうなるものかとはだしであるく」

「重荷おもくて唄うたう」

「ひとりにはなりきれない空を見あげる」

白頭《はくとう》　搔《か》けば更に短く

杜甫
（詩人）

白髪頭をかきむしったら……毛が抜けた

杜甫
（と・ほ）
712年-770年。中国、盛唐の詩人。字は子美《しび》、号は少陵《しょうりょう》。鞏《きょう》県（河南省）の人。李白と並び称される中国の代表的詩人で「詩聖」と呼ばれた。『春望』『北征』『曲江』などの数々の名作が、松尾芭蕉ほか日本の文人に与えた影響も大きい。

寺田寅彦がそうであったように、40代というのは、白髪頭が気になりはじめる時期なのかもしれない。（もちろん、個人差は大きいのだが……）

右に挙げたのは、中国、唐の時代の詩人、杜甫の詩に登場する一節である。

「白頭掻更短　白頭《はくとう》 掻《か》けば更に短く
渾欲不勝簪　渾《す》べて簪《しん》に勝《た》えざらんと欲《ほっ》す」

（白髪頭は、掻きむしると、さらに抜けていき、まったくもって簪《かんざし》を受け止めることにも耐えられそうにない）

しかし、なにゆえ杜甫は髪が抜けるほど頭を掻きむしっているのだろうか。何かに思い悩んでいるのか、深く悲しんでいるのか、そのような心の状態を描写したようにも読み取れる。この前には、

「世の有様を嘆いては美しい花を見ても涙を流し、家族との別れを悲しんでは鳥のさえずりを聞いても心を痛ませる」

といった表現も出てくる。

さて、何が彼をこのように嘆き悲しませているのだろうか。

この詩が詠まれた時、中国は大きな動乱の中にあった。かつて名君と呼ばれた玄宗《げんそう》皇帝が、絶世の美女楊貴妃《ようきひ》の虜《とりこ》になり政治をおろそかにしてしまう。その隙をついて武将安禄山《あんろくざん》が反乱を起こしたのである。これにより唐の都、長安は陥落。玄宗皇帝は、楊貴妃とともに都を去ったのだが、部下たちは世を乱す原因となった楊貴妃のことを許さなかった。皇帝は泣く泣く楊貴妃殺害を認めざるを得なくなってしまったのである。

この事件が、杜甫の身にも不幸をもたらした。彼は反乱軍に捕まり、長安に幽閉されてしまったのである。

これまでも杜甫の人生は、決して恵まれた状態にはなかった。科挙の試験には落第し仕官は思うようにできなかった。天才詩人李白に出会い、自分の詩の拙さを嘆いたこともあったという。安禄山が反乱を起こす直前には

「居然成濩落　居然《きょぜん》 濩落《かくらく》を成《な》し
白首甘契闊　白首《はくしゅ》 契闊《けっかつ》に甘《あま》んず」

（予想通り私はすっかり落ちぶれてしまい、白髪頭を振り立てて苦しい生活に甘んじている）

と、ここでも白髪頭を気にしながら、苦しい生活を詩に詠んでいる。そんな時に、賊に捕まり、幽囚の憂き目を見たわけであるから、白髪頭を掻きむしりたくもなるのも当然かもしれない。

その後、9カ月ほどで脱出に成功。のち一旦は仕官したのだが、長くは続かず、生涯の多くを貧窮、放浪の中で過ごした。

そんな彼の詩は、日本人の心の中にも溶け込んでいるようだ。この「白頭掻けば」の詩の冒頭部は、特に有名である。

「国破山河在　国破《くにやぶ》れて山河《さんが》在《あ》り
城春草木深　城春《じょうはる》にして草木深《そうもくふか》し」

1848年と1849年の過ちはそこにあった

ビスマルク
（政治家）

オットー・エドゥアルト・レオポルト・フュルスト・フォン・ビスマルク

1815年-1898年。プロイセン、ドイツの政治家。プロイセン首相として軍備増強を断行。ドイツの統一を実現して初代宰相となる。以後も20年近くその地位にいた。パプアニューギニア北東部の「ビスマルク諸島」などにその名を残す。

ドイツが「ドイツ帝国」として統一されたのは、1871年。日本で明治政府が動き出した約3年後に当たる。それまではプロイセンなどの諸邦に分かれた状態だった。このドイツ統一に功績を挙げたのがビスマルクである。

統一の大きなきっかけとなったのが、プロイセンの首相であった当時47歳のビスマルクが、議会で行った演説（鉄血演説）である。

「現下の大問題は言論や多数決によっては解決されない。1848年と1849年の過ちはそこにあった。それは鉄と血によってのみ解決される」

統一などの大問題は、議会による論争や多数決では解決されない。それは「鉄（＝武器）」と「血（＝兵士）」によってのみ解決されうる。平たくいえば、議会の賛否にかかわらず、軍備を増強する、ということになる。

この政策は、結果的に成功する。軍備を増強したプロイセンは、オーストリアやフランスとの戦争に勝ち、他のドイツ諸邦を味方につけ、ついにプロイセンを主体としたドイツの統一、ドイツ帝国成立を成功させたのである。ドイツ帝国の皇帝にはプロイセン王が就任し、ビスマルクが宰相となった。その手法は民衆蜂起などの「下からの改革」ではなく、少々強引な「上からの改革」であった。

ところで、先の「鉄血演説」の中に出てくる「1848年と1849年の過ち」とは、いったい何だろうか？

実は、1848年〜49年は、革命が起き、ドイツ統一に向けた動きが加速した年であった。「自由、統一、憲法制定」を求めた民衆蜂起という「下からの改革」が進展した年だ。

しかし、この時、ビスマルクは革命に反対の立場を貫いた。王政を守る保守の立場で新聞を発行するなどして革命を抑える動きをしたのだ。

ところが、ビスマルクの意図とは反対に革命はどんどん進行していく。ドイツ諸邦の自由主義者が集まり、フランクフルト国民会議が開催された。そこで、ドイツの統一や国民基本法、憲法の制定などが話し合われていったのだ。

しかし、この試みは成功しなかった。会議では統一方法などで意見が対立した。その間、各地で起こった民衆蜂起は武力によって制圧されていく。こうしてフランクフルト会議は解散させられ、「下からの改革」は失敗に終わる。

「1848年と1849年の過ちはそこにあった」

と演説したビスマルクの心の中には「だから、おれはあの時、革命に反対したんだ。下からの改革だの、議会での話し合いだの、あんなやり方は駄目だったんだよ」

という想いがあったのだろう。

もとより妻子なければ、捨てがたきよすがもなし

鴨長明
（文筆家）

鴨長明
（かもの・ちょうめい）
1155年？ -1216年。平安末期から鎌倉初期の歌人、随筆家。本名は「長明《ながあきら》」と読むとされる。三大随筆の一つとされる『方丈記』の作者として有名だが、勅撰和歌集に入集している歌人でもあり、仏教説話集『発心集』の編著者でもある。

「ゆく河の流れは絶えずして、しかも、もとの水にあらず」

という印象的な書き出しでおなじみの随筆『方丈記』。

作者の鴨長明は、世界遺産にも認定されている京都・賀茂御祖《かもみおや》神社（下鴨《しもがも》神社）の神官・鴨長継の次男として生まれている。しかし、父が早世してしまい、長明が次男だったこともあり、神社の実権は一族の別の者に握られてしまう。父の跡を継ぐことができなかったのだ。

その後、長明は芸術の道に生きた。特に琵琶や和歌は名手といわれるほどの腕前となり、30代前半で勅撰和歌集に入集するほどの活躍をしている。

その活躍ぶりは、時の権力者の目にもとまった。後鳥羽上皇が『新古今和歌集』の編集のために設けた和歌所の寄人《よりゅうど》（職員）に彼を任命したのである。

それだけではない。長明の仕事ぶりに感心した上皇は、彼を河合社の神官にしてあげようともしたのだ。

「芸は身を助ける」

ともいう。父の死後、芸の道に勤しみ、熱心に仕事を勤めあげたことで、かつては実現できずにあきらめていた神官の職が見えてきたのだ。

この話を耳にした長明は

「喜びの涙せきとめがたき気色なり」

と、泣いて喜ぶほどであったと伝わっている。

しかし、これは実現しなかった。同じ鴨一族の人間から横やりが入ってしまい、結局、長明が神職に就くことはできなかったのである。

長明の失意は想像に難くない。そして、彼はそのまま出家してしまう。当時の様子を彼はこう記している。

「五十《いそじ》の春を迎えて、家を出で、世を背《そむ》けり。もとより妻子なければ、捨てがたきよすがもなし。身に官禄あらず。何に付けてか、執《しゅう》を留《とど》めん」

（数え年50歳（満49歳）の春に家を出て世を捨てた。もとより妻も子もなく、捨てがたい飯の種があったわけでもない。官位も給与もない。何に執着してこの世にすがる必要があろうか）

しかし、この記述は正確ではない。妻子はいなかったかもしれないが、和歌所などの仕事はあったはずである。まだ『新古今和歌集』も完成していなかった。

この言葉、願いが叶わず失意のうちに出家することになった長明の愚痴だった、といってよいだろう。絶望の底に沈んだ長明は、この世の栄華も、希望も、すべて捨て去ることにしたのだ。

その後、世を捨てた長明は、方丈（約3・3m四方）のわびしい住まいで、世の無常を思いながら書をしたためた。

しかし、運命とは異なもの。こうしてできあがった随筆『方丈記』が、のちに彼の名を不朽のものにしたのである。

私の頭は（中略）いい加減ごちゃごちゃになった

モース
（動物学者）

エドワード・シルベスター・モース
1838年-1925年。アメリカの動物学者、考古学者。1877年、腕足類採集のため来日、のちに東京大学初代動物学教授となる。進化論などを日本に伝え、のちに日本の陶器や民俗資料を収集した。著書に『日本その日その日』などがある。

江戸幕府が倒れ、新しく明治の世がはじまると、新政府を率いた大久保利通、木戸孝允、伊藤博文らは急速な近代化、西洋化へと舵を切る。そして、いち早く西欧文明を取り入れるために、政府は各分野の専門家を日本に招いた。いわゆる「お雇い外国人」である。

その数はピークの年で527人。明治期を通じて3000人ほどが来日したといわれる。有名なところでは「Boys,be ambitious.」の言葉を残したとされるクラーク博士、鹿鳴館などを設計したコンドル、「ナウマンゾウ」にその名を残す地質学者のナウマンなどがいる。

動物学者のモースもその一人。幼い頃から貝類の採集をしていたという彼は、1877年、シャミセンガイ、ホオズキガイなど腕足類の研究のために来日。東大理学部の動物学教授となり、数多くの日本人に指導を行った。

しかし、本業以上に知られている彼の功績は、見聞きした日本の様子を克明に書き記し、『日本の住まい』『日本その日その日』などの著作として残したことであろう。

初めて東京駅に着いた時には、

「木製の下駄や草履が立てる音は、（中略）音楽的な震動が混っている」

「殆ど全部が帽子をかぶっていず、みんな黒い頭の毛をしていて、（中略）ある者どもは腰のまわりに寛衣《かんい》の一種をまとった丈《だけ》である」

などと人物の様子を細かく観察し

「私の頭はいろいろな光景や新奇さで、いい加減ごちゃごちゃになった」

と、見るものすべてが目新しいことばかりで混乱すると同時に、感嘆の声を漏らしている。初めて外国へ行った時の福沢諭吉を彷彿とさせるようでもある。

来日した多くの外国人が、日本を未開の国と見たり、キリスト教的倫理観にそぐわない面を見つけて罵倒したりしているのだが、モースは非常に親日的で、客観的に日本を評価している。

「人々が正直である国にいることは実に気持がよい」

「錠をかけぬ部屋の机の上に、私は小銭を置いたままにするのだが、日本人の子供や召使いは一日に数十回出入りしても、触ってならぬ物には決して手を触れぬ」

など日本人の美徳にも触れている。

そんなモースは、持ち前の鋭い観察眼によって、移動中の汽車からあるものを見つけている。そして、それがモースの名をさらに高めることとなった。発見したのは「貝塚」である。幼い頃からの貝好きが功を奏したともいえよう。

彼が発見した貝塚は「大森貝塚」と呼ばれ、日本初の考古学的発掘調査が実施されることとなった。これによりモースは日本の考古学、人類学の創始者の一人ともいわれるようになったのである。

歓楽極まりて哀情多し

武帝
（皇帝）

楽しみや喜びが頂点に達すると、
ふと悲しい気持ちがわいてくるものだ

武帝
（ぶてい）

前159年？－前87年。漢の7代皇帝。在位、前141年－前87年。名は劉徹《りゅうてつ》。儒学を国学とし中央集権体制を強化。北方の匈奴《きょうど》に対するものをはじめ積極的な外征、部下の派遣等を行い、帝国の領域を大きく広げた。他に財政改革などにも努めた。

ライバル項羽に打ち勝ち、劉邦が築いた漢帝国。その支配領域を大きく広げたのが、7代皇帝武帝である。劉邦のひ孫に当たり、名は劉徹《りゅうてつ》という。

彼が皇帝になる前、父である6代皇帝景帝の時、大規模な諸侯の反乱が起きた。その反乱鎮圧後に皇帝となったため、武帝は諸侯の力を抑えた強力な中央集権体制を築くことに成功する。

その上で武帝は、積極的な外征政策に打って出る。北方の匈奴《きょうど》を追い払い、東は朝鮮半島、南はベトナム北部、西はタリム盆地にまで支配域を広げた。これにより東西の交流も盛んになり、漢帝国は最盛期を迎えることとなる。

こうして栄華を極めた武帝は、舟遊びをしている最中に一つの漢詩を詠んだ。その中に出てくる一節が

「歓楽極まりて哀情多し」

（楽しみや喜びが頂点に達すると、ふと悲しい気持ちがわいてくるものだ）

である。権力の頂点にある人の言葉にしては、少し寂しい感じなのだが、2000年以上の時を経て、人々の共感を得てきた言葉でもある。

なぜ、喜びの絶頂に達すると悲しい気持ちがわいてくるのだろうか。解釈はいろいろとありえるのだが、通常は「どんな喜びも無限に続くことはない。必ず終わりがあると知っているからこそ、悲しみの気持ちがわいてくるのだ」と解釈する人が多いのではないだろうか。

同様に、どんな栄華も永続することはない。逆にいえば、栄華の頂点にいるということは、衰退のはじまりにいるということでもあるのだ。

少し拡大して解釈すれば、人の一生もそうである。どんな栄華を誇った人も、必ず老い、そして死する時がやってくる。武帝の詩は、この後、こう続く。

「少壮幾時《いくとき》ぞ、老いを奈何《いかん》せん」

（若く盛んな時はいつまで続くのか。迫りくる老いをどうしようもない）

武帝と漢の衰えもはじまっていた。積極的な外征や大規模な土木工事が続いたせいで、民は疲弊し、国の財政は厳しくなった。武帝は専売制を導入したり、増税したりしたが、それはさらに民を疲弊させることになった。治世の末期には農民の反乱が頻発するようになる。

老いも確実に迫る。多くの権力者と同様に、武帝も不老不死を追い求め、神仙術にもはまったが、もちろん、運命に抗うことはできなかった。

さらに、晩年には自分を呪詛《じゅそ》しているとの疑いから皇后と皇太子（つまり、妻と子）の命を奪う事件が起こる。しかも、それがのちに冤罪だったことがわかり、武帝はひどく心を痛めた。

呪詛事件の4年後に亡くなった武帝。その時、彼の心の中では喜びと悲しみ、どちらが多かったのだろうか。

年は
五十路ばかりにて
頭の霜繁く

愚痴

第4章 50代の

そなたより久しく
御おとづれなく候

豊臣秀吉
（戦国大名）

あなたからの便りがしばらくありません

豊臣秀吉
（とよとみ・ひでよし）

1537年-1598年。貧しい百姓の子として生まれ、のちに織田信長に仕え大いに出世を果たす。本能寺の変以降、信長の後継の座に座り、関白となって天下を統一。その後、朝鮮にも出兵したが、その途中で死没した。

豊臣秀吉と正室おね（ねね）とは「恋愛結婚」だったという。著名な戦国大名の場合、多くは戦国大名同士の連携のために婚姻関係を結ぶ「政略結婚」が多いので、比較的珍しいケースともされる。ただし、おねと結婚した頃の秀吉は、まだ足軽という低い身分にあった。このレベルの戦国武将であれば、恋愛結婚であっても決して不思議ではない。

二人の出自などは不明な点も多いのだが、通説によれば、結婚した当時、秀吉は24歳。おねは11歳下の13歳であった。貧しかった二人は、土間に簀掻《すがき》藁と莫蓙《ござ》を敷いて式を挙げたとされる。貧しかったが、二人は仲がよく、幸せに包まれていたようだ。

しかし、秀吉が徐々に出世していくにつれ、徐々に悪い癖が顔をのぞかせはじめる。女癖である。

秀吉が信長の配下として東奔西走していた40歳前後のこと。信長がおねに送った手紙が残っている。そこには、「おねは美しくなった」「あのはげねずみ（＝秀吉）があなたに文句いうなんて言語道断」「あの秀吉にあなた以上の妻を得ることはできない」「だからあなたも堂々として嫉妬などは起こさないように」といったことが書かれている。「嫉妬など起こさないように」といっているということは、この頃秀吉が、側室を持つなど盛んに他の女性と関係を持とうとしていたということだろう。

ちなみに、この手紙は数通しかないといわれる貴重な信長の自筆の手紙の一つだといわれている。

それから5年ほどして、本能寺の変で織田信長が亡くなると、秀吉の天下とりがはじまっていく。信長を倒した明智光秀を破り、織田家中のライバル柴田勝家をも倒し、信長の後継となる。その後は、徳川、上杉、毛利、島津ら有力大名を配下に従えるとともに、関白という人臣第一の位に就くことにも成功する。

権力を握ると並行して秀吉の女癖はますます悪くなる。俗に秀吉の側室は16人いたとされるが、「手を出した」レベルの女性はそんな数ではないだろう。ちなみに大坂城で秀吉の世話などをした大奥の女性の数は常時３００人いたという。

その大奥を取り仕切っていたのもおねだった。10人を超える養子・養女を養育したのも、秀吉を親と慕う若い武将の世話をしたのも、おねだ。二人の間に実子はできなかったが、どんなに出世しようと、どんなに浮気しようと、生涯変わらずに愛した正室は、おねだった。信長にいわれるまでもなく、秀吉はおねを愛し、また、おねには頭が上がらなかった。

天下統一の仕上げとなる小田原征伐の陣中から、秀吉はおねに文を出し

「最近手紙くれないよね」

と、少し寂しそうに綴っている。

うつし絵に口づけしつつ
幾たびか千代子と呼びて
きょうも暮しつ

山本五十六
（軍人）

［なかなか会えないから］君の似顔絵にキスをしながら、
今日も何度も君の名を呼んで過ごしている

山本五十六
（やまもと・いそろく）
1884年-1943年。新潟県出身。父が56歳の時の子なので五十六と名付けられた。中学を卒業して海軍兵学校へ進み、日露戦争に従軍。のちに連合艦隊司令長官となり真珠湾攻撃、ミッドウェー海戦などを指揮した。死後、元帥に列せられる。

「大日本帝国軍人」などというと、お堅いイメージがつきまとうかもしれない。しかし、真面目な軍人さんであっても、もちろん恋はする。

「若いうちは誰だって恋をするものだ」という人もいるかもしれない。いやいや、人は40歳になっても、50歳になっても恋をするものだ。「大日本帝国連合艦隊司令長官　山本五十六」も、そんな一人の人間だった。

長岡藩士の子として生まれた山本は、海軍兵学校を卒業後間もなく、日露戦争に従軍。日本海海戦において重傷を負う。その後、32歳で海軍大学校を卒業。その2年後、士族の娘と結婚している。しかし、残念ながら、今回の恋の相手は、奥さまではない。

結婚した翌年からアメリカに行き、ハーバード大学に学んだ山本は、帰国して海軍大佐から少将へと出世を遂げる頃、一人の女性と出会った。「梅龍《うめりゅう》」という名の新橋の芸者だった。

送別会か何かのお座敷で、二人は初めて顔を会わせた。山本はあまりその手の席が得意ではなかったのか、一人むっつりしていた時に、軍の局長から「山本は堅物《かたぶつ》だから何とかしてやれ」といわれた梅龍が、山本の相手をしているうちに互いの心は通じ合った。

やがて山本は源氏名「梅龍」ではなく、本名の「千代子」さんに「妹として付き合いたい」と語ったという。

そして、二人は男女の仲になった。「堅物」の山本は

「妹に手を付けて済まぬ」

と謝ったという。その時、山本は46歳。国際軍縮会議などにも出席し、どんどん出世を果たしていく最中にあった。相手の千代子は山本より20歳若かったから、当時まだ26歳である。

その後、山本は海軍中将から連合艦隊司令長官、そして海軍大将へと出世の階段を昇りつめていく。その間、千代子との仲は続いた。同時にその間、時局は戦争へと向かっていく。

１９４１年12月8日。山本の、いや日本を含む世界の運命の日がやってきた。その日山本が指揮をとり真珠湾攻撃が行われた。太平洋戦争の勃発である。

その後、戦局はますます緊迫してくる。山本自身も出撃した。その合い間を縫って千代子に手紙を書いたり、直接会ったりもしていたようだ。手紙では当時、病だった千代子の体を心配してもいる。そんな手紙の中に添えた歌がある。

「うつし絵に口づけしつつ幾たびか千代子と呼びてきょうも暮しつ」

（似顔絵に口づけしながら、何度か『千代子』と呼んで今日も過ごしています）

この歌の翌年、山本は戦死した。二人の仲は約13年続き、山本は激務の中、60通以上の手紙を書いたという。

このまま老い朽ちて しまいたくない

島崎藤村
（小説家）

島崎藤村
（しまざき・とうそん）
1872年-1943年。長野県西筑摩郡神坂村、現岐阜県中津川市馬籠生まれ。本名、春樹。明治学院を卒業後、明治女学校、東北学院などで教鞭をとる。抒情詩集『若菜集』などを発表後、小説『破戒』『新生』『夜明け前』などを著す。

「まだあげ初めし前髪の
林檎のもとに見えしとき
前にさしたる花櫛の
花ある君と思いけり　（後略）」

この抒情的な詩「初恋」でも知られる島崎藤村。のちに小説を書き、『破戒』『夜明け前』などの傑作を残している。

藤村が、女性に胸をときめかしたのは、無論、初恋だけではなかった。多くの恋を経験しながら傑作を書き上げてきた人物である。

大学を卒業後、女学校の教師をした藤村は、そこで恋に落ちた。相手は教え子。しかも、彼女には許嫁《いいなずけ》がいた。まだ20歳の藤村は道ならぬ恋に迷ったのだ。

やがて、この恋は学校内に知れわたってしまう。悲しみぬいた藤村は、職を辞し、漂泊の旅に出た。

その2年後、藤村の愛した教え子は、許嫁と結婚する。しかし、それからわずか3カ月後、病で急逝した。彼女は死ぬまで藤村の写真を持っていたという。

一方の藤村は、漂泊の旅の途中でも女性と関係を持ったのだが、それについては触れないでおこう。

教え子の死から2年後、藤村は詩集『若菜集』を刊行。その後も27歳で嫁を娶り、34歳で『破戒』を書き小説家としての地位を確かにした彼だったが、4年後、新たな悲しみに襲われる。妻が4人の子を残し、早世してしまったのだ。

悲しみに暮れながら執筆を続けた藤村。幼い子の世話のために、姪が家事手伝いに来てくれていたのだが、今度は、その姪と関係を持ってしまう。

罪の意識にかられた藤村は、やがてフランスへと旅立つ。現地で第一次世界大戦にも遭遇し、帰国した時には、彼はもう40代半ばになっていた。

こうしてさまざまな愛の形を経験した藤村も、やがて五十路を過ぎる。文芸に関する情熱も再び動き出し、雑誌『処女地』を創刊する。

と、同時に別の情熱も動きだした。同誌の編集に関わっていた加藤静子という女性と恋に落ちたのである。彼女は、藤村より24歳も年下であった。

藤村52歳、静子28歳の春。藤村は彼女に手紙を送った。

「わたしたちのLifeを一つにするということに心から御賛成下さるでしょうか」

プロポーズの言葉だ。藤村は、五十路を過ぎて、なぜ再び結婚しようとしたのだろうか。その心情は、のちに子どもたちに送った手紙の中に現れていた。

「とうさんもこのまま老い朽ちてしまいたくないからです」

静子は、4年間悩んだ末に、プロポーズを受け入れ、晩年をともに過ごした。

数々の恋愛を経験した藤村。教え子との愛からは『春』、姪との愛からは『新生』などの小説が産み出されてもいる。

また働かなくてはならない

マーク・トウェイン
（小説家）

マーク・トウェイン
1835年-1910年。フロリダ生まれ。本名、サミュエル・ラングホーン・クレメンズ。アメリカ・リアリズム文学を代表する作家と称される。『トム・ソーヤの冒険』や『ハックルベリ・フィンの冒険』は30～50以上の言語に翻訳されている。

アメリカの文豪ヘミングウェイが「すべてのアメリカの文学作品はそれに由来する」と評したのが、マーク・トウェインの『ハックルベリ・フィンの冒険』である。彼の作品には、独立宣言ののち、徐々に世界の大国へと移り変わりつつあった新大陸アメリカの夢と開拓者精神とが詰まっているといわれている。

1835年、彼が生まれた年は、70数年ぶりにハレー彗星が見られた年だ。まさに彗星のごとく文壇に登場するのを予言していたかのようである。

12歳の時に父を亡くした彼は、学校をやめ、印刷工場で働きはじめた。

その翌年、アメリカはメキシコからカリフォルニアを獲得。その地で金鉱が発見され、ゴールドラッシュが起こっている。西部開拓が盛んとなる頃、トウェインは、青年へと変わろうとしていた。

22歳の年に、彼は長年の夢だったミシシッピ川蒸気船の水先案内人となる。その時、たくさんの人々と出会い、人間を観察する目を養ったという。

1861年、南北戦争が起こると、蒸気船の仕事は停止となり、彼は2週間だけ従軍した。その後しばらく、鉱山を求めてさまよう暮らしをした後、新聞記者となる。ここで彼は「航行安全水域」という意味を持つ「マーク・トウェイン」の筆名を使いはじめる。水先案内人にはおなじみの用語である。

やがて30歳で出した『ジム・スマイリーとその跳ね蛙』が好評を博した後、『金メッキ時代』（共作、1873年）、『トム・ソーヤの冒険』（1876年）、『ハックルベリ・フィンの冒険』（1885年）などで大ヒットを飛ばし、アメリカを代表する作家となっていく。

この時期、アメリカでは大陸横断鉄道が開通（1869年）、ベルが電話機を（1876年）、エディソンが白熱電球を発明（1879年）するなどし、工業化が進展。著しい国力の発展が見られた時期である。マーク・トウェインの作品は、科学や経済の発展を謳歌していた時代のアメリカで広まっていったのだ。

しかし、50代になると、裕福だったはずの彼は、印刷機への投資の失敗などで多額の負債を抱えてしまう。順調だった人生が一気に暗転してしまった。

「また働かなくてはならない」

そう彼は、愚痴をいったという。そして、若くはない体に鞭を打って、講演や執筆などに再び精を出すことになる。

しかし、60代から70代にかけて、彼のまわりでは不幸が続いた。長女、妻、次女、三女を亡くし、彼の作品も徐々に厭世的なものが多くなる。

三女を亡くした翌年の1910年、トウェインは亡くなった。この年、さらなる発展を続けるアメリカの空には、75年ぶりにハレー彗星が輝いていた。

倅《せがれ》に映画なんぞ見るなと云うだろう

小津安二郎
（映画監督）

小津安二郎
（おづ・やすじろう）
1903年-1963年。昭和時代の映画監督。日本映画界初となる日本芸術院賞を受賞。20歳で松竹蒲田撮影所に入社、24歳で初めてメガホンをとる。以来『生れてはみたけれど』『麦秋』『東京物語』など小市民を描いた作品で定評を得た。

戦前戦後の映画界で数々の名作を生みだした小津安二郎。

独特のローアングル手法で日本の小市民の生きざまを描き、いわゆる「小津調」を確立した名監督である。

そんな小津が、生前

「伜《せがれ》に映画なんぞ見るなと云うだろう」

（自分の子どもには『映画なんか見るな』というだろう）

などという言葉を発していた、といったら、少々意外ではないだろうか？

この言葉は、小津が55歳の時に『文藝春秋』誌に寄せた『映画界・小言幸兵《こごとこうべ》衛《え》』という小文の中の一節だ。その中で小津は

「一体、昔に比べて映画の水準は高くなっているだろうか」

と問いかけた後、

「先日、町へ出て常設館に入って、ある会社の予告篇を見た」

として、他人がつくった映画の内容に軽く触れている。

「オッパイは隠しているけれども殆ど臍すれすれまでにズロースをさげた女が出てきて、男と踊る。（中略）次のシーンは、カーテンの後で接吻する、接吻しながら踊る……。最近はこういうものが無闇と多い」

そして、その後にこう語る。

「同業者の悪口を云うわけではないが、私が親だったら、伜に映画なんぞ見るなと云うだろう」

と。そしてさらには

「映画で銭を儲けるのはいいけれども、儲け方があるのではないか。もう少し道徳的になって貰いたい」

と続く。

金儲け主義で性的な描写に走る同業者に苦言を述べたのが、この小津の愚痴なのである。

さらに、小津は

「泥棒するのも金儲けの一方法ではあろうが、始めはこそ泥だったのが、泥棒になり、居直り強盗になり、遂には庖丁を突きつけて強姦するに至るというのでは世も終りだ。各社ともよく考えて、せめて子供と一緒に見て赤い顔をしないで済む映画を作るようにしたいものだ」

と語り、その言葉通り、家族みんなで見ることができる素敵な名画を撮り続けた。その結果「小津映画」は、いまだに国内のみならず、海外でも高い評価を受けている。

この言葉を語った5年後に他界した小津安二郎。死後、約半世紀を経た2012年、世界の映画監督の投票によって選ばれた「最もすぐれた映画」は、小津の『東京物語』だった。

世界で評価された名画『東京物語』は、小津が「子どもに映画なんか見せたくない」と愚痴をこぼしたのと同じ年、ロンドン国際映画祭で第1回サザーランド杯を受賞している。

終日難所、
草鞋《わらじ》もことごとく切れ破れ
素足になり甚《はなはだ》困窮

伊能忠敬
（測量家）

伊能忠敬
（いのう・ただたか）

1745年-1818年。江戸後期の測量家。幕府の天文方・高橋至時《よしとき》に天文学、暦学、測量術などを学び、その後、全国測量の旅に出た。死後、弟子たちにより『大日本沿海輿地《よち》全図』が完成。その誤差はほんのわずかだった。

江戸時代後期に、実測により日本地図を完成させた伊能忠敬。その正確さは、西洋人を驚かせるほどだったという。

ところが、この伊能忠敬、元々は測量家でも、地理学者でもない。実は、ただの商人であった。

上総国《かずさ》（千葉県中部）に生まれた忠敬は、17歳で下総国《しもうさ》佐原（千葉県香取市）にあった伊能家の婿養子となる。伊能家は酒造業を営む名家であったが、家運は傾きかけ、借金がかさんでいた。

以来、忠敬は商いに精を出し、見事、伊能家を再興させた。やがて49歳で隠居し息子に家督を譲る。ここまでは、正直、ただの地方における一商人の成功譚にすぎない。忠敬がその名の通り「異能」を発揮したのは、そののちである。

本来なら、楽隠居を決め込んでもよいところだが、忠敬は隠居した翌年、江戸に出て、自分より20歳近くも若い天文学者に弟子入り。かねてより興味のあった天文学や測量を学んだのである。

しかも、彼の熱心さは、「50の手習い」どころではなく、師匠も舌を巻くほどだった。やがて、彼は机上の学問で満足せず、幕府に申請して蝦夷地（北海道）測量の旅に出た。現在のお金にして1千万円を優に超えるという測量費用も自腹で用意したという。

測量の旅は、決して楽ではない。ひたすら海岸線を歩いて、自分の歩幅で距離を測るという地道な作業が、来る日も、来る日も続けられた。むろん、当時の蝦夷地は開発も行き届いておらず、厳しい道中が続いた。

「終日難所、草鞋《わらじ》もことごとく切れ破れ素足になり甚《はなはだ》困窮の所迎提灯にあいしハ、俗語にいえる、地獄に仏ともいうべし」

（終日難所ばかり。草鞋《わらじ》もことごとく切れ、破れ、素足になり、はなはだ困窮していたところに、迎えに来てくれた人の提灯《ちょうちん》が見えた時には、まさに、俗にいう『地獄に仏』というべき状態だった）

などと、測量日記にその厳しさを愚痴っているほどである。

しかしながら、伊能忠敬が、その測量日記に愚痴を綴るのは、非常に珍しいことだった。たいていの場合、ただ淡々と、その日の測量の様子を綴っているだけである。

そのように、愚痴も最小限にして淡々と作業を繰り返し、できあがった地図の正確さは幕府の人々をうならせた。やがて彼に全国を測量するよう命が下る。

忠敬は、これを「天命」と受け止めた。結果、約17年かけ、地球1周分に当たる4万km以上を歩き、ほぼ測量を完成。その後、一部の補完測量を行っている最中に没した。彼の天命は弟子たちに引き継がれ、その後、西洋人を驚かすほどの正確な地図が完成したのである。

武家は少々たしなみのあさき物か

宮本武蔵
（剣術家）

最近の武士は、少々常日頃の武芸に対する備え、心掛けなどが足りていないのではないか

宮本武蔵
（みやもと・むさし）

1584年？-1645年。江戸初期の剣術家。二刀流（二天一流）の開祖。生まれは美作《みまさか》国（岡山県東部）か、播磨国（兵庫県南部）とする説が有力。数々の剣術勝負に勝利を収めた。水墨画なども得意とする。晩年は肥後細川家に仕えた。

ドラマや映画、マンガなどでもおなじみの剣豪・宮本武蔵。あまりに強く、ドラマティックな人生を送ったがために、架空の人物と思っている人もいるらしいのだが、しっかりとした著書や絵画も残っている実在の人物である。

どのくらい強かったのかというと、12歳（数え年13歳）ではじめて剣の勝負をして以来、60回以上勝負をしたが、一度も負けなかった、というのだから、文字通り無敵である。本人が自著である兵法書『五輪書《ごりんのしょ》』の中で語っているのだから、きっと間違いないだろう。

60余回の戦いの中には、佐々木小次郎との「巌流島《がんりゅうじま》の戦い」もあったはずなのだが、そのことは『五輪書』には一切出てこない。映画などで有名なこの戦いの詳細については不明な点も多く、巷間伝わっている話の中には、脚色も多いのではないかと考えられている。

さて、そんな武蔵が、満59歳（数え年60歳）で書いた、この『五輪書』の中には、こんな言葉が出てくる。

「兵具をもたしなまず、其具《そのぐ》其具の利をも覚えざる事、武家は少々たしなみのあさき物か」

（武具をつくったり、整えたり、それぞれの長所などをわきまえたりしないで、最近の武士は、少々常日頃の武芸に対する備え、心掛けなどが足りていないのではないか）

武具などに対する備えがなっていない最近の武士たちに対する愚痴である。その前には、「農民は農具を、酒造業者はそれに関する道具をきちんと準備し、その長所などもわきまえているのに……」といった例を引きながら、最近の武士の情けなさを嘆いているのである。

武蔵が嘆いたのには、理由がある。彼が生まれたのは戦国時代の終わり頃で、関ケ原の戦いが起こったのは10代の頃。彼も参加した大坂の陣が起こったのは、この本が書かれる約30年も前のことだ。それ以来、戦国大名同士の戦は行われていない。唯一戦闘らしきものが行われたのは、島原の乱（島原・天草一揆）の鎮圧時くらいのものである。

つまり、今の若い武士たちは、ほとんど実戦経験がないのだ。「たしなみのあさき物」が多くなってきた、というのもきっと事実なのだろう。

しかも、この状況は「天下泰平」と呼ばれた江戸時代を通じ２００年以上も続く。武蔵がもし長生きし続けたら、その嘆きもより深くなっていたことだろう。

しかし、武蔵は『五輪書』を書きはじめてから数年でこの世を去った。彼は、死の1週間前に21カ条（19カ条ともいう）からなる自戒の書『独行道』を記している。天下泰平の世にあって、その最後をこんな言葉でしめくくっている。

「常に兵法の道をはなれず」

なんで俺が
行かなきゃならないんだ！

ジョンソン
（政治家）

リンドン・ベインズ・ジョンソン

1908年-1973年。アメリカ、テキサス州の生まれ。教職などを経て、29歳で下院議員に当選。55歳で第36代大統領に。ベトナム戦争に介入して北爆を強行したことで、世論の反発を集めた。61歳で任期満了となり、政界を引退した。

ケネディが史上最年少で大統領となった時の副大統領がジョンソンだ。ケネディよりも9つ年上で、副大統領に就任した時は53歳だった。

当時は、東西冷戦の真っ只中。キューバ危機よりも先に問題となったのが、ドイツ、とりわけ首都の「ベルリンの壁」問題だ。

第二次世界大戦後、ドイツは東西2つに分けられた。同時に首都ベルリンも東西に分けられたのだが、ベルリンのまわりはすべて東ドイツの領域だ。つまり西ベルリンは東側陣営に囲まれた西側陣営の飛び地のような形になっていた。

ドイツが東西ドイツに分かれて独立すると、西側は徐々に発展を遂げたが、東側は政権が国民を抑圧し生活水準も上がらずにいた。やがて東ドイツから西ドイツへと逃亡する国民が続出。ベルリンでも東ベルリンから西ベルリンへと脱出を試みる国民が増えていった。

そこで東ドイツは、ベルリンの東西を分ける交通路に鉄条網を張り巡らした。それは装甲車や銃を使った力ずくの封鎖だった。1961年8月。ケネディが大統領になって7カ月ほど経った時のことである。当時、周囲を封鎖された西ベルリンの人々は、積極的な対応をとらないアメリカに不満を募らせていた。

そこで、ケネディは、西ベルリンにジョンソンを派遣することにした。孤立を募らせる西ベルリンに大量の軍隊を派遣し、西側諸国の結束を見せつけることにしたのだ。

しかし、ベルリンは、東ドイツの只中にある飛び地だ。軍隊が安全にそこまでたどり着けるのかもわからない。東ドイツ側も武器を用意し、一触即発の状態になっている。

「(そんな危険なところに)なんで俺が行かなくちゃならないんだ!」

ジョンソンは愚痴をこぼしたという。しかも、命令しているのは、自分より9つも年下の男なのだ。

とはいえ、命令は断れないし、政治的な使命を自覚してもいただろう。結果、ジョンソンは無事務めを果たし、西ベルリンに部隊を派遣することに成功した。

その翌年はキューバ危機があり、明けて1963年6月、ケネディは西ベルリンを訪問。

「私はベルリンの一市民である」

という演説を行い、当地の市民たちの厚い信頼を獲得した。ひょっとすると、ジョンソンにしてみれば、「一番危険な時に現地で活躍したのは自分なのに……。おいしいところを持っていかれた」という気分だったかもしれない。

その演説からわずかに5カ月後。ケネディは凶弾に倒れ、ジョンソンが大統領に昇格した。東西の冷戦は、それから四半世紀以上も続くことになる。

建物の内部は
配置が非常に悪く、
いまの状態は図書には
全然適していません

クラーク
（教育者）

ウィリアム・スミス・クラーク

1826年-1886年。アメリカの化学鉱物学者、教育者。マサチューセッツ州生まれ。地元、マサチューセッツ農科大学の学長兼務のまま、日本政府（開拓使）に懇願され来日。札幌農学校創設に寄与。内村鑑三、新渡戸稲造らに影響を与えた。

「Boys, be ambitious.（少年よ、大志を抱け）」の言葉で有名なクラーク博士。札幌農学校（北海道大学の前身）の教頭として、創設に尽力した人物だ。

冒頭の言葉の後には、「like this old man（この老人のように）」と続くとか、もっと長い文章が続くとかいう説もあるのだが、実際にはよくわかっていない。この言葉はクラークが帰国の際に口頭でいったもので、書面ではなく伝聞で伝わったものであることから、真相が追求できない状況になっているようである。

クラークは別の名言も残している。たとえば、着任直後に発せられたという「Be gentleman!（紳士たれ！）」がある。これは、当初、農学校の開設に当たり、日本の人々が細かい学則を検討していたのを知り、「そんなものは不要だ。『紳士たれ』の一言で十分だ」という趣旨を伝えた言葉であるらしい。規則で縛るよりも、紳士たる自覚を持たせ、自制させるのがよい、という考えから出た言葉である。

一方でクラークは、同校の図書館の設計に関しても、かなり厳しい言葉を述べている。

「建物の内部は配置が非常に悪く、いまの状態は図書には全然適していません」

「西側の窓は全部板囲いにすべきです」

「外側の格子は取り除くべきです。防護にはならず、光を遮りますから」

「階段は、様式・位置とも変えるべきです」

手厳しく、そして、とても細かい。不平、不満たらたらなのだが、よく読むと、個人の好みではなく、蔵書の保管や使い勝手を考えた際には、妥当な指摘であることも容易に理解できる。

別の書簡において、クラークは、こうも述べている。

「図書は学生の用具なのであって、その費用と固有の価値との両方からみて最も良好な取り扱いに値するものです。このような訳で、私は、農学校図書館に重大な関心を抱いております」

クラークは、学生ら同校で学ぶ人たちの学習環境における図書館の重要性をはっきりと認識していたからこそ、あまりよい環境とはいえなかったそれまでの図書館の設計に対し、不満たらたらの愚痴を述べ続けたのである。

クラークが来日したのは、1876年6月。8月の開校に当たり教頭となり、離日したのは翌年の4月。つまり、彼が教頭でいた時間は8カ月ほどであった。そのわずかな期間に、彼は厳しい言葉を残しつつ、物心両面における学習環境の整備、すなわち、「少年が大志を抱く」ための環境づくりに邁進していったのである。その精神は、後身の北大などにおいて今も受け継がれているという。

辭《ことば》つたなきを羞《は》じつつ

泉鏡花
（小説家）

泉鏡花
（いずみ・きょうか）
1873年-1939年。石川県の彫金師の家に生まれる。17歳で上京し、翌年尾崎紅葉の門を叩き、玄関番として住み込みの弟子となる。『義血侠血』『夜行巡査』『外科室』を著し「観念小説」と評される。他に『高野聖』『婦《おんな》系図』などが著名。

先にも触れた通り、泉鏡花は、多くの作家たちに愛され、影響を与え続けた作家である。文豪、芥川龍之介もその一人。いや、その「最たるもの」というべきか。

芥川は、少年時代から『水滸伝』『西遊記』などの物語を愛読していたが、

「小説らしい小説は、泉鏡花氏の『化《ばけ》銀杏《いちょう》』が始めてだったかと思います」

と後年、語っている。小説との出会いは泉鏡花作品だったという。

また、旧制中学校時代には

「小説では泉鏡花のものに没頭して、その悉く読んだ」

という。この文章の後には

「漢詩も可成《かな》り読んだ。続いて夏目さんのもの、森さんのものも大抵皆読んでいる」

と続いている。つまり、のちに師事する夏目漱石や森鷗外以上に泉鏡花は特別な存在だったといってよいだろう。

その芥川が憧れの人に初めて対面したのは、28歳の年。その翌年、芥川は中国で病にかかり、徐々に体調と創作活動に陰りが見えはじめている。

しかし、そんな芥川が、ただでも病がつらい中、自らの執筆活動以外の分野で懸命に創作に携わったものがある。それが『鏡花全集』の編集であった。編集委員として小山内薫、谷崎潤一郎ら錚々たる顔ぶれが連なる中、芥川は熱心に編集活動に勤しんだという。

『鏡花全集』の広告文には

「泉鏡花先生の作品は（中略）何れも天下無双の光彩を放っている（中略）殆ど日本語の達し得る最高の表現と称しても好《よ》い」

とある。まさに「絶賛」である。これは編集委員一同の名で出された文章だが、実際に書いたのは芥川だったという。

これらの活躍を目にし、当の泉鏡花が喜ばぬわけはない。

「感銘浅からず存じ候」

と、芥川に礼状を送ったという。

その2年後の１９２７年7月『鏡花全集』全15巻の最終配本がなされ、大作はついに完成した。そして、同月24日、芥川は死を選んだ。亡くなった彼の書斎には、この『鏡花全集　第15巻』の包みが広げてあったという。

それから3日後、芥川の葬儀がしめやかに執り行われ、鏡花が弔辞を読んだ。

「われら、君なき今を奈何《いかん》せむ。おもい秋深く、露は涙の如し。月を見て、面影に代ゆべくは、誰かまた哀別離苦を言うものぞ」

自分を愛してくれた芥川への惜別の情を綴った名文だが、この「日本語の達し得る最高の表現」の持ち主をして、その悲しみを存分には表現できなかったのか、最後にはこう綴った。

「辭《ことば》つたなきを羞《は》ぢつつ、謹《つゝしん》で微衷《びちう》をのぶ」

信玄おとなげなく……

武田信玄
（戦国武将）

武田信玄
（たけだ・しんげん）

1521年-1573年。戦国大名。甲斐国（山梨県）の守護。本名、晴信。「信玄」は出家後の法名。戦上手として有名で、上杉謙信と川中島で死闘を繰り広げた。甲州法度の制定、信玄堤の築造など内政面でも功績を挙げている。

「戦国最強の武将は誰か？」と問われたら、きっと多くの人が「武田信玄」の名を挙げるのではないだろうか？

屈強な兵を有し、信濃、駿河と領域を広げ、徳川・織田連合軍と三方ヶ原で戦った時には、完膚なきまでに叩き潰した信玄。彼とまともにわたりあえる武将がいるとすれば、越後の軍神・上杉謙信くらいではなかったろうか。

事実、武田と上杉は、川中島で5度にわたって対峙《たいじ》した。特に激戦だったのは、1561年、第4次川中島の合戦である。この戦いで武田は、信玄の弟信繁や名軍師山本勘助らを失った。結局、両軍とも何千という兵を失った挙句、勝敗が決しないまま、戦は終了したという。

やがて、信玄は、将軍足利義昭の呼びかけに応じる形で西上した。上方《かみがた》で力を付けつつあった織田信長を倒し、天下に名乗りを上げる予定だったともいわれている。その途中の三方ヶ原で徳川・織田連合軍に完勝したわけであるから、そのまま勢いが続けば、天下統一を果たしたのは武田信玄だったかもしれない。

ところが、その行軍の途中で、信玄は病に倒れた。しかも、病状がますます悪化したため、武田軍は領国へと引き返し、天下とりは幻に終わってしまった。

戦国最強の男も病には勝てなかったのだ。もはや最後と察した信玄は、後継となる息子の勝頼に遺言をした。

「勝頼弓矢の取様輝虎《とりようてるとら》（上杉謙信）と無事を仕《つかまつ》り候《そうら》え。（中略）其上《そのうえ》中合せてより頼むとさえいえば首尾違う間敷《まじく》候《そうろう》」

（上杉謙信とは、対立しないようすべきだ。（中略）申し合わせて『頼む』とさえいえば、うまくやってくれるだろう）

なんと、自分の死後は、血で血を洗う戦いを繰り広げてきたライバル上杉謙信を頼れ、と後継者に告げたというのだ。

しかも、この後にはこう続く。

「信玄おとなげなく輝虎を頼と云う事申さず候故、終《つい》に無事に成事なし」

（自分は大人気なかったので、謙信を頼りにできず、対立をやめることができなかった）

と、後悔の愚痴を述べているのだ。

この話が載っている『甲陽軍鑑』という書は100％の信頼のおける史料とはいえないが、武田家に伝わる心意気等をよく伝えたものだといわれている。

この遺言から間もなくして、信玄は亡くなった。跡を継いだ勝頼は、直接謙信を頼ったわけではないが、反信長同盟の一角として上杉家とも提携。謙信亡き後の後継者上杉景勝を支援、連携したりもしている。

しかし、信玄の死後わずか5年で上杉謙信も亡くなってしまったからか、勝頼は戦国武将としては大成せず、織田勢の攻勢に敗れ武田家は滅亡している。

昔から「人嫌い」「交際嫌い」で通って居た

萩原朔太郎
（詩人）

萩原朔太郎
（はぎわら・さくたろう）
1886年-1942年。群馬県出身の詩人。27歳の年に北原白秋主宰の『朱欒《ザンボア》』に6編の詩が掲載され詩壇デビュー。31歳で処女詩集『月に吠える』を出し、注目を集める。他に『青猫』『純情小曲集』『氷島』などを刊行している。

「まっくろけの猫が二疋、
なやましいよるの家根のうえで、
ぴんとたてた尻尾のさきから、
糸のようなみかづきがかすんでいる。
『おわあ、こんばんは』
『おわあ、こんばんは』
『おぎやあ、おぎやあ、おぎやあ』
『おわああ、ここの家の主人は病気です』」

　これは萩原朔太郎の処女詩集『月に吠える』の中にある「猫」という詩である。一読して、意味はわかりづらいが、とんでもない個性がうかがえる。

　そんな萩原は、50歳の年に記した『僕の孤独癖について』という随筆の中で

「僕は昔から「人嫌い」「交際嫌い」で通って居た」

　と書いている。そして、「人嫌い」になった理由として、「比較的良家に生れ、子供の時に甘やかされて育った為に、他人との社交について、自己を抑制することができな」かったことを挙げ、そのため「小学生時代から仲間の子供とちがって居たので、学校では一人だけ除け物にされ」たという。いわゆる、いじめだ。

　そこから「色々恐ろしい幻覚に悩まされ」「特に強迫観念」に苦しんだ。

　強迫観念にかられた人は、その不安や恐怖を和らげるために、独特の儀式（強迫行動）をする場合が多い。彼の場合、「門を出る時、いつも左の足からでないと踏み出さなかった。四ツ角を曲る時は、いつも三遍宛ぐるぐる廻」るといった行動を繰り返したという。

「一番困ったのは、意識の反対衝動に駆られること」だとして「町へ行こうと」すると「逆に森へ行けという強迫命令が起」こり「反対の森の方へ行」くとか、親しい友に『私の愛する親友！』という代わりに『この馬鹿野郎！』とののしることなどを挙げている。これによりますます人付き合いは難しくなる。

「この忌々しい病気の為に、過去に僕は幾人かの友人を無くしてしまい、愛する人を意外の敵に廻してしまった」

　と後悔の言葉を述べている。冒頭の詩を書いた頃もまだ、そんな孤独癖に悩まされていたのだろう。

　しかし、50歳近くになると、

「僕の孤独癖は、最近になってよほど明るく変化して来た」

　という。心身は徐々に丈夫になり、「病的感覚や強迫観念が、年と共に次第に程度を弱めて来た」

　というのだ。しかし、彼はこうもいう。

「衝動的な強迫観念に悩まされることが稀れになった」「生活の気持がゆったりと楽になって来た。だがその代りに、詩は年齢と共に拙くなって来た。つまり僕は、次第に世俗の平凡人に変化しつつあるのである。これは僕にとって、嘆くべきことか祝福すべきことか解らない」

重秀がごときは、
才徳ふたつながら
取るべき所なし

新井白石
（学者・政治家）

荻原重秀のような奴は能力も徳も
両方ともとるべきところがない

新井白石
（あらい・はくせき）
1657年-1725年。木下順庵に朱子学を学び、将軍家光の孫に当たる徳川綱豊に仕えた。やがて綱豊が6代将軍となると、政治に参加。綱豊（6代将軍家宣）の死後、7代将軍にも仕えた。その政治は「正徳の治」とも呼ばれている。

江戸時代中期に6代、7代将軍に仕えて政治を行った新井白石という人物がいる。元は儒学者だが、将軍の信任を得て幕政に参加。貨幣の改鋳、長崎貿易の制限、朝鮮通信使の処遇改革などの功績を収めた。

そんな彼が自伝的著書『折《おり》たく柴《しば》の記《き》』の中で盛んに愚痴、悪口をいっている相手がいる。荻原重秀である。

荻原重秀は、5代将軍綱吉の代から勘定奉行（幕府の財政担当）を務めてきた人物。貨幣の品質を下げ、一時的に財政を潤わせたことで有名だ。

白石は『折たく柴の記』の中で

「才あるものは徳あらず。徳あるものは才あらず。真材誠に得がたし」

（能力があるものは人徳がない。徳があるものは能力がない。誠にすぐれた人材というのは得がたいものだ）

などと、教訓めいたことをいった後に

「重秀がごときは、才徳ふたつながら取るべき所なし」

（荻原重秀のような奴は能力も徳も両方ともとるべきところがない）

とかなり辛口な悪口をいっている。

また、別の箇所では、

「重秀年ごろ天下の利権を掌の中にせし」

と、賄賂をとるなど利権にまみれていたと書き記し、重秀が加増（給与アップ）された時には、

「人の禄位の其功徳《そのくどく》に過《すぎ》たらむは、幸とは申すべからず」

（その行動、能力以上に高い給与をもらうのは幸いなこととはいえない）

などと批判している。また、重秀が勘定奉行の座から降ろされた時には、

「荻原近江守重秀、其職を奪われて召籠《めしこめ》らる。世の人大きに悦びあえれども、其《その》故をばしらず」

（荻原重秀が勘定奉行の座から降ろされ失脚した。世の人は大いに喜んだけれど、その理由を知らない）

と記している。

なぜ重秀が失脚したのかといえば、それは白石が彼の政策や収賄などについて弾劾したからである。失意の重秀は、この翌年に亡くなっている。

ちなみに白石の『折たく柴の記』は、重秀の死後記されたものである。重秀を失脚させ、その後鬼籍に入ったというのに、まだ白石の怒りは収まっていなかったということになる。真面目な学者上がりの白石には、重秀のような私腹を肥やすタイプの政治家が、よほど許せなかったのだろう。

しかし、当の白石も、7代将軍が早世し、8代将軍吉宗の時代になると、職を解かれて失脚。その後は不遇な暮らしを続けながら、『折たく柴の記』などの執筆を続けたという。白石と重秀の争いは、結局、「喧嘩両成敗」に終わった、といってよいのかもしれない。

華《か》佗《だ》を殺ししを悔やむ

曹操

（武将）

曹操

（そう・そう）

155年-220年。中国、漢末～三国時代の武将。魏の始祖。字《あざな》は孟徳《もうとく》。後漢末期にライバルたちを倒し、天下統一の勢いを見せるも赤壁の戦いで敗れた。のちに魏王となり三国時代の一角をなす。死後、「武帝」と追尊された。

「後悔先に立たず」

どんな偉人も、英雄たちも、一度くらいは、過去の浅慮を恥じ、後悔の愚痴を述べたことがあるはずだ。かの名将曹操もその一人だった。

後漢末の混乱期に台頭し、官渡の戦いで袁紹や劉備を破り天下統一の勢いを見せた曹操。そんな大活躍をしていた彼の持病は、重度の頭痛であった。度重なる戦乱によるストレスがその原因であったともいわれる。

彼の頭痛を鍼《はり》治療で治してきたのが名医・華佗《かだ》である。彼は奇跡的な腕前を発揮し、数々の患者を救ってきた。鍼や灸、投薬などにすぐれていたのはもちろん、麻酔薬を使って開腹手術や脳外科手術もしたという。現代から1800年の時を超えタイムスリップしたかのようなスーパードクターなのである。不老長寿の技にも長け、自身も100歳近い年齢でありながら、見た目にはとても若々しかった、とも伝わっている。

そんな彼が、一時、暇をとって帰郷した。やがて、曹操の持病がまたはじまる。

そこで、彼は華佗を呼び返そうとしたが、何度召喚しても、妻の病を理由に戻っては来ない。やがて、曹操の怒りにふれ、華佗は殺されてしまったのだ。

自分の意に沿わぬものは、たとえ名医だろうと、名将だろうと容赦はしない。曹操の独裁的な一面がうかがえるエピソードである。

ところが、そんな曹操にも、目の中に入れても痛くない、というほどかわいがっている息子がいた。曹沖である。曹操には13人の妻に産ませた25人の男子がいたが、その中で後継と目されていたのが曹沖であった。なにせ賢く、人にやさしく、多くの人から慕われていた。

誰も思いつかなかった象の重量の測り方を思いついた。ミスをした役人を哀れみ機転を利かせて曹操の叱責から逃れさせた。曹沖の聡明さ、やさしさを伝えるいくつかのエピソードが残されている。

しかし、将来を嘱望された人ほど早死にしてしまうということがしばしばある。この曹沖も、病となり、わずか12歳で早世してしまう。愛息の死を目の当たりにした曹操は

「吾 華佗《かだ》を殺ししを悔やむ」

（自分は、華佗を殺したことを後悔している「華佗なら曹沖を救えたかも…」）

と嘆いたという。

しかし、過去の過ちを嘆いたところで、曹沖が返ってくるわけではない。これは、ただの愚痴にすぎないのだ。

曹沖が亡くなったのと同じ年、曹操は赤壁の戦いで劉備、孫権らに敗れ、天下統一の夢は大きく後退する。彼が始祖となった魏の国は、有能な曹沖が早世してしまったため、曹操の死後、50年と存続することはできなかった。

噫《あ》、入鹿《いるか》、
極甚《はなは》だ愚痴《おろか》にして、
専行暴悪《たくめあしきわざ》す

蘇我蝦夷
（政治家）

ああ、息子の入鹿よ、お前ははなはだ愚かで、
もっぱら悪いことばっかりしている

蘇我蝦夷
（そがのえみし）

？年−645年。飛鳥時代の豪族、政治家。蘇我馬子の子。名は「毛人《えみし》」とも記し、豊浦大臣とも称された。父より大臣《おおおみ》の地位を継ぎ、のちに子の入鹿にその座を譲る。推古天皇の崩御後、舒明天皇を擁立し、入鹿とともに専横を極めた。

聖徳太子の没後、専横を極めたのが蘇我蝦夷《そがのえみし》と入鹿《いるか》の父子である。

彼らは意のままに皇位を操ろうとし、反対勢力は容赦なく叩き潰した。また、たくさんの民衆を動員し、自分たちのために巨大な墳墓を築造させもした。自邸のことを「宮門《みかど》」、子どもたちを「王子《みこ》」と呼ぶなど、まるで皇族のようにふるまい、実際にその勢いは、天皇家に勝るかのようにさえ見えた。

『日本書紀』には、聖徳太子の娘の

「蘇我臣《おみ》、専《たくめ》国の政《まつりごと》を擅《ほしきまま》にして、多《さわ》に行無礼《いやなきわざ》す。天に二つの日無く、国に二《ふたり》の王《きみ》無し。何に由《よ》りてか意《こころ》の任《まま》に悉《ことごとく》に封《よさ》せる民を役《つか》う」

(蘇我氏は、もっぱら国の政治をほしいままに操り、非道なことをしている。天に二つの太陽がないように、国に二人の王はいない。なぜ意のままに国民を使役するのか)

という批判が載っている。

しかし、『日本書紀』を読み進めていくと、蘇我蝦夷と入鹿の父子の間で、やや考え方に違いがあるようにも思えてくる。こののち、息子の入鹿は、皇位継承問題に絡み、邪魔な山背大兄王《やましろのおおえのおう》を死に追いやってしまう。山背大兄王とは、あの「聖人」聖徳太子の子どもである。

ところが、この報告を聞いた父の蝦夷は怒りをあらわにし

「噫《あ》、入鹿《いるか》、極甚《はなは》だ愚痴《おろか》にして、専《たくめ》行暴悪《あしきわざ》す。儞《い》が身命《いのち》、亦殆《またあやう》からずや」

(ああ、息子の入鹿よ、お前ははなはだ愚かで、もっぱら悪いことばっかりしている。貴様の命は、危ういことになるかもしれぬぞ)

と、わかりやすく「愚痴」という言葉を使いつつ、息子の悪しき行いを憂いているのだ。蝦夷や入鹿の生年はあきらかではないが、一説によれば、蝦夷は、当時50代後半、入鹿は30代だったとされている。

それから2年後、蝦夷の懸念は現実のものとなる。蘇我入鹿が中大兄皇子(のちの天智天皇)や中臣鎌足(藤原鎌足)らによって暗殺されてしまう。「乙巳《いっし》の変」である。(なお、以前はこの事件のことを「大化の改新」と表現していた時期もあったが、近年では、入鹿暗殺事件は「乙巳の変」、それを契機とした政治改革を「大化の改新」という)

こののち、蘇我氏を奉じる兵たちと中大兄皇子らの間で一戦巻き起こりそうにもなるのだが、やがて蘇我方の兵士らは武器を捨てて恭順。残された蝦夷は自宅に火をつけて自害することになる。

ひょっとすると、この時、蝦夷は、

「あの時、愚痴をいっているだけでなく、しっかり入鹿を諭しておけば、こんなことにはならなかったのではないか」

と、自らの至らなさを嘆いていたかもしれない。

アルコールがなければ
生きていられないのだ

種田山頭火
（俳人）

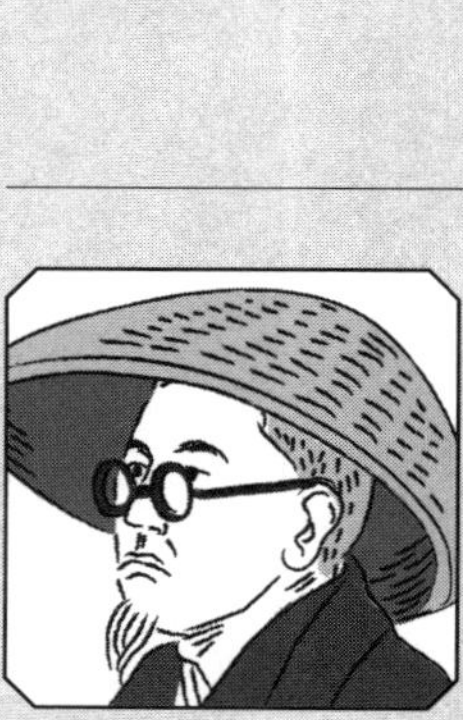

種田山頭火
（たねだ・さんとうか）

1882年-1940年。山口県生まれ。本名、正一。早大中退後、生家の破産、母や弟の自殺、離婚などを経て出家。行乞《ぎょうこつ》の旅に出た後、雑誌『三八九』句集『鉢の子』などを刊行。小郡の其中庵、松山の一草庵などに転住しつつ全国を行脚した。

種田山頭火は酒を愛した俳人である。前述のように酒造業を営みもしたし、酒を飲みすぎて市電を止めてしまったこともある。

行乞《ぎょうこつ》の旅を経て、句集『鉢の子』を出した後も、全国を旅し、句を詠み、そして、酒を飲んだ。54歳の年の旅日記に「年頭所感」として

「歩く、飲む、作る、――これが山頭火の三つ物である」

と書いている。別の箇所では

「アルコールがなければ生きていられないのだ、むりにアルコールなしになれば狂いそうになるのだ。……」

と、酒好きというよりも、もはや中毒であることを告白している。実際、大好きな朝酒を飲んでは

「もったいなや、きょうも朝湯朝酒」

「朝酒はありがたすぎる」

「朝湯朝酒とは有難すぎる、身にあまる冥加である」

と、「もったいなや」「身にあまる」といいながら、飲酒を繰り返している。

特に酒量に関しては、思うところがあるらしく

「へべれけ人生であってはならない」

「ほろよい人生でなければならない」

と度々語りつつも、

「眼さめるとすぐ熱い熱い湯の中へ、それから酒、酒、そして女、女だった。普通の湯治客には何でもないほどの酒と女とが私を痛ましいものにする」

「酔がかっと出て、私はとうとう行方不明になってしまった！」

「酒、女、むちゃくちゃだった」

という言葉を並べるほど酒に溺れる生活だった。そして、気分がふさぎ込むと、

「憂欝たえがたくなった、アルコールでごまかすより外なかった、私は卑怯者だ、ぐうたらだ！」

と泣き言をこぼしては酒に頼る始末。

しかし、そんな彼も永平寺に宿泊した時は、完全に酒を断った。その途中で

「酒も煙草もない、アルコールがなければ、ニコチンがなければ、などというも我儘《わがまま》だ」

と、悟ったように語り、

「三日間、私はアルコールなしに、ニコチンなしに、無言行をつづけた」

という。そして、この翌朝彼は

「朝課諷経《ちょうかふぎん》に随喜する。

新山頭火となれ。

身心を正しく持して生きよ」

と、「新山頭火」として生まれ変わる気持ちを書き記す。永平寺で詠んだ句に

「ちょうちょうひらひらいらかをこえた」

がある。つまらぬ身の上ながら、高い屋根を超え、一途に自分の道を進んでいこう、そんな気概が感じられる。

そして、その日の夕、福井まで出た彼は、日記にこう記した。

「久しぶりに飲んだ、そしてまた乱れた」

二、三尺相去る人の顔見えず。ただ手に取るものばかり之《これ》を見る

藤原道長
（政治家）

1m弱しか離れていない人の顔が見えない。
ただ自分の手に持っているものだけ見ている

藤原道長
(ふじわらのみちなが)
966年-1028年。平安中期の公卿《くぎょう》。内覧《ないらん》、摂政、太政大臣などを歴任した上に、三代の天皇の外戚となり、栄華をきわめた。20年以上にわたり記された自筆の日記『御堂関白記《みどうかんぱくき》』は、平安期の様子が綴られた重要史料とされている。

藤原道長といえば、平安時代を通じて最高の権力を手にした人物といってよいだろう。52歳の時に詠んだ有名な歌がある。

「この世をば我が世とぞ思う望月の欠けたることもなしと思えば」

（この世の中を自分の世だと思う。満月には欠けているところがないように、私の人生にも欠けたところがない）

まさに「我が世の春」を謳歌した人物だといってよいだろう。

しかし、この道長、生まれてからずっと王道を歩み続けた人物ではない。いや、むしろ権力の頂点に立てるとは思えないような立場にあった男なのだ。

なにしろ、彼は藤原兼家という貴族の5男だといわれている。藤原氏といえば、名門中の名門貴族なのだが、5男となると、上の兄弟を差し置いて権力のトップに立てる可能性は非常に小さい。しかも、彼の幼少期、父の兼家は、兄や従兄弟の後れをとっており、権力の頂点に立ってはいなかったのだ。

道長が20歳の時、ようやく彼の父は摂政として貴族のトップになったのだが、当然の如くその後継者には長兄の道隆が立った。五男の道長に、権力のお鉢が回ってくる可能性など、ほぼないに等しかったのである。

ところが、運命の女神は彼に微笑んだ。兄らが疫病にかかり、相次いで命を落としたのだ。その後は、兄の子（甥）たちとの政争にも勝ち、ついに道長は権力の座に就いたのである。この苦労を知れば、「この世をば……」と歌いたくなる気持ちもわからないではない。

貴族のトップとなった道長は、自分の娘を次々と天皇の妃とし、これまでの貴族の中でも最高の権力を得たのである。

しかし、そんな彼の人生にも、「欠けたること」があった。道長は長い間、病に悩まされていたのである。

彼が「この世をば……」の歌を詠んだ数カ月前の日記には

「亥の刻許《ばか》りより、胸痛に悩み甚だ重し。丑刻頗《すこぶ》る宜《よろ》し」

（午後10時頃から胸の痛みに悩み、それはとても重かった。ようやく夜中の2時頃にはすごくよくなった）

などとあり、翌年には

「二、三尺相去る人の顔見えず。ただ手に取るものばかり之《これ》を見る」

（1m弱しか離れていない人の顔が見えない。ただ自分の手に持っているものだけ見ている）

と、視力の低下を訴えている。酒の飲み過ぎや運動不足などから糖尿病となっており、心臓神経症ならびに白内障などに苦しんでいたのだといわれている。

さらに最晩年には背中に巨大な腫物ができ、その痛みに苦悶の声を張り上げていた。それから間もなく、全快することなく彼は帰らぬ人となったのだ。

心と体、そんなにも体のほうが大事なのでしょうか

ルイス・キャロル
（童話作家）

ルイス・キャロル

1832年-1898年。イギリスの数学者、童話作家、写真家。本名、チャールズ・ラトウィッジ・ドジスン。『不思議の国のアリス』『鏡の国のアリス』の著者として世界的に有名。他に『シルビーとブルーノ』などの作品や数学の書なども著す。

『不思議の国のアリス』などの著書で有名なルイス・キャロル。この名作は、実在するアリス・プレザンス・リデルという少女らに語られた話が原型となってできあがったものだ。当時のキャロルは30歳。オックスフォード大学を卒業後、数学の講師となり、そのまま同大のクライスト・チャーチ学寮に住み続けていた。アリスは、このクライスト・チャーチ学寮長の3人の娘の次女だった。

キャロルは、アリスのような可愛らしい少女たちを愛し、彼女らを喜ばせるためにたくさんの物語を語ったという。また、写真家としても一流の腕を持っていたという彼は、少女たちをモデルにしておびただしい数の写真を撮った。そして、結局、生涯を独身で過ごした。

このような話を耳にして、「ルイス・キャロルはロリコンだ」「少女性愛者だ」という人もいるようだ。しかし、実際はどうだろうか？　彼は11人兄弟姉妹の長男として3人の弟、5人もの妹たちの面倒を見てきたという。彼女らと遊び、お話を語り、喜ばせることが、青年期の彼の過ごし方だった。少女らを愛し、彼女らを楽しませることに喜びを見出していたのは事実だが、それが性愛だったのかは安易に結論が出せる話ではない。

そんなキャロルが52歳の年に行った「心を養う」という読書に関する講演録が残っている。私たちは肉体を維持するためには三食を正しくとっているが、果たして心のためにはきちんと栄養をとっているのだろうか、と問いかけ

「心と体、そんなにも体のほうが大事なのでしょうか」

と語っている。体に栄養を与えるために食事をするように、「心の栄養」として読書をするべきだと告げているのだ。

また、体の健康のために適切な種類の食べ物を、適量だけ、きちんと間隔をおいて食べるのと同じように、心を養うためには読書も適切な内容のものを多すぎず少なすぎず、休憩をあいだにはさみながら行うことがよいとも告げている。

さらに食べ物はよく噛んで食べなければいけないように、読書もただ読み散らすのではなく「読んだものについて考える」ことが大切だと述べている。

オックスフォード大学クライストチャーチ・カレッジの図書館事務室でも働いていたキャロルは、単に少女たちと遊び、喜ばせるために物語を聞かせていたのではなく、それがきちんと「心の栄養」になることを考えていたのではないか、と思わせる講演内容である。

ちなみに、この講演の原題は「FEEDING THE MIND」であり、この「MIND」を「頭脳」と訳す人もいる。「心を養う」とするか「頭脳を養う」とするかで、講演の印象が大きく変わることを付言しておこう。

俺の人生は
苦境の連続だよ

エディソン
（発明家）

トマス・アルバ・エディソン

1847年-1931年。アメリカの発明家。オハイオ州生まれ。「発明王」の異名をとり蓄音機や白熱電球など数々の発明、改良を行う。1882年にはエディソン電気照明会社を設立。これがGE（ゼネラル・エレクトリック社）の前身となる。

「発明王」として知られているエディソン。蓄音機、電信機、電話機、白熱電球、アルカリ蓄電池など数々のものを発明、改良し、人類の生活を大きく変えていった偉人である。

エディソンが生涯で取得した特許は1300以上という。最初の特許取得が22歳の時であるから、それから亡くなるまでの62年間、平均で毎年約21件、毎月2件近くの特許をとり続けた計算になる。まさに「発明王」と呼ばれるのにふさわしい人物だといえよう。

そんな彼が56歳の年に、入社したての人物に

「俺の人生は苦境の連続だよ」

と語っていたという。華やかに思えるエディソンの人生は、本当に「苦境の連続」だったのだろうか。

エディソンが正規の学校教育をほとんど受けておらず、小学校は3カ月で退学した、というのは有名な話だ。

「1+1はなぜ2になるの?」

そんなごく基本的なことに「なぜ?」と疑問を投げかけ続けたことが原因だったともいわれる。

その後、母からの教えと独学で学び、12歳の時には鉄道内で新聞を売る仕事をした。その列車内で実験室をつくったのだが、誤って爆発事故を起こして車掌に殴られ、耳に障害を負ったという逸話もある。これにより、のちに蓄音機などの発明の際、不自由することになる。

エディソンの最初の発明は「電気投票記録機」だったが、これは需要がなくまったく売れなかった。

「発明王」となってからも苦境は続いた。電気自動車も発明したが、コスパが悪く売れなかった。ヘリコプターも発明しようとしたが、途中で爆発事故を起こし、開発をあきらめざるを得なくなってしまったという。

特許はたくさんとったが、その分それに絡む訴訟も多かった。エディソンのことを「訴訟王」と呼ぶ人もいるくらいだ。訴訟には勝ったが、多額の費用がかかってしまったがために会社を追われる事態になったこともある。

9つも若い技師と送電方法で争い、露骨な非難合戦を展開した挙句、結局敗れるという事件もあった。

他にも発明、訴訟、事業の成否などにかかる失敗や困難は数知れない。

プライベートにおいても、苦労は絶えなかった。24歳の時に16歳の若い妻を娶ったのだが、彼女は29歳の若さで死去してしまったのだ。

こうして見ていくと、「苦境の連続」というのは、決して誇張とはいえないのではないかと思えてくる。

エディソン本人にしてみれば、

「人生は1%の幸福と99%の苦境」

という気分だったのかもしれない。

数十年来も斯《こ》んな馬鹿々々しき弊害が残って居る

北里柴三郎
（細菌学者）

北里柴三郎
（きたさと・しばさぶろう）
1852年-1931年。明治大正期の医学者、細菌学者。肥後国（熊本県）の生まれ。ドイツに留学し破傷風菌の純粋培養に成功。また、抗毒素、ペスト菌の発見という功績を記す。伝染病研究所所長を務めたのち、北里研究所を創立した。

「日本の細菌学の父」といわれる北里柴三郎は、ドイツ留学中、細菌学の権威でノーベル賞受賞者でもあるコッホの下で学んでいる。いわば、コッホは北里の恩師である。

ところが、そのコッホが来日した時、北里は恩師に対して嘘を述べたという。果たして、どんな嘘だろうか？

来日したコッホに同行して富士山見物に行き、小休止をとっていた時のこと。ちょうど大掃除の後だったらしく周囲の家屋の周りには石灰が撒かれてあった。当時、大掃除の後には消毒のために家の周りに石灰を撒く習慣があったのだ。

それを見たコッホは

「那《あ》の石灰は何《な》んの為に撒くのか」

と北里に質問した。これを聞いて北里は冷や汗をかいた。なんら汚染されているわけでもない家の周囲に石灰を撒いたところで伝染病の回避などの効果があるわけでもない。まったくの無駄である。

もちろん、北里にはそれがわかっているが、それが長年の日本の習慣なのだから仕方がない。しかし、正直にそういえば

「お前が日本に居て斯《こ》んな弊害を改良せずに黙って居るのか」

と怒鳴られるだろう。そこで北里は、

「那《あ》れは大掃除を行った目印に石灰を撒いて置くので［す］」

と嘘をついてごまかしたという。

これは、のちに北里が一般家庭向けに記した『伝染病予防撲滅法』という本に載っているエピソードだ。そして、この話を振り返りつつ、

「［日本には］数十年来も斯《こ》んな馬鹿々々しき弊害が残って居るのであります」

と、それがあったおかげでコッホ先生に嘘をつかなければならなくなった当時の日本の悪しき習慣に対し、愚痴をこぼしているのだ。

さて、なぜ北里は、このような恩師に嘘をついた話などを、わざわざ伝染病の本に書いたのだろうか？　実はそこには、伝染病予防や公衆衛生に対する北里の思いが込められていた。

同書にはこうも書かれている。

「国民の衛生知識が伴わないと当局者が如何《いか》に伝染病予防撲滅に勗《つと》めた処《ところ》が、完《かん》然《ぜん》なる効果を得る事が出来ません」

「高尚なる学術上のことを通俗平易にして一般の人に知らしむるのが最も肝要な事と思います」

なるほど、確かに本書では伝染病との戦いを戦争にたとえたり、床屋やおもちゃ屋での注意点などの日常的な話を持ち出したり、自分や友人のエピソードを交えたりして、素人にもわかりやすく疫病対策のことが記されている。

北里が過去の嘘を白状してくれたおかげで、日本における「馬鹿々々しき慣習」も徐々に減っていったのだろう。

私の誕生は、
私の不幸の第一歩だった

ルソー
（思想家）

ジャン＝ジャック・ルソー
1712年-1778年。フランスの思想家、文学者、音楽家。スイス、ジュネーブの生まれ。『人間不平等起源論』『新エロイーズ』『社会契約論』『エミール』『告白』など各種の書籍を著し、「近代の父」「ロマン主義の先駆」とも称された。

18

世紀フランスの偉大な思想家ルソーは、50代になって書きはじめた自叙伝『告白』の中で、右に挙げた「私の誕生は、私の不幸の第一歩」という言葉を語っている。どういう意味だろうか。

実はルソーは、生まれるとほぼ同時に母を失っている。出産が母体に悪い影響を与えたらしい。

「私は母の生命を犠牲にすることになった」

と、ルソーは書いている。ルソーに罪がないとはいえ、出産と同時に母を亡くすというのが大きな不幸であったのは間違いない。しかしそれが不幸の「第一歩」とはどういうことだろうか？

子どもと引き換えに愛する妻を亡くしたルソーの父は、あまり子育てには熱心でなかったらしく、ルソーは10歳の時から他人に預けられて育っている。やがて、16歳で生まれ故郷のジュネーブを出奔。遍歴の旅の中で、とある夫人の世話になるのだが、若きルソーは、この夫人と過ちを犯してしまう。これがルソーの心の重荷にもなっていく。

その後、職を変えながら、のちに妻となる女性と出会い、同棲する。二人の間には5人も子どもが生まれた。

1750年、文明社会を否定的に描いた『学問芸術論』という論文がアカデミーの懸賞で入賞。一躍文名が高まる。

その後、私有財産制を批判した『人間不平等起源論』、平等な社会の創出について論じフランス革命などに大きな影響を与えた『社会契約論』、人為的教育を否定し「自然のままの人間」を唱えた『エミール』などの書を出版。社会に大きな影響を与えていく。

いや、与えすぎたのかもしれない。『社会契約論』や『エミール』は社会の秩序をみなすとされて禁書となった。パリやジュネーブでは公共の場で焼かれることとなる。作者のルソーは非難され、逮捕状まで出たという。

追い打ちをかけるように思想家ヴォルテールがルソーを糾弾した。教育書『エミール』などを書いていたルソーは、生まれた5人の子どもをすべて孤児院に送った、というのだ。

子どもを見捨てたのは事実だった。当時は現在より捨て子という慣習が頻繁に行われていたとはいえ、褒められた行為とはいえないだろう。

これらの非難を浴び、ルソーは自宅に投石される事件にも遭い、やがてイギリス、フランスなど各地を逃亡する生活がはじまる。

この頃書かれたのが右の言葉が載った『告白』である。同書が、自らの赤裸々な人生と不幸とを書き並べ、自己を弁護し迫害から免れるために書かれたものであることを忘れてはならない。

われはみくずとなりはてぬ

菅原道真
（政治家）

私は、水中のゴミくずとなり果てた

菅原道真
(すがわらのみちざね)

845年-903年。平安時代中期の学者、政治家。学者の家柄に生まれ、文章《もんじょう》博士となる。宇多天皇と藤原基経との間で起こった「阿衡《あこう》事件」の解決に尽力し天皇の信任を得た。右大臣にまでなったが、のち大宰権帥《だざいごんのそち》に左遷された。

「天神様」といえば、「学問の神様」として有名だ。大阪天満宮、京都の北野天満宮、東京の亀戸天満宮、湯島天満宮（湯島天神）、九州の太宰府天満宮など、日本全国に信仰を集める神社が存在している。祭神はもちろん、菅原道真である。

菅原道真は、平安時代前期に学者、政治家として活躍した人物だ。宇多《うだ》天皇、醍醐《だいご》天皇に重用され、右大臣にまで出世した。当時衰退期に入っていた中国の唐に「難破の危険を冒してまで無理に使節を派遣する必要はない」と上申し、遣唐使をやめさせたことでも有名である。ちなみに、道真のこの提言から、わずかに十数年で唐は滅亡している。

しかし、道真の出世を喜ばない人々もいた。その代表格が藤原時平。時の左大臣で、藤原氏の長である。

藤原氏の人々は、さまざまな権謀術数を用い、ライバルの貴族らを陥れてきた。時平も同じだった。

この当時、道真の娘が、宇多天皇の皇子の妃となっていた。そこで、時平は、「道真がこの皇子を天皇にすべく謀反を起こそうとしている」

との讒言《ざんげん》を流し、道真を失脚させたのだ。これにより、道真は遠く九州、大宰府へと送られることになった。

九州へと左遷される際に、道真はその心境をいくつかの歌に詠んだ、と『大鏡』などにある。一番有名なのが

「こち吹かばにおいおこせよ梅の花あるじなしとて春をわするな」

（東風が吹いたなら、その香りを大宰府まで送っておくれ。主人がいないからといって春を忘れるなよ）

であろう。そして、この梅が一夜にして大宰府まで飛んでいったという「飛梅《とびうめ》伝説」も生まれている。

他にも道真作といわれる歌がある。

「海ならずたたえる水のそこまでもきよきこころは月ぞ照らさむ」

（海どころではなく、もっと深くまでたたえらえた水の底、そこまで清い私の心は月が照らしてくれるだろう）

この歌などは、「清廉潔白な私の心をわかってくれるのは月ぐらいだ！」という愚痴に近い。

理不尽な左遷に我慢ならなかった道真が宇多天皇に送ったとされる歌もある。

「流れゆくわれはみくずとなりはてぬ君しがらみになりてとどめよ」

（配流となった私は水中のゴミみたいなもの。我が君よ、柵となってせきとめてくださいませ）

こんな愚痴を述べたものの、配流は覆らず、道真はやがて大宰府で死を迎えた。

その後、都では要人の死去などが続く。これを道真の祟《たた》りだと恐れた都の人々は、道真を「天神様」として祀ったのである。

の愚痴

爺さんだって、
怖いもの知らずの
自信を持てば
いいんだ

アーネスト・ヘミングウェイ著　石波杏訳『老人と海』青空文庫より

第5章 60代〜

これからは一人でロシアを治めなければならないのね

エカチェリーナ2世
（ロシア皇帝）

エカチェリーナ2世

1729年-1796年。ロシアの女帝（在位1762年-1796年）。前名、ソフィア・アウグスタ。ヴォルテールなどの啓蒙思想家と交流を持ち啓蒙専制君主として政治を担った。農奴制の強化、貴族への特権付与、支配領域の拡大などを行った。

18世紀のロシアに、政治面でも、プライベートの面でも、独特の輝きを示した人物がいる。女帝エカチェリーナ2世である。

まず、彼女はロシアの皇帝であるが、生粋のロシア人ではない。元はドイツの貴族の娘である。のちにロシアの女帝エリザベータの寵愛を受け、皇位継承者であるピョートルと結婚する。やがて、女帝の死去により、夫がピョートル3世として即位。彼女は皇后となった。

ところが、夫のピョートル3世は、皇帝としては無能といってよかった。しかも、病弱で、ロシアを嫌い、親ドイツ的な姿勢を貫いた。これが、ロシアの貴族らの反発を買う。やがて、近衛兵らによる革命が起こり、わずか半年ほどで皇帝の座を降ろされ、間もなく暗殺されることになる。そして、彼らがロシアの皇帝として推挙したのが、エカチェリーナ2世であった。

「女帝」となったエカチェリーナ2世は、お飾りではなく、自ら積極的に政治を行った。農奴制の強化、地方制度改革、貴族の特権保護などの政策を実行。特に、ポーランドの分割・領有、トルコ戦争での勝利による黒海沿岸の獲得、クリム・ハン国併合などによる支配領域の拡張には大きな貢献を果たした。その他、女学校や医学校開設による教育改革、エルミタージュ美術館につながる美術品の収集などのほか、日本にラクスマンを送って通商要求をしてもいる。

もう一つ、プライベートのほうも、かなり積極的な対応（？）を見せた。かなりの数の愛人を持ち、寵臣として公私ともども寵愛したのだ。愛人の数は100人とも数百人ともいわれ、スキャンダラスな淫乱エピソードがいろいろと語られているが、誇張、歪曲された話も相当多い。近代以前の権力者が多くの愛人ないし側室を持つことは一般的でもあるし、エカチェリーナ2世の愛人数も10ないし23人などとする説も強い。

数ある愛人の中でも公私ともども最も寵愛されたのがポチョムキンだろう。反乱の鎮圧、クリミア併合などに功績を挙げた彼に対して、女帝は1000通を超える手紙を差し出している。

そんなポチョムキンが52歳で亡くなった時、62歳のエカチェリーナ2世は

「これからは一人でロシアを治めなければならないのね」

と語ったという。やり手の女帝は愛人であり忠臣であった人を失った悲しみに暮れた。数多くの愛人、忠臣に囲まれていたはずの女帝にとっても「ともに国を治める」ことができるのは彼一人しかいなかった、ということでもある。

こののち67歳で没したエカチェリーナ2世。結果、約5年間にわたり「一人でロシアを治め」たのである。

私ほど有名で、
金持ちの男から去るのか？

ピカソ
（画家）

パブロ・ルイス・ピカソ

1881年-1973年。スペイン出身の画家。美術学校教師の父を持ち、幼い頃から画才を発揮する。キュビスムの創始者ともいわれる。代表作として『アビニョンの娘たち』『泣く女』『ゲルニカ』などが有名。彫刻や陶器なども制作した。

生涯に8万点以上の作品を描いたというピカソは、数多くの恋愛を経験した画家としても有名だ。

最初の恋人とされるのが、23歳の時に出会ったフェルナンド・オリヴィエ。当時のピカソは、友人の自死の衝撃により哀愁を帯びた青を基調とした絵を描いていた。いわゆる「青の時代」で、画家としては芽が出ず、貧しい暮らしをしていた。しかし、オリヴィエと出会ったことで、色調に変化が現れる。愛をテーマとした優雅な「バラ色の時代」のはじまりである。

彼女との同棲が続く中、画風は、ピカソの代名詞ともなる独特なキュビスムへと移り、画家としても成功を遂げる。しかし、彼女との生活は7年で終わった。破局の原因は、ピカソが彼女の友だちであるエヴァ・グエルと交際をはじめたからだといわれている。

ところが、エヴァは間もなく病死してしまう。三十路を迎えたピカソはやがて、ロシア・バレエ団のバレリーナ、オルガ・コクロヴァと知り合い、翌年に結婚。ピカソは37歳になっていた。

しかし、ピカソの恋愛遍歴が終わったわけではない。46歳の時に17歳の少女マリー・テレーズ・ワルテルと知り合い、恋に落ちる。モデルとして完璧な顔と体を持っていたという彼女は、やがてピカソの子を宿した。

その後、ヨーロッパでファシズムが台頭している頃、55歳のピカソは写真家ドラ・マールと出会った。彼女は名作『泣く女』のモデルとしても有名だ。

さらに第二次大戦中に、22歳の画家フランソワーズ・ジローと出会い、恋に落ちた。この時、ピカソは62歳、ジローは22歳。やがてジローとピカソの間には二人の子どもも生まれた。

つまり、ピカソは、30代でオルガと結婚した後も、40代でマリー・テレーズ、50代でドラ・マール、そして60代でジローと恋に落ちたわけである。そして、何よりも普通でないのは、この4人との関係が、70歳になっても並行して続いていた、ということである。

70代の男性との五角関係。その舞台から降りたのはジローであった。別れを切り出した彼女に、ピカソは

「私ほど有名で、金持ちの男から去るのか？」

と愚痴をこぼしたという。それでもジローの決心は変わらなかった。後にも先にも、これほど見事にピカソをふったのは、彼女だけだったといわれている。

たくさんの女性を愛し、モデルにし、創作意欲をかき立ててきたピカソ。ジローにふられても、彼の愛の遍歴は終わらなかった。80歳の年には、30代の女性ジャクリーヌ・ロックと、二度目の結婚をしてもいるのだ。

天体の動きなら
計算できるが、
人の狂気など計算できない！

ニュートン
（科学者）

アイザック・ニュートン
1642年-1727年。イギリスの数学者、物理学者、天文学者。「近代精密科学の祖」といわれる。「3大発見」と呼ばれる光のスペクトル、万有引力、微積分の研究などで名高い。主著として『プリンキピア（自然哲学の数学的諸原理）』が著名。

「リンゴが落ちるのを見て万有引力の法則を発見した」といわれるニュートン。このリンゴのエピソードが実話なのか否かについては諸説ある。「まったくのつくり話だ」という人と「いや、考えるきっかけとなったというのは事実だ」という人がいて、なかなか決着はつきそうにない。ただし、逸話に登場するリンゴ（接ぎ木）は、現在も伝わっていて、日本に根付いているものもある。

さて、ニュートンといえば、万有引力などを発見した科学者として有名だが、実は他にも多彩な顔を持っている。

造幣局監事（のちに長官）となり、ニセ金作りの取り締まりなども行った。ニセ札偽造犯を死刑に追い込んでもいる。国会議員も務め、学術団体である王立協会の会長にも選出されている。神学者としての顔も持ち、少し変わったところでは、錬金術にも凝っていたようだ。

一方で、投資家として株式の投資にのめり込んだこともあるらしい。

18世紀のイギリスで、南海株式会社という貿易会社の株式が人気となった。この会社は南米との貿易及び奴隷貿易の独占権を得たことで「必ず儲かる」との世評が高まったのである。

まったくの嘘ではなかった。事実ニュートンもこの会社への投資により7000ポンドほどの収入を得たという。

ところが、南海会社の株式はその後も上昇し続けた。「まだイケル！」と考えたのだろう。ニュートンはさらに株式の追加投資をしたという。

しかし、突然バブルがはじけた。株式が大暴落したのだ。

皆が騒ぐほど、南海会社の経営はうまくいっていなかったのだ。奴隷貿易に関する規制強化、政府による強制的な国債買い付け要請などが原因で、実際にはあまり利益が上がっていなかったことが明るみになったのだ。

株価が暴落したことで、破産者や自殺者が続出した。ニュートンもまた多額な損失を被った一人である。その額は2万ポンドだった、という。現在の価値にして4億円以上という試算もある。

その時、失意のニュートンがいったとされるのが

「天体の動きなら計算できるが、人の狂気など計算できない」

である。複雑な天体の動きでさえ天才科学者の手にかかれば、綿密な観察と計算で完璧な予想を立てることができるが、気まぐれな人の心、ましてや投資などの集団心理を推察することはできなかった。

ニュートンは晩年、神学など宗教の問題に深く取り組んだ。計算で解決できる科学や物理学ではなく、計算できない人の心の問題に関心を寄せていった、ということなのかもしれない。

首相なんて大体
バカな奴がやるもんですよ

吉田茂
（政治家）

吉田茂
（よしだ・しげる）
1878年-1967年。東京生まれ。土佐出身の政治家竹内綱の5男。吉田健三の養子。牧野伸顕の女婿。駐伊・駐英大使などを歴任。戦後5期にわたって首相を務め、主権回復を実現。「ワンマン宰相」とも呼ばれた。池田勇人、佐藤栄作らも育てた。

吉田茂といえば、戦後復興期に5次にわたって首相を務めた人物である。在任中には日本国憲法の制定やサンフランシスコ講和条約の締結、主権回復などが行われた。戦後、日本を新たに生まれ変わらせた政治家といっても間違いではないだろう。

その吉田が、政界引退後、84歳の年に文藝春秋のインタビューを受けて

「首相なんて大体バカな奴がやるもんですよ」

と語っている。もちろん、自身長く首相を務めた人物であるから、かなり自嘲気味の愚痴である。

このセリフは、文藝春秋の人が、元首相同士の対談を持ちかけた際の一言である。どうして「首相なんてバカな奴がやる」ものだといったかというと、

「首相に就任するや否や、新聞雑誌なんかの悪口が始まって、何かといえば、悪口ばかりですからね、この世にこんな大バカはないように書かれます」

と、首相がマスコミに叩かれてばかりの損な商売だと告げるとともに、首相を「バカ」と報道し続けたマスコミに対し

「そんなバカばかり集まって話をしたって面白かろうはずがないじゃありませんか」

と、皮肉をいっているのだ。

一方で、同じインタビューの中では

「私は御承知のように、(首相には)なりたくってなったわけでない」

ともいっている。本当だろうか。

吉田は東大卒業後、外務省に入った。元は政治家というより外交官だった。駐英大使などを経験した「親英米派」で、戦時中、和平工作をしていたことなどから収監も経験している。

しかし、その経歴が、戦後、GHQの指導の下、民主化に走る日本の指導者としてはうってつけだった。終戦後、すぐに外相に就任。とはいえ、占領下にあった日本に本来の意味での「外交」など存在しない。この時期の外相の仕事とは、つまりはGHQとの「窓口」である。

終戦の翌年、戦後初の衆議院総選挙が行われ、第一党となった自由党総裁鳩山一郎が首相となる……はずだった。しかし、鳩山はGHQにより公職追放となってしまう。

その鳩山から直接、後を託されたのが吉田である。この時、彼は確かに一度断っている。予定外のことでもあったろうし、自由党は第一党といっても過半数には及ばない少数与党だった。

とはいえ、厳しい現況下、GHQにも顔が利く吉田の首相就任は絶対に必要だった。結局、第二党の進歩党も連立に参加して吉田内閣が発足した。以来日本を長年率いていくことになる。

このインタビューの5年後に逝去した吉田茂。「バカな奴」と自重した男の葬儀は、国葬となった。

天我をして
五年の命を保たしめば、
真正の画工となるを得べし

葛飾北斎
（浮世絵師）

天が私に5年の命をくだされば、
真の画家になることができるのに……）

葛飾北斎
（かつしか・ほくさい）

1760年-1849年。江戸生まれ。幼名、時太郎、のち鉄蔵。画号は最初「勝川春朗」、以後「宗理」「画狂人」「卍」など30以上用いた。「北斎」もその一つ。引っ越しは90回以上したという。モネやゴッホなど海外の画家にも多大な影響を与えた。

迫力ある大波が画面いっぱいに描かれた『冨嶽三十六景　神奈川沖浪裏《なみうら》』は、ひょっとすると、日本で、いや世界で一番有名な浮世絵かもしれない。

その作者葛飾北斎は、江戸後期に驚くべき画才を発揮した人物である。最初勝川派に入門して絵を学んだのち、狩野派、琳派、さらには洋画まで、とにかく貪欲に絵の道を学び続けた。

そして、美人画、役者絵はもちろん、花鳥画やマンガの元祖ともいえる絵手本集『北斎漫画』を描き、『冨嶽三十六景』などに代表される名所絵（風景画）で人気を博した。

画題だけではない。絵画のジャンルも、錦絵（多色摺り版画）や読本《よみほん》の挿絵、肉筆画などさまざまな分野で活躍した。しかも、人を驚かすようなことが大好きで、お寺の境内に人を集め、１２０畳もある巨大な達磨《だるま》絵を描くパフォーマンスなどもやってのけた。

さらに、高齢になっても絵を描き続け、もはや絵画に関しては達人の域に達していた、といってもよいだろう。

そんな北斎が、89歳で亡くなる時にいった言葉として伝わるものがある。

「天我をして五年の命を保たしめば、真正の画工となるを得べし」

（天が私に5年の命をくだされば、真の画家になることができるのに……）

つまり、まだまだ自分は未熟だ。せめてあと5年は生き続け、書き続けたかった、と、愚痴をいったというのだ。

この言葉は、明治になってから出版された『葛飾北斎伝』という本に記載されているものであるために「本当にそういって亡くなったのか」「つくり話ではないか」と疑う向きもある。しかし、おそらく本当だろう。70代半ばの頃、北斎はこうもいっている。

「七十年前画く所は実に取に足ものなし。七十三才にして稍《やや》禽獣虫魚の骨格、草木の出生を悟し得たり。故に八十才にしては益々進み、九十才にして猶其奥意を極め、一百歳にして正に神妙ならん歟《か》。百有十歳にしては一点一格にして生るがごとくならん」

（70歳より前の絵は取るに足らないものばかり。73歳で動物の骨格、植物の成り立ちなどは理解できてきた。ゆえに80歳でもう少し進歩し、90歳で奥義を極め、１００歳までいけば、神がかり的になり１１０歳になれば、絵の点や骨組みが生きているかのようになるのではないか）

逝去の直前と似たように、貪欲にまだ描き続けたいし、うまくもなりたい、そしてうまくなれるだろう、と語っていたのである。

最期まで絵の道にかけた北斎。かつて米誌が発表した「この１０００年で最も重要な功績を残した世界の人物１００人」に選ばれた唯一の日本人でもある。

以前のものは自分の作品として認めたくないものが多い

谷崎潤一郎
（小説家）

谷崎潤一郎
（たにざき・じゅんいちろう）
1886年-1965年。東京生まれ。東京大学国文科中退。官能的、耽美な作品から日本の古典美を感じさせる作品などを残した。『痴人の愛』『細雪』などのほか、随筆『陰翳礼讃《いんえいらいさん》』『源氏物語』の現代語訳などでも知られる。

『痴人の愛』『春琴抄』『細雪』など代表作を挙げればきりがない谷崎潤一郎。多くの作品は映画化もされ、文化勲章も受賞している。「文豪」と呼ぶのにためらいのいらない人物である。

その谷崎が、62歳の時に書いた小文に

「私が関西の地に移り住むようになってからの私の作品は明らかにそれ以前のものとは区別されるもので、極端に云えばそれ以前のものは自分の作品として認めたくないものが多い」

という一節が登場する。「自分の作品として認めたくない」とはかなり強い言葉だが、関西移住の前と後で、どう心境等に変化があったのだろうか？　谷崎の過去を追ってみよう。

谷崎は、明治中期、東京日本橋に生まれている。まだ、江戸の風情残る下町が彼の生地なのである。生まれた時、家は裕福だったが、やがて商売に失敗し、一時は就学をあきらめる事態にまで追い込まれていく。

学生時代から文才には恵まれており、文学で身を立てる決意をしたものの、すぐには芽が出ず、神経衰弱に陥ったこともある。やがて永井荷風と出会い、その激賞を受けて文壇での地位を確立。『刺青』『麒麟』などの傑作を残した。

その後、『お艶《つや》殺し』などのいわゆる毒婦物が発禁処分となる苦汁を味わう。一方、私生活では妻の千代を友人佐藤春夫と奪い合いになる、俗にいう「小田原事件」もはじまっている。（ちなみに、この事件は、関西移住後、妻を佐藤に譲るかたちで決着がつく）

そして、運命の1923年、関東大震災が起こる。よい思い出も、悪い思い出も詰まった東京の町、特に江戸文化の香りを残した下町は壊滅的な被害に遭う。これを機に谷崎は関西へと移住した。

震災を境に、東京はより近代的な都市へと生まれ変わった。谷崎は新しくなる東京ではなく、別の古い文化の香りを感じさせる関西で、新たな芸術を編み出したのだ。移住の翌年に『痴人の愛』を書き、やがて関西の言葉で書かれた『卍』などを生み出す。震災を契機に大きな心境の変化があったのは事実であろう。

しかし、谷崎が「以前のものは自分の作品として認めたくないものが多い」といったのには別の理由もあろう。谷崎が常に向上心を持って、過去の作品を見つめ評価していた点も大きいと思われる。

「何を書いた時でもその時はよく書けたような気がするものだから、暫くたってみないと本当によく書けたかどうか、自分では納得が行かない」

とも、彼はいっているのだ。晩年まで創作意欲が衰えなかったという谷崎の臨終の言葉は、次のように伝わっている。

「これから小説を書かなければならない……。小説を……」

ヤミウチされるかも知れない

宮武外骨
（ジャーナリスト）

宮武外骨
（みやたけ・がいこつ）
1867年-1955年。明治～昭和前期のジャーナリスト。香川県の豪農の生まれ。本名、亀四郎。『頓智協会雑誌』『滑稽新聞』などを創刊。東京大学に明治新聞雑誌文庫を設置、主任となる。『府藩県制史』『明治演説史』など著書多数。

「宮武外骨」という一風変わった筆名を持つジャーナリストがいる。明治から昭和前期に活躍した彼は、たとえば、昭和初期に流行した円本《えんぽん》（定価1冊1円均一の全集）に対して

「円本出版屋の怨恨と憎悪を受けて、ヤミウチされるかも知れない」

などと愚痴をこぼしつつ、

「円本は、文芸上の駄作物や、講談という卑俗浅薄の読物類が多い」

「権威ある堅実な著書の売行が減少」

「他の有益な良書に使用し得べき多量の洋紙を浪費し、シカモ洋紙の価格を騰貴せしめて居る」

などなど厳しい攻撃の手を緩めない。この「一円本流行の害毒と其《その》裏面談」と題された小文は61歳の時の文章である。

幸い円本出版社からの闇討ちに遭うことはなかったようだが、その一歩手前ともいうような厳しい仕打ちも受けている。なにしろ、生涯で発禁となったことが20回、罰金を払ったことが16回、入獄が2回あったという（諸説あり）。

幼い頃から文才に恵まれていた彼は、19歳にして『屁茶無苦《へちゃむく》新聞』を創刊。しかし、これが風俗を乱すとして発売禁止となっている。

これに懲りずに、20歳の時には『頓智《とんち》協会雑誌』を創刊した。しかし、同誌第28号に大日本帝国憲法発布式を風刺して「大日本頓智研法《とんちけんぽう》」なるものを骸骨が授与する戯画を掲載。この時代に、天皇が行うことを茶化すのは許されざることだった。これによって「不敬罪」を宣告された彼は、重禁錮3年、罰金１００円の重罰に処せられてしまう。

しかし、それでもめげない。34歳になった彼は大阪で『滑稽新聞』を発行。政治家、官僚、悪徳商人などへの風刺、批判を続けていった。これにより、一般市民からは大変な人気を集めたが、権力者からは大いににらまれた。入獄、罰金などの処罰を受け、7年後には廃刊となっている。

それでも彼の筆は止まらず、『筆禍史』『売春婦異名集』『明治奇聞』『猥褻風俗史』など、タイトルを見ただけで問題のありそうな著作をたくさん残していく。

こうして「奇人」と称されることも多くなった宮武外骨。自身も

「予は危険人物なり」

と語っており、「奇人」とされることを否定はしていない。それどころか

「此世《このよ》では奇人と凡人と何方《いずれ》が最も必要であるかと云うに」「二者に優劣は無い」

として、こうもいった。

「社会の形成は凡人の努力が基礎と成り、社会の進歩は奇人の活躍が根底となる」

筆禍を恐れずに「社会の進歩」を願った奇人は、晩年は新聞雑誌等の収集、保存にも功績を残している。

私はなんでも
初めよし後悪し、
竜頭蛇尾の性格だ

江戸川乱歩
（小説家）

江戸川乱歩
（えどがわ・らんぽ）
1894年-1965年。三重県の生まれ。本名、平井太郎。筆名は「エドガー・アラン・ポー」をもじったもの。『蜘蛛男』『黒蜥蜴』『怪人二十面相』など約130の作品を発表。本人の寄付を基金として「江戸川乱歩賞」も創設されている。

日本の推理小説、探偵小説の先駆けともいわれる江戸川乱歩。その彼が自分のことを「なんでも初めよし後悪し、竜頭蛇尾の性格」

だったと愚痴を漏らしている。この一文には続きがあり

「昔やった職業でも、入社匆々《そうそう》は大いに好評を博するのだが、慣れるにしたがって、駄目になってしまう。飽き性というのであろう」

とした後で

「小説でも同じことで、大した苦労もせず、処女作が好評を博し」たものの「すぐに行きつまり」、その後、「大部数発行の娯楽雑誌に書いてみると、これがまた大当り、しかしそれも結局は竜頭蛇尾」だった、と述べているのだ。

この乱歩の述懐は、自嘲気味でも、オーバーでもなく、かなり的を射た表現だといえる。

乱歩は、大学を卒業後、いくつか職を転々としている。貿易会社、造船所、新聞社勤務のほか、古本屋、蕎麦屋などを開業してもいる。29歳で作家デビューする前の約7年間に十数種の職業を経験しているのだ。「飽き性」という指摘ももっともだといえよう。

ようやく天職ともいえる職業作家となり、デビュー作の『二銭銅貨』以降、『D坂の殺人事件』『人間椅子』などが順調に好評を博した。しかし、「すぐに行きつまり」を見せてしまう。乱歩は、デビューからわずか4年で休筆宣言をすることになったのだ。

その後、放浪の旅などに出た後、文壇に復活して娯楽雑誌に『蜘蛛男』などの連載をはじめる。これが大好評を博すのだが、やはり、連載開始からわずか3年で、再び休筆宣言してしまう。

乱歩は、好評を博しては、行き詰まりを見せ、休筆を繰り返すというタイプの作家だった。しかも、休筆明けに連載をはじめた『悪霊』などは、途中で完全に行き詰まってしまい、連載休止（未完）となっているのだ。

そして、この『悪霊』の連載休止の翌々年から編集者の依頼で書きはじめたのが、少年もの、『怪人二十面相（少年探偵団シリーズ）』である。最初は「本気になれないでいた」ようなのだが、はじまってみると「例によって非常な好評を博した」ようである。となると、また竜頭蛇尾に終わるのか、と思いきや、今度はそうはならなかった。

以降も同シリーズは続き、好評を博し続けた。途中、戦争により中断せざるを得ない時期があったにもかかわらず、戦後には再び執筆を開始。結局、42歳から68歳まで書き続けられることになった。今度は、行き詰まることもなく、ライフワークの一つとなったのである。

私は大変な
失策を演じ……

7代目松本幸四郎
（歌舞伎俳優）

7代目松本幸四郎
（ななだいめ・まつもと・こうしろう）
1870年-1949年。本名、藤間金太郎。三重県の土建業者の子として生まれ、幼くして2代目藤間勘右衛門の養子となる。歌舞伎界の支柱として活躍する傍ら、日本初の創作オペラ「露営の夢」や現代劇、バレエ、パントマイムにも出演している。

7代目松本幸四郎といえば、明治から戦後にかけて歌舞伎界をリードした名優だ。数ある当たり役の中でも特に有名なのが『勧進帳』の武蔵坊弁慶。なんと生涯にわたり1600回以上も演じている。『勧進帳』といえば、あまり歌舞伎に詳しくないという人でも名前くらいは聞き覚えがあるというほどの現代でも大変な人気演目だが、それを人気演目にしたのは幸四郎の名演のおかげだともいわれている。

その幸四郎が、晩年になって

「私は大変な失策を演じて」

と、過去の失敗を告白している。いったいどんな失敗だったのだろうか？

失敗したのは、師匠である9代目市川團十郎の追善興行というから幸四郎もまだ30代の頃と思われる。演目は、團十郎のために書き下ろされ、團十郎、幸四郎の当たり役となった『大森彦七』である。大森彦七（盛長）は、南北朝時代の武将で、名将楠木正成を討った人物とされ、歌舞伎では戦《いくさ》後の楠木の娘とのやり取りなどが描かれている。

大森の見た目は、武将らしい八の字型の口ひげが特徴的だ。

ところが、本番中に、

「汗がひどく、八の字髭の右の方が落ちて来た」

という。付け髭の接着剤も

「その頃は不完全なヒゲラックというのをアルコールで溶いて、附髭の裏面に塗って貼ったのです」

と、愚痴を述べている。しかし、不測事態があっても、そこは名優である。

「急いで扇子を開いて右手に持ち、それと袖とで顔をかくして、義太夫にのって辛くも揚幕《あげまく》へ逃げ込んだので、観客からは判らなかったでしょう」

と、なんとかごまかすことができたという。劇や舞踊とは直接関係のない失策とはいえ、どんな名人でもヒヤリとすることはあるのだな、と思わせる話である。実際に幸四郎もその時、

「滝の如き汗の上に冷汗の上塗りをしてしまった」

と述べている。もっともその後には

「師匠も私に輪をかけた汗かきでしたが、その追善興行に私が大汗をかいたのも何かの因縁でしょう」

と、師匠の日常を思い出しながら、若い頃の失策を懐かしく振り返っている様子である。名優の人間的な面が感じられる一コマである。

こうして7代目松本幸四郎は、79歳の年末まで舞台に立ち続け、年明けの1月に鬼籍に入った。最後まで芸にかけた一生だったといってよいだろう。

ちなみに幸四郎の長男が11代目市川團十郎、次男が8代目松本幸四郎（初代松本白鸚）、三男が2代目尾上松緑で、ひ孫に11代目市川海老蔵、10代目松本幸四郎、松たか子らがいる。

激しく憎悪しています

ガンディー
（政治家）

モハンダス・カラムチャンド・ガンディー

1869年-1948年。インドの政治家、独立運動の指導者。イギリスで学び弁護士の資格を取得。南アフリカで人種差別反対運動に関わったのち、インドに帰国。「塩の行進」など、非暴力・不服従運動を展開した。「建国の父」とも呼ばれる。

インド独立運動の指導者ガンディー。俗に「マハトマ・ガンディー」と呼ばれるが、これは本名ではない。「マハトマ」とは、「偉大な魂」という尊称である。

「非暴力・不服従」を掲げ、22回も投獄されたにもかかわらず、インドの独立のために尽くし続けた彼は、国内外からいまなお、尊敬を集めている。

そんな彼が書いた小文の中に

「激しく憎悪しています」

という言葉が出てくる。およそ我々が抱くガンディーのイメージにそぐわない言葉のように思われるのだが、さて、彼は、誰に対して、なぜ憎悪の念を抱いたのだろうか?

彼が「激しく憎悪している」相手は、なんと、「日本人（日本国の人々）」なのである。引用の前後を記そう。

「あなた方（日本人）を敵視しているわけではありませんが、私はあなた方の中国に対する攻撃を激しく憎悪しています。あなた方は立派な高みから帝国の野望へと落ちてしまったのです」

『日本の全ての方々へ』と題されたこの小文が書かれたのは、１９４２年7月。第二次世界大戦の真っ最中である。

日本は、１９３７年に日中戦争を起こし、中国から東南アジアに勢力を広げていた。さらに１９４１年には真珠湾攻撃を決行し、アメリカやイギリスに宣戦。当時、イギリスの統治下にあったインドに、日本が進出してくる恐れも十分あった時代のことである。

もし、イギリス撤退後、空白地帯となったインドに、日本が足を踏み込んでくるようなことがあれば、

「私どもは必ずや国の持てる力を糾合してあなた方に抵抗します」

と、ガンディーはこの小文の中で触れている。そして、

「あなた方（日本人）が正道に戻るようにとの希望を込めて、私はこの請願を書いています」

と続けている。

実際には、この前月、日本軍はミッドウェー海戦で敗れており、徐々に敗色が濃厚になってくる。そして、１９４５年日本の無条件降伏で、太平洋戦争が終わることになる。

一方、戦後、インドは、ヒンドゥー教徒を主体とするインド連邦とイスラーム教徒主体のパキスタンとに分かれて独立。ガンディーは、両国の融和に努めたが、狂信的なヒンドゥー教徒によって暗殺されてしまう。

生涯のほとんどを自由、独立に捧げたガンディー。最後に、この『日本の全ての方々へ』の中に記された別の言葉を引用しておこう。

「無慈悲な戦争には最終的な勝者がいない、ということが何故あなた方にはわからないのか不思議でなりません」

我等子孫と
申し候わん事は、
別して諸人の
にくまれを蒙るべく候

毛利元就
（戦国武将）

私たちの子孫は、
とりわけいろいろな人たちから憎まれることになる

毛利元就
（もうり・もとなり）
1497年-1571年。中国地方の戦国大名。安芸国（広島県西部）の小勢力の次男として生まれながら、のちに家督を継ぐ。大内家の実権を奪った陶晴賢《すえはるかた》を厳島の戦いで破ったのち、山陰に勢力を誇った尼子氏も下して、中国地方10カ国を手中に収めた。

毛利元就は数ある戦国大名の中でも稀にみる成り上がりを見せた人物だといってよいだろう。多くの戦国大名は、幕府から一国の支配を任された守護（武田、今川など）や、守護の代わりを果たす守護代か、その一族（織田、上杉など）といった、いわば名家の出身である。徳川家康（松平）などはどちらでもないが、その父の代からほぼ三河国を制圧していた。

しかし、毛利元就は、安芸国（広島県西部）の一部を領する小勢力からのし上がり、やがて中国地方一帯を領する大大名にまでになっている。これほどの出世を遂げた人物といえば、農民の子から信長の後継となった豊臣秀吉を別格とすれば、一代で四国全土をほぼ手中に収めた長宗我部元親くらいのもの。その長宗我部も秀吉に敗れ領地が縮小したことを考えれば、やはり毛利元就は実に稀有な出世を果たした人物といってよいだろう。

元就の幼少期、中国地方では東に尼子、西に大内という二大戦国大名が勢力を競い合っていた。その狭間で生きていくために、元就は戦以外にもさまざまな手を使って勢力の拡大を果たした。特に有名なのが、次男元春を吉川家、三男隆景を小早川家という有力なライバルの家に養子として送り込み、その家を毛利家の一族として取り込んだことであろう。

こうして、毛利、吉川、小早川が連合することで、やがて大内、尼子という二大勢力を打ち破り中国地方一帯を治めることに成功するのだ。

その元就が、毛利家を継いだ長男隆元、吉川家を継いだ次男元春、小早川家を継いだ三男隆景に対して送った手紙の中に登場するのが、右に挙げた

「我等子孫と申し候わん事は、別して諸人のにくまれを蒙るべく候」

（私たちの子孫は、とりわけいろいろな人たちから憎まれることになる）

という愚痴である。急速に他家を蹴落とし勢力を拡大したわけだから、それだけ毛利家は恨みも買っているだろうし、その地位にとって代わろうと考える人々もいる。現在も未来も「にくまれを蒙る」不安は常につきまとっていたはずだ。

そこで、元就が強調したのが、兄弟三人及び毛利、吉川、小早川の三家が力を合わせて難局を乗り切っていくことである。元就は、この書状でも、別の場面でも、そのことを強く主張し続けた。

そして、3人の子もその教えを守った。長男隆元は早世したが、跡を継いだ隆元の子、輝元を、おじの吉川元春、小早川隆景がよく補佐し、毛利一族は長く繁栄を遂げたのである。

「矢は1本なら簡単に折れるが、3本ならなかなか折れない」

と3人の子に結束を促したという「三本の矢」の話は、これらの実話をもとにして創作された逸話なのである。

日本人は
12歳の少年のようなものだ

マッカーサー
（軍人）

ダグラス・マッカーサー

1880年-1964年。アメリカ陸軍元帥《げんすい》。参謀長として第一次世界大戦に参加、太平洋戦争では米国極東軍司令官、西南太平洋方面連合国軍総司令官となり、戦後、日本占領の連合国軍総司令官。朝鮮戦争では大統領と意見が対立し解任となる。

戦後、連合国軍最高司令官として日本の占領政策を率いたダグラス・マッカーサー。トレードマークのパイプを咥え、サングラスをして厚木基地に降り立った彼は、当時既に65歳と高齢者の域に達していたわけだが、今見ても確かにカッコよい。

敗戦国に乗り込んできた占領軍のトップであり、時に高圧的に民主化政策、占領政策を推進してきた人間であるから、通常なら日本人からは恨みを買ってもおかしくはない立場にあったはずだ。ところが、マッカーサーは占領下の日本人にも大変な人気があった。何十万通というファンレターが寄せられたといわれているのだ。

ところが、そんなマッカーサー人気に急に陰りが見えた事件があった。それは、彼が最高司令官の職を解任されて帰国後、母国アメリカの議会で

「日本人は12歳の少年のようなものだ」

と発言したことがきっかけである。

英米人は45歳の壮年で、ドイツも同じくらいと評した後の発言なので、「日本人を馬鹿にしてる！」という批判が湧き上がり、マッカーサーの人気は、急激に落ち込んだのだという。

ただし、この発言は日本人を馬鹿にしたわけでも、自らが行った日本の民主化という仕事に誇りを持てずに吐いた愚痴というわけでもない、ともいわれている。「12歳の少年」というのは、「純粋」で「のびしろがある」という意味合いだと好意的に受け止める人もいるのだ。

また、「12歳」というのは、「自由主義、民主主義のレベルにおいて、まだ駆け出しの状態にある」という意味だとする説もある。つい数年前まで軍国主義が台頭していたわけだから、その解釈も十分成り立つだろう。

それに、別の傍証もある。この発言を行う1カ月ほど前に、やはりアメリカの上下院の合同会議で行った彼の演説がそれである。その中で彼は、

「見事な意志と熱心な学習意欲、そして驚くべき理解力によって、日本人は、戦後の焼け跡の中から立ち上がって、個人の自由と人間の尊厳の優位性に献身する殿堂を日本に打ち立てました」

「今や日本は、政治的にも、経済的にも、そして社会的にも、地球上の多くの自由な国々と肩を並べています」

「日本ほど穏やかで秩序正しく、勤勉な国を知りません。また、人類の進歩に対して将来、積極的に貢献することがこれほど大きく期待できる国もほかに知りません」

自らの民主化の成果を誇る意味合いもあるとはいえ、このように日本国民に対し、大いなる賛辞を送っているのだ。

ちなみに、この演説を、彼はあの有名な言葉で締めくくっている。

「老兵は死なず。ただ消え去るのみ」

我輩は学者でもなければ天才でもない。頗《すこぶ》る平凡な人間だ。凡人だ

大隈重信
（政治家）

大隈重信
（おおくま・しげのぶ）

1838年-1922年。元佐賀藩士。明治政府では大蔵卿などとして活躍。明治14年の政変で下野し、立憲改進党を結成。のち外務大臣の時に暴漢に爆弾を投げられ、右足を失う。以降も二度にわたり総理大臣になるなど政界等で活躍した。

早稲田と慶應といえば、大学スポーツその他で常に注目を集めるライバル同士。それでは、慶應義塾を創立した福沢諭吉と早稲田大学をつくった大隈重信は、ライバル同士だったのだろうか。

そもそも福沢は、政府のいいなりになるのではなく民間の力で世を変えていこうと主張した人物。一方の大隈は明治新政府で活躍し、その後首相などを経験したバリバリの官僚&政治家だ。立場的には相容れないもの同士といえよう。

しかも、どちらも舌禍を恐れずいいたいことをいうタイプ。衝突しないわけがない。事実、大隈は

「(福沢は)気に喰わぬ奴だ、生意気な事をいう奴だ」

と公言していたという。

その二人が、ある日、とある人の家で顔を会わせることになった。仲の悪い二人を会わせてみようと、誰かが画策したらしいのだ。大隈が30代半ば、福沢は大隈より4つ年上だ。

ところが、いざ話し合ってみると

「犬猿どころか存外話が合う」

ので、驚いたという。そして、

「喧嘩《けんか》は廃《よ》そう、むしろ一緒にやろうじゃないかという訳になって、爾後《じご》大分心易くなった」

と、親密な交際がはじまっている。

後年、福沢が亡くなってから、大隈が発表した「福沢先生の処世主義と我輩の処世主義」という小文の中に

「福沢先生も凡人であったろうと思う」

との一節がある。しかし、これは、悪口ではない。むしろ自分自身に対して

「我輩は学者でもなければ天才でもない。頗《すこぶ》る平凡な人間だ。凡人だ」

と愚痴を述べているくらいだ。

大隈は、福沢があれだけの知識人でありながら、まったく偉ぶらず、プライベートなどでは普通の生活をしている点を「凡人」と評したのだ。また、

「(福沢)先生の眼から見れば、君子も小人も学者も俗人もない。すべてが凡人で、彼も凡人我も凡人である」

だから、福沢は誰に対しても平等に、いいたいことを話す。このやり方を

「間口も奥行も一切平等なる福沢先生の純凡人主義の極致」

と大隈は敬服しているというのだ。

結局、二人は民間教育者と政治家、と立場は違えど、ともに武士として生まれ、偉ぶることなく、社会の発展に尽くそうとした似た者同士でもあったのだ。

ちなみに、二人の違う点を指摘しておくと、福沢は度々欧米に行って知識を得たのに対し、大隈は外務大臣等を歴任していながら一度も外遊経験はない。

しかし、大隈の家には多くの外国人が集い、その中で国際感覚を研ぎ澄ましていった。やり方こそ違え、国際人であったことも二人の共通点といえそうだ。

自分が憎まれている
ということは、
わかっていた

ソクラテス
（哲学者）

ソクラテス

前470年？－前399年。古代ギリシャの哲学者。アテネ生まれ。問答法によって相手に無知を自覚させようとした哲学者。著書はなく、彼の思想や言行は、弟子プラトンやクセノフォンの残したものを通して伝わっているのみである。

紀元前4～5世紀の古代ギリシャの哲学者として有名なソクラテス。弟子の一人には、プラトンがいる。彼らが活躍していたのは、日本が縄文時代から弥生時代へと移り変わろうとしていた時期である。

多くの市民や哲学者から尊敬を集めていたはずの彼は、ある時、

「自分が憎まれているということは、わかっていた」

と語っている。どうして彼ほどの人物が「憎まれて」いたのだろうか？

その理由の一つには、彼の思想の伝え方にあったともされる。彼は著書などは残さず、街に出て青年たちなどを相手に質問を中心とした会話をすることで、その哲学を説こうとした。たとえば、

「善とは何か」

「勇気とは何か」

といった根本的な問いかけを行う。やがて、答えに窮した人々に「無知を自覚させる（無知の知）」というのが、彼のやり方である。

このやり方が人々の反発を招いたのは事実だ。中には、むりやり無知を自覚させられ腹を立てた人もいたという。

そして、彼は、

「国家の信奉する神々を否定し、青年たちに悪影響を及ぼした」

という「不敬罪」で告発され、裁判にかけられた。

その裁判での彼の弁明を、弟子のプラトンが書き留めたとされるのが『ソクラテスの弁明』という書である。

右に挙げたのは、その弁明の中の一部である。前後を引用しよう。

「自分が憎まれているということは、わかっていたし、それは苦にもなり、心配にもなったのですが、しかしそれでもやはり、神のことをいちばん大切にしなければならないと思えたのです」

こうして、彼は堂々と、自らの行いは罪に値することではない、と反論したのだが、その言葉は、法廷の人々には届かなかった。

やがて、彼には死刑の宣告が下った。死刑宣告後、彼はこんな愚痴のような言葉を残し弁明を締めくくった。

「善き人には、生きているときも、死んでからも、悪しきことは一つもない」

「もう死んで、面倒から解放されたほうが、わたしのためには、むしろよかったのだということが、わたしには、はっきり分るのです」

「もう終りにしよう。時刻だからね。もう行かなければならない。わたしはこれから死ぬために、諸君はこれから生きるために。しかしわれわれの行く手に待っているものは、どちらがよいのか、誰にもはっきり分からないのだ、神でなければ」

こうして裁判が終わって間もなく、彼は自ら毒杯を仰いで自死を遂げている。

その悪い事を知《しっ》ても、悪習既に性を成して自《みず》から禁ずることの出来なかった

福沢諭吉
（教育者）

悪いとはわかっていても、習慣になっていて、
やめることができなかった

福沢諭吉
（ふくざわ・ゆきち）
1834年-1901年。幕末から明治期を代表する知識人。慶應義塾創立者。中津藩士の子として生まれ、成育して咸臨丸で渡米。以後も欧米での遊学経験などをもとに数多くの著書を残した「天は人の上に人を造らず」の言葉でも有名。

福沢諭吉は、知る人ぞ知る、酒好きな男である。なにしろ、「物心の出来た時から自然に数寄《好き》でした」と公言しているくらいであるから、本当に生来の酒好きだったである。晩年に書かれた著書の中でも「飲みすぎはよくない、とはわかっていても、やめられなかった」と後悔の愚痴を述べている。

そんな福沢でも、何度か禁酒したことはある。長崎で遊学していた時には「念願であった蘭学の勉強ができるのだから」と、頑張って1年間禁酒をした。ちょうど20歳の頃である。

また、大坂の名門蘭学塾（適塾）で学んでいた際も、ある日、「学問の修行中に酒ばかり飲んでいてよいことはない」と、一念発起して禁酒したことがある。

この時、塾生の一人が、「楽しみの一つもなければよくない。禁酒したのなら煙草でも吸ってみろ」と誘いかけた。それまで、福沢はむしろ嫌煙派だったのだが、試しに喫ってみたところ、徐々においしく感じられるようになってしまう。

やがて、生来の酒好きだったがために、酒のほうも復活。わずかの禁酒の期間に煙草の味までも覚えてしまい、かえって体に悪いことになってしまった。

この件に関して、福沢は
「一言《いちごん》の弁解はありません」
と述べている。

そんな大酒飲みの福沢であったが、なんとか健康を害することもなく、大功を立てることができたのには、二つの理由が挙げられよう。

一つは、本人もいっているように、酒癖が悪くなかったこと。
「人の気になるような忌がるような根性の悪いことを云て喧嘩をしたこともなければ、上戸本性真面目になって議論したこともない」

酒癖が悪いと、とんだ失敗も多くなるものだが、それがなかったのが、不幸中の幸いといったところだろう。

もう一つは、意を決して、歳を取ってから「節酒」したことが挙げられる。健康面では、これが大きかった。

「歳をとって」といっても節酒をはじめたのは30代前半である。まず「朝酒」をやめたそうだ（逆にいえば、それまで普通に朝から酒を飲んでいたということだ）。次に昼酒をやめた（つまり、以前は朝、昼、晩と飲んでいたということだ！）。結局、最後まで晩酌をなくすことはできなかったのだが、徐々に量は減らしていったという。

子どもの頃から酒好きで、大酒飲みだったと公言した福沢。かねてより、「悪いとは知りつつやめられない」などと愚痴をいってはいたものの、律すべき時には、きちんと「禁酒」「節酒」を行っていた。その点が、ただの大酒飲みとは違うところだろうか。

やけ土の
ほかりほかりや
蚤さわぐ

小林一茶
（俳人）

焼けた土がホカホカしていて蚤が騒いでいる
［こんなところで寝泊りしなきゃならないのか］

小林一茶
（こばやし・いっさ）
1763年-1827年。江戸後期の俳人。信濃国（長野県）出身。本名、信之。通称、弥太郎。二六庵竹阿《ちくあ》に師事し、俳諧（俳句）を学ぶ。生涯に約２万句を詠んだという。著書に『七番日記』『おらが春』『父の終焉日記』などがある。

江戸に出て俳諧師となった小林一茶だが、その生活苦はまだまだ続いていた。

38歳の時、故郷信濃に帰省していた際に、実父が病に倒れ、間もなく亡くなった。その後、遺産相続をめぐり、継母、異母弟との対立がはじまった。

一茶にしてみれば、幼い頃から家の手伝いをさせられたのち、わずか14歳で「口減らし」のため江戸に出され辛い思いをしてきた。長男でもある自分に相続の権利は当然ある、と思っただろう。

しかし、継母や異母弟にしてみれば、一茶が故郷を離れている間に父とともに懸命に働き、財産を倍にまでしたのは自分たちだという自負があったはずだ。それを突然出てきた兄が相続するなんて許せない、と思ったのだろう。

この対立は10年以上続いた。弟と和解できたのは父の13回忌の年。一茶は50歳になっていた。

こうして遺産の約半分を手に入れた一茶は、郷里に帰り、翌年には27歳の妻と結婚。ようやく、裕福とはいえないまでも、人並みの幸せを手に入れることができる……と思ったはずだ。

結婚の2年後、長男が生まれた。

「あこよ来《こ》よ転ぶも上手夕涼み」

(我が子よおいで。転ぶも上手だ。夕涼み)

こんな句を詠んで、成長を期待していたのだが、長男は間もなく早世。次に生まれた長女も翌年には死去してしまう。その時一茶は、

「露《つゆ》の世は露《つゆ》の世ながらさりながら」

(この世は露のようにはかないとわかっている。わかってはいるけれど……)

とこらえきれない悲しみを句にした。

ところが、その後生まれた次男、三男も翌年には死去し、やがてまだ若かった妻にも先立たれてしまう。

その後、一度、再婚をしたが、すぐに離婚となる。独り身の一茶は、

「朝皃《がお》に涼しくくうや一人飯」

(朝顔を見つつ涼しさを感じながら一人でご飯を食べているよ)

などの句を詠んだ。

その後、63歳で三度目の結婚をする。相手は31歳。まだ若い。今度こそ子の成長を見届けることができるかも……、一茶は淡い期待を抱いたかもしれない。

ところが、翌年、大火事があり、母屋が焼けてしまう。途方に暮れた一茶は、焼け残った土蔵に暮らすことになる。

「やけ土のほかりほかりや蚤さわぐ」

(焼けた土がまだほかほかしている中に蚤が騒いでいる)

こんな惨めなところで寝泊まりしなければならない我が身の不幸を嘆きながら、同年、一茶はこの土蔵で息を引き取った。その時、残された妻のお腹には念願の子が宿っていた。この子は、唯一早世せずに成育することになる。

我《わ》れ程《ほど》、物を歎き、心を砕くものあらじ

北条政子
（将軍の妻）

私ほど、物事を嘆いたり、
心を砕いたりしている人はいるまい

北条政子
（ほうじょう・まさこ）

1157年-1225年。鎌倉幕府初代将軍・源頼朝の妻。初代執権北条時政の娘。伊豆国に流され不幸な境遇にあった頼朝と出会い、結婚。以後、夫や子どもたちを助け、政治家として鎌倉幕府を支えた。「尼将軍」との異名もとる。

北条政子といえば、鎌倉幕府を開いた源頼朝の妻で、頼朝の死後は実子である二代将軍頼家、三代将軍実朝らを後見し、幕政にも大きな影響力を残した人物である。夫の死後、出家したことから「尼将軍」とも呼ばれている。

政治家としても大きな力を持った彼女が、ある時、

「我《わ》れ程《ほど》、物を歎き、心を砕くものあらじ」

（私ほど、物事を嘆いたり、心を砕いたりしている人はいるまい）

と、いったという。権力の頂点に近い位置にいた人物が「物事を嘆いたり」するのだろうか、とも思うのだが、実はこの言葉、まんざら嘘というわけでもないようだ。

この言葉の少し後には

「大姫《おおひめ》御前《ごぜん》をば（中略）世を早くせしかば、同じ道にと慕いしか共《ども》、故殿《ことの》に諫められ奉りて」

（娘の大姫《おおひめ》を［中略］早世させてしまい、自分も死のうと思ったのだが、故頼朝殿に諫められて……）

とある。確かに、彼女は長女の大姫を早くに亡くしている。この長女大姫は、生前、父・頼朝の軍勢によって夫を殺された心労から、うつ病にもなっていた。

しかも、政子は、天皇のもとに入内させようとした次女も、わずか13歳の時に亡くしている。

夫・頼朝の死後は、長男の頼家が2代将軍となったが、政子の父・北条時政らとの権力争いの結果、失脚し謀殺されている。実の父によって、我が子を殺されたようなものなのである。

その後、3代将軍には、次男の実朝が就任した。しかし、この実朝も27歳の若さで暗殺されてしまう。暗殺したのは、2代将軍頼家の子、公暁《くぎょう》。つまり、政子にとっては孫である。孫に実の息子を殺されてしまったのだ。

子どもたちに次々先立たれた政子は、

「今は誰にひかれて、命も惜《おし》かるべしなれば、水の底にも入りなばやと思い定めたりし」

（今や誰にも遠慮することもなく、命を惜しいとも思わないので、入水して自害したいと思い定めた）

これを思いとどまらせたのは、弟の北条義時であった。ところが、残された唯一の心易き肉親ともいうべき弟の義時に対し、後鳥羽上皇から追討令が出された。承久の乱である。上皇の挙兵という事態に幕府の武士にも動揺が走った。

そこで、彼らをまとめ上げるために尼将軍・政子は演説をした。ここに挙げたのは、皆その演説に出てくるセリフである。自身の嘆きや頼朝の恩を語ることで武士たちの心を動かし発奮させたのだ。

演説は見事に成功した。鎌倉幕府は、上皇軍を返り討ちにしたのである。

日本人は、
ライスカレー、シチュー、
ソースまで
みな甘くしてしまった

北大路魯山人
（芸術家）

北大路魯山人
（きたおおじ・ろさんじん）
1883年-1959年。本名、房次郎。京都の上賀茂神社の社家の次男として生まれた。21歳の時に日本美術展覧会に千字文の書を出品して一等賞を受賞。以来、書家、篆刻家、陶芸家として活躍。美食家としても著名。76歳で没した。

北大路魯山人という人物も、なかなか一言では説明しづらい男だ。最初は絵画の世界に興味を持ち、やがて書家として認められる。その後、印章を彫る篆刻《てんこく》や陶芸の世界で活躍する。

多くの人に知られているのは「美食家」としてであろう。37歳で会員制の「美食倶楽部」をつくったことでも有名だ。

と、書くよりも、マンガ『美味しんぼ』の海原雄山のモデル、といったほうがわかりやすいかもしれない。

さらに、42歳で東京赤坂に高級料亭「星ケ岡茶寮」を経営。しかし、のちに彼は、この料亭を追い出されることになる。美食を追求するあまり、態度が横暴となり、金遣いも荒かったことから周囲との軋轢が起こったためという。

以降は、鎌倉に設けた星岡窯で陶芸に専心していく。本来、陶芸に力を入れたのも、「美食」にこだわったためであったともいう。

少し前に、緑茶飲料のテレビCMに北大路魯山人の肖像写真が起用されたことがあった。

その時のキャッチコピーが

「日本人は知っている。

うまいは甘い。」

だったことから、ひょっとすると、「魯山人は甘いもの好き」だと思った人もいたかもしれない。しかし、実際にはむしろ逆である。『味を知るもの鮮《すくな》し』と題された小文の中で彼はこういっている。

「現今のように無闇に砂糖を投じ、ものの持ち味を殺し、いささかも顧みる所なき唯々慨歎《がいたん》するほかはない」

「日本人は、ライスカレー、シチュー、ソースまでみな甘くしてしまった。砂糖は劣食品を瞞着《まんちゃく》する秘密を持つことを知るべきである。いずれにしても、砂糖の乱用と化学調味料を無定見に用いることは、充分慎むべきことであろう」

彼は、日本人の食事、とりわけいわゆる洋食は甘すぎる、と愚痴をいい、砂糖や化学調味料をむやみに使いすぎることを戒めているのだ。

ちなみに、彼は美食を追い求めたが、単に高級な料理をよしとして勧めたわけでもない。

そもそも、美味なるものはこの世に一千種も一万種もあるはずなのに

「世間一般が常に口にするものは、せいぜい五十種か百種であろう。驚くべき無関心である」

と食に関する無関心を咎めた上で、

「自分の好きなもの、好む食物でなくては、いかに名高い食物であっても、充分の栄養にはならないであろう」

といい、健康のためにも、各人がそれぞれの懐具合などにも合わせて

「心を楽しみに導くべく」

おいしいものをとるべきと説いたのだ。

たとい、入道が悲しみをこそ御あわれみなくとも、などか、内府《だいふ》が忠をば思し召し忘れさせ給うべき

平清盛
（武将）

たとえ私が悲しんでいるのを憐れまないとしても、
死んだ息子の忠義の心を忘れ去るなんてことは
ありえないでしょう

平清盛
（たいらのきよもり）

1118年-1181年。平安末期の武将。平忠盛の子。保元の乱、平治の乱で源氏など対立する勢力を倒し権力を手中にした。福原京への遷都、大輪田泊を修築して日宋貿易を活発化させるなどの政治を行った。源平合戦の途中、熱病で倒れる。

平清盛は武士として、権力の頂点を極めた最初の人物である。自身が太政大臣という貴族のトップの地位に就いただけでなく、一門の多くが、朝廷内で重きをなした。

しかし、平家に権力が集中しはじめると、それをよしとしない人々が現れる。1177年、後白河上皇の近臣らが平氏打倒の策略を練ったとして捕まった「鹿ケ谷の陰謀」事件が起こる。計画は未然に漏洩《ろうえい》し、事件は未遂に終わったのだが、清盛の怒りは頂点に達し、事件に関わったといわれる後白河上皇をも幽閉しようとする。

臣下の者が上皇を処罰するとは、まさに暴挙。これを制止したのが、清盛の嫡男・平重盛であった。この重盛は、たいそうな人格者であったと『平家物語』などに書かれている。重盛が父・清盛の暴走を抑えていたからこそ、平家はその地位を保てているのだ、というふうに物語は描かれている。

しかし、重盛は体が弱かった。そして、1179年、父より先にこの世を去った。まだ41歳である。

それなのに、上皇や朝廷の、重盛に対する態度は冷たかった。上皇は亡くなった重盛の知行国を没収した。まだ重盛の四十九日が終わっていないのに、帝は遊興目的の行幸などをしたという。

そんな上皇や帝の対応に対し、清盛は激しく憤った。

「御歎きの色一事もこれを見ず。たとい、内府《だいふ》が忠をこそ思し召し忘れさせ給うとも、などか、入道が悲しみをば御憐みなくては候うべき。たとい、入道が悲しみをこそ御あわれみなくとも、などか、内府が忠をば思し召し忘れさせ給うべき」

（［上皇や帝が、重盛の死を］お嘆きになっている様子が少しも見えない。たとえ重盛の忠義を忘れるなんてことがあったとしても、どうして悲しむ私［清盛］を憐れまないなんてことがあろうか。たとえ私が悲しんでいるのを憐れまないとしても、死んだ重盛の忠義の心を忘れ去るなんてことはありえないでしょう！）

などと大声で叫ぶかのように愚痴をいったのである。これを機会に清盛の怒りは暴発した。もはやこれまでのように制止してくれる重盛のような人物はいなくなった。清盛は後白河上皇を幽閉。さらには、帝を譲位させ自分の孫である安徳天皇を位に付けた。清盛による独裁体制が築かれていったのである。

しかし、同年、源頼朝をはじめとする源氏が平氏打倒の兵を挙げる。平氏打倒の勢いが強まる中、清盛は病に倒れる。

「頼朝が頭《こうべ》を刎《は》ねて我が墓の前にかくべし」

（頼朝の首をはねて我が墓前にかけよ）

こういって清盛は病没。しかし、願いは叶わず平氏は滅亡に向かうのである。

日本人の
食物に関しては、
たいへん結構とは
言いかねる

ペリー
（軍人）

マシュー・カルブレイス・ペリー

1794年-1858。アメリカ・メキシコ戦争などで活躍後、東インド艦隊司令長官となり、大統領の国書を持って日本に開国を迫るため、1853年、浦賀に来航。日米和親条約締結に成功した。著書に『ペルリ提督日本遠征記』など。

1853年、鎖国下にあった日本を開国させるため、4隻の黒船を率いてやって来た東インド艦隊司令官ペリー。当時、ペリーは既に59歳となっていて、かなりなベテラン軍人ではあったが、その高圧的な姿勢が幕府を驚かせ、見事、日本を開国に導いた功績は大きい。

　そのペリーが、翌年、食事の接待を受けた際の言葉が残っている。

「日本人の食物に関しては、たいへん結構とは言いかねる。見た目の美しさや豪華さにどんなに贅《ぜい》をこらそうとも、日本の厨房はろくなものを生み出していないと言わざるをえない」

　と、かなり手厳しい。

　いったいどんなまずい料理を出したのかと思い、当時のメニューを見てみると、「花子巻鯛の吸い物」「ヒラメ、鯛小川巻などの刺身」「豚煮」「鴨、タケノコなどの入った椀」「車海老、目打白魚などの入った丼」……などなど。いかにもおいしそうなメニューが、ここには書ききれないほど並んでいるのだ。

　しかも、辛口のペリーをして「見た目の美しさや豪華さにどんなに贅をこらそうとも」といわしめるだけの美しい器に、きれいな盛り付けがしてあったのだろう。最高級の日本料理だとわかる。

　しかし、ペリーら外国人の口には合わなかったようだ。考えてみれば、日本食の花形である刺身は、基本的に当時の西洋人は食べない。味付けも江戸時代当時であるから、純日本風で調味料は少なく、現代人からすれば淡泊であろう。

　しかも、当時の日本人は、基本的には牛や豚などの肉は食べなかった。おそらく、ペリーたちに気を使って「豚煮」を用意したのだろうが、ステーキやハンバーガーを食す人たちにとっては、物足りないものだったのだろう。

　日本の食事については、あの、大森貝塚を発見したモースも、ある町で食べた日本食に関して、

「非常に貧弱な魚の羹《スープ》」「不味くもない豆の糊状物《ペースト》」「割合に美味な海胆《うに》の卵」「断じて口には合わぬ（中略）海鼠《なまこ》」「ショーユという日本のソースをつけて食う。ソースはあらゆる物を、多少美味にする」

　などと、必ずしも好意的とはいえない意見を述べている。しかもその後、

「珈琲一杯と、バタを塗ったパンの一片とが、恋しくてならぬ」

　と述べているのだ。

　彼らが今や日本食が西洋人の間でも大人気だと知ったら驚くだろうか？

　それとも、どんなにおいしい外国料理を食べても、やはり生まれ育った国のソウルフードが恋しくなるのは、いつの世も変わらないということなのだろうか？

　遠いヨーロッパで、梅干しの話をした斎藤茂吉夫妻のように……。

酒飲まぬ人をよく見ば
猿にかも似む

大伴旅人
（歌人・政治家）

酒を飲まない人の顔をよくよく見ると……、
猿に似ていないか？

大伴旅人
（おおとものたびと）

665年-731年。奈良時代の貴族、歌人。武を尊ぶ大伴氏の中心として征隼人《せいはやと》持節《じせつ》大将軍となり功績を挙げる。歌人としても有名で、九州赴任中に亡くした妻に捧げた挽歌などが名高い。漢詩も嗜《たしな》む。貴族としては大納言にまで出世している。

大伴旅人は『万葉集』に約80首の歌を残す万葉歌人である。武人貴族としてもすぐれており、九州で起きた隼人《はやと》の反乱鎮圧に功績を挙げている。

というより、『万葉集』編纂に関わったとされる「大伴家持《おおとものやかもち》の父」といったほうがわかりやすいかもしれない。

この旅人は、60歳を過ぎてから、大《だ》宰帥《ざいのそち》（大宰府の長官）となり、九州に下った。この時、名歌人山上憶良《やまのうえのおくら》らと交わり、自身も多くの名歌を残した。

彼の詠んだ歌の中で比較的有名なものに「酒を讃《ほ》むる歌十三首」というのがある。文字通り酒のよさを褒めたたえた13首の歌群である。

「験《しるし》なきものを思わずは一坏《ひとつき》の濁れる酒を飲むべくあるらし」

（考えても仕方のないことを思い悩むよりは、一杯の濁り酒でも飲むほうがよいものであるらしいよ）

「夜光る玉というとも酒飲みて心を遣《や》るにあに及《し》かめやも」

（たとえ夜になると光るという高価な宝玉であろうとも、酒を飲んで憂さを晴らすことに及びはしないだろう）

などと酒を飲むことの効用を記した歌が多く、なかなかの名言もある。右に挙げたのも、これらの歌の中に登場する一節である。全文を記すと

「あな醜賢《みにくさか》しらおすと酒飲まぬ人をよく見ば猿にかも似む」

（ああ、醜い。賢ぶって酒を飲まない人の顔をよく見ると、猿に似ているんじゃないか？）

である。酒を褒めるのはよいとして、調子に乗って酒を飲まない人を猿扱いしてまで文句をいうのは……少々、品のないことのようにも思えるのだが……。

まあ、詠んだ本人は仲間内の余興での歌のつもりだったと思うので、下戸の方も許してあげてはくれまいか。旅人自身も、まさかこの歌が、息子が編集に関わった『万葉集』なる歌集に掲載され、１３００年も経ってから批評されるなどとは思ってもいなかったろうから。

さて、旅人らが愛《め》で歌に詠んだのは、酒だけでは、もちろんない。ある時は旅人の邸宅に大勢の人が集まり、梅の花をテーマにして32首もの歌を詠んでいる。この歌群を紹介する前文がなかなかの名文で、署名はないが、おそらく旅人が書いたものと考えられている。初めの部分にはこうある。

「時に、初春の令月《れいげつ》にして、気淑《よ》く風和《やわら》ぐ」

（折しも、初春のよい月に恵まれ、空気は清く澄み、風はやわらかだ）

酒を飲めない人を「猿みたいだ」などとののしりながら続けていた宴席に関するこれらの言葉が、まさか、のちの世の元号「令和」の典拠になろうとは、旅人自身思いもしなかったろう。

痔血走り、
今日罷《まか》り出ず在宅

大岡忠相
（政治家）

痔がひどくて今日は家にいた

大岡忠相
（おおおか・ただすけ）

1677年-1751年。越前守。旗本の子として生まれ、のちに町奉行に抜擢される。８代将軍徳川吉宗の「享保の改革」を推進。防火対策、物価統制、風俗の取り締まりなど民生部門で活躍した。その後、寺社奉行となり大名へと出世を果たす。

時代劇『大岡越前』のモデルとなった大岡越前守《えちぜんのかみ》忠相《ただすけ》。「享保の改革」で有名な8代将軍徳川吉宗の下で活躍した敏腕町奉行として知られている。

ただし、ドラマや講談で語られる「大岡裁き」のほとんどは後世のつくり話。それどころか、大岡越前は「名裁判官」というイメージが強いが、実際の町奉行は、裁判以外に行政、警察、消防などの役割も担う「東京都知事兼警視総監兼消防署長兼裁判長」といった役職なのだ。

忠相は、吉宗に見込まれ、手腕を発揮した。町火消し（いろは組）の設置、貧民対象の病院「小石川養生所」の設立の他、物価の統制、防火対策、新田開発、治水工事などで著しい功績を挙げた。

約20年間、敏腕町奉行として腕を振るった忠相は、59歳で寺社奉行となった。栄転である。町奉行はとても目立つ花形的職業だが、任命されるのは1万石以下の旗本であるのに対し、寺社奉行は寺社の統括など仕事は比較的地味だが、任命されるのは1万石以上の大名とされていた。しかも、ここから若年寄や京都所司代、老中などへ出世していく者も多い。そのため、寺社奉行同士での激しい競争、いじめなどもあったようだ。

寺社奉行となった時の忠相は、まだ大名ではなく、異例の出世であった。その分、いかに町奉行として優秀であったとしても、他の寺社奉行からすれば、身分の低い、場違いな男、といった目で見られていたわけである。どうやら忠相は、この時、いじめにあったらしい。

多くの寺社奉行は、同時に奏者番という儀式などをつかさどる役職を兼務しているのだが、当初忠相は奏者番になっていなかったために、他の奉行たちと同じ部屋に入れてもらえなかったという。

当時の忠相は、胃炎や痔などの持病に悩まされてもいた。ある日彼は、痔で痛むので、2日後に予定されていた行事を休みたいと申し出た。しかし、その申し出は突き返された。ライバルたちの嫌がらせだったともいう。さすがに腹に据えかねたのか、忠相は、当日

「痔血走り、今日罷《まか》り出ず在宅」

（痔がひどくて今日は家にいた）

と日記に記し、職務を放棄した。結局、その行事は延期となる。ささやかな抵抗だったのだろうか。この日以外に痔を理由とした職務放棄はなかったようだ。

のちに70歳を過ぎてからは、奏者番となり大名にも格上げとなるのだが、いざ儀式の際に司会をすると「声が低い」などと怒鳴られたりもしたという。

将軍吉宗としては、町奉行時代の活躍に感謝し、異例の出世をさせてあげたつもりなのかもしれないが、忠相の晩年は必ずしも幸せとはいえなかったようだ。

1751年、吉宗が没すると、後を追うようにして忠相も天に召されている。

いうべくおもうべき真の一大事は一字半言もなき倒惑

近松門左衛門
（浄瑠璃・歌舞伎作者）

いうべき、思うべき本当の一大事が
一言もなく、困惑する

近松門左衛門
（ちかまつ・もんざえもん）
1653年-1725年。本名、杉森信盛。越前国（福井県）の出身。浄瑠璃の竹本義太夫、歌舞伎の坂田藤十郎らに対し台本（脚本）を著した。松尾芭蕉、井原西鶴と並ぶ「元禄三代文豪」の一人ともいわれる。

近松門左衛門といえば、浄瑠璃や歌舞伎の作者の中で、最も有名な人物といってもよいのではないだろうか。

その功績はいろいろある。第一に『曾根崎心中』『国性爺合戦』『心中天の網島』などの名作を世に送り出したこと。それに関連して「世話物」というジャンルを確立させたことが挙げられよう。

それまでの浄瑠璃・歌舞伎の世界では、江戸時代以前の武士や公家、僧侶などの事件、物語を扱った「時代物」という話が主体だった。それに対し、「世話物」とは、江戸時代の庶民階級で起こった事件をもとにしてつくられた話である。

源義経や武田信玄など有名な武将たちの活躍や悲劇を描いた「時代物」も面白いが、身近で話題となった心中事件などを題材にした「世話物」には、リアリティがある。たちまち庶民たちの心をつかんでいった。浄瑠璃における世話物の最初の成功例といわれるのが、近松門左衛門の著した『曾根崎心中』なのである。

もう一つ、台本に自らの氏名を書き記したのも、近松が最初だといわれている。実は、当時演劇界というのは、世間から見下されていたような存在だった。特に台本作者などは一段下の裏方という扱いを受けていたのである。脚本家《シナリオライター》が憧れの職業となっている現代からすれば、信じられないことかもしれない。

実際に「自慢げに名前なんて書きやがって」という批判もあったという。しかし、近松はやめなかった。それが浄瑠璃・歌舞伎作家の地位向上につながっていったのは間違いない。

それでは、なぜ近松は、台本に名前を入れたのだろうか？

実は、近松は元々演劇界にいた人間ではない。武士の生まれだった。彼自身、「代々甲冑の家に生れ」と語っている。しかし、父が浪人となってしまい、近松は何人かの公家に仕えるなどの暮らしをしながら、転々と世を過ごしてきた。詳しい経緯は伝わっていないが、大した仕官の道がなく、流浪の時期を経て、やがて演劇界に身を投じることになったと考えられている。

その後近松は、徐々に名作を世に送り出していく。興行の成功の一端を作者が担っているという自負もあったろう。元武士としての誇りもある。そこで、彼は作品に堂々と名を入れるようになったのだといわれている。

誇りを持って多くの名作を残した彼も、やがて病気になり72歳で没する。死の間際にはこんな言葉を残している。

「一生を囀《さえず》りちらし、今わの際にいうべくおもうべき真の一大事は一字半言もなき倒惑」

（一生語り続けてきたのに、いざ最期の時にいうべきこと、思うべき真に大切なことが一字も半言も浮かばず困惑する）

主な参考文献・論文

中原中也『我が生活』「日本の名随筆　別巻65　家出」作品社より

大岡昇平・編『中原中也詩集』岩波文庫

石川啄木「いろ〳〵の言葉と人」「啄木全集　第十巻」岩波書店より

石川啄木『啄木・ローマ字日記』岩波書店

ヘミングウェイ・著　高見浩・訳『ヘミングウェイ全短編1　われらの時代　男だけの世界』新潮文庫

ヘミングウェイ・著　高見浩・訳『武器よさらば』新潮文庫

浅野洋『小説家たちの起源Ⅲ芥川龍之介―『羅生門』再読―』

福田清人・編　笠井秋生・著『芥川龍之介　人と作品』清水書院

芥川龍之介『羅生門』阿蘭陀書房

寺西暢子『愛の手紙：スタンダールの『恋愛書簡』に寄せて』

小貫修一郎・筆記『渋沢栄一自叙伝』渋沢翁頌徳会

樋口一葉（夏子）「一葉全集　前編　日記及書簡文範」博文館

樋口一葉『たけくらべ』集英社文庫

二葉亭四迷『予が半生の懺悔』「二葉亭四迷全集」筑摩書房より

二葉亭四迷『遺言状・遺族善後策』「二葉亭四迷全集」筑摩書房より

二葉亭四迷『浮雲』新潮文庫

佐藤悟「一茶『寛政三年紀行』花岡百樹写本」

丸山一彦・校注『新訂一茶俳句集』岩波文庫

川村惇『米沢鷹山公』朝野新聞社

佐藤義隆『ベンジャミン・フランクリン―アメリカを発明した男―』

山本淳子『枕草子のたくらみ』朝日新聞出版

石田穣二・訳注『新版枕草子』角川ソフィア文庫

高橋義彦・編『越佐史料』

村田千尋『シューベルトのピアノとピアノ演奏』

オットー・エーリッヒ・ドイッチュ・編　石井不二雄・訳『シューベルト　友人たちの回想』白水社

オットー・エーリヒ・ドイッチュ・原編　實吉晴夫・編訳・解説『シューベルトの手紙：ドキュメント・シューベルトの生涯より』

三好優美子『シューベルトの後期ピアノソナタ　歌曲を通じての一考察』

福沢諭吉『福翁自伝』「福澤諭吉著作集第12巻」慶應義塾大学出版会より

新美南吉『おぢいさんのランプ』有光社

村松剛『ジャンヌ・ダルク』中公新書

浅沼稲次郎『私の履歴書』「私の履歴書第2集」日本経済新聞社より

2010年NHK大河ドラマ特別展龍馬伝図録

国書刊行会・編『吾妻鏡：吉川本　第1-3．吉川本　上巻・中巻』国書刊行会

柳原白蓮『私の思い出』「ことたま」日本出版広告社より

小和田哲男『戦国武将の手紙を読む』中公新書

永井荷風『十六、七のころ』「荷風随筆集（下）」岩波文庫より

亀井勝一郎・編『太宰治　愛と苦悩の手紙』角川文庫

星亮一『野口英世　波乱の生涯』三修社

与謝野晶子『晶子詩篇全集』実業之日本社

白石市教育委員会・編集『片倉小十郎景綱関係文書』白石市歴史文化を活用した地域活性化実行委員会

佐藤憲一『伊達政宗謎解き散歩』新人物文庫

古川薫全・訳注『吉田松陰　留魂録』講談社学術文庫

梶井基次郎『檸檬』新潮文庫

高木まさき・監修『時代を切り開いた世界の10人　第2期　第10巻　津田梅子　レジェンド・ストーリー』学研プラス

ジョン万次郎・述　河田小龍・記　谷村鯛夢・訳　北代淳二・監修『漂巽紀畧』講談社学術文庫

島田三郎『開国始末：井伊掃部頭直弼伝』

三島由紀夫『不道徳教育講座』角川文庫

三島由紀夫『仮面の告白』新潮文庫

三島由紀夫『金閣寺』新潮文庫

三島由紀夫『潮騒』新潮文庫

海老沢敏　高橋英郎・編訳『モーツァルト書簡全集』白水社

片山敏彦・訳『ベートーヴェンの生涯』岩波文庫

直木三十五『貧乏一期、二期、三期　わが落魄の記』「直木三十五全集　第十五巻」改造社より

直木三十五『死までを語る』「直木三十五作品集」文藝春秋より

佐々木秀美『ナイチンゲール―精神的危機から自立へのプロセス』

勝海舟・著　江藤淳　松浦玲・編『氷川清話』講談社学術文庫
菊池寛『私の日常道徳』「半自叙伝」講談社学術文庫より
菊池寛『文藝当座帖』改造社
泉三郎『伊藤博文の青年時代―欧米体験から何を学んだか』祥伝社新書
アスカニオ・コンディヴィ・著　高田博厚・訳『ミケランジエロ伝』岩波書店
宮沢賢治『農民芸術概論綱要』「【新】校本宮澤賢治全集第十三巻（上）」筑摩書房より
宮沢賢治『農民芸術の興隆』「【新】校本宮澤賢治全集第十三巻（上）」筑摩書房より
舘野廣幸『有機農業に内在する芸術性：宮沢賢治「農民芸術概論綱要」をめぐって』
緒方富雄・校註『蘭学事始』岩波文庫
泉鏡花『文章の音律』「鏡花全集　巻二十八」岩波書店より
金原義明『小説家という生き方　村上春樹から夏目漱石へ』明鏡舎
渋沢栄一『徳川慶喜公伝　巻4』竜門社
坂本太郎　井上光貞　家永三郎　大野晋・校注『日本書紀（四）』岩波文庫
世阿弥・著　野上豊一郎　西尾実・校訂『風姿花伝』岩波文庫
大木康訳・解説『現代語訳　史記』ちくま新書
鈴木梅太郎『ヴィタミン研究の回顧』「研究の回顧」輝文堂書房より
小林一三『宝塚生い立ちの記』「宝塚漫筆」実業之日本社より
堀辰雄『手紙』「堀辰雄作品集第四巻」筑摩書房より
伊東成郎『新選組　２２４５日の軌跡』新潮文庫
勝田孫弥『西郷隆盛伝　第2巻』西郷隆盛伝発行所
坂野潤治『西郷隆盛と明治維新』講談社現代新書
坂本龍馬『手紙　慶応三年六月二十四日　乙女、おやべあて』宮地佐一郎「龍馬の手紙」講談社学術文庫より
正岡子規『仰臥漫録』「明治大正随筆選集．7」人文社より
正岡子規『病牀六尺』岩波書店
高階秀爾『続 名画を見る眼』岩波新書
サン＝テグジュペリ・著　堀口大学・訳『夜間飛行』新潮文庫
加藤宏幸『サン・テグジュペリと砂漠』
下中弥三郎・編『塙保己一言行録』内外出版協会
佐藤謙三・校注『平家物語　上・下巻』角川ソフィア文庫
芥川龍之介『或旧友へ送る手記』「現代日本文学大系43　芥川龍之介集」筑摩書房より
笹本正樹『北原白秋の童謡とその深層心理』
佐藤嗣男　西山春文『近代作家の文体―芥川龍之介と北原白秋―』
アントニア・フレイザー・著　野中邦子・訳『マリー・アントワネット（下）』ハヤカワ文庫
フランツ・カフカ・著　本野亨一・訳『審判』角川文庫
早瀬博範『ジェファソンは偽善者か？―アメリカ民主主義と奴隷制―』
今泉忠義・訳注『徒然草』角川ソフィア文庫
マルクス　エンゲルス・著　幸徳秋水　堺利彦・訳『共産党宣言』彰考書院
古田耕作『カール・マルクスの性癖』
ポー・著　佐々木直次郎・訳『黒猫・黄金虫』新潮文庫
奥野高広　岩沢愿彦・校注『信長公記』角川ソフィア文庫
経済雑誌社・校『徳川実紀．第1編』経済雑誌社
高階秀爾『名画を見る眼』岩波新書
伊藤痴遊『木戸孝允　下の2（維新十傑）』平凡社
尾原悟『ザビエル　人と思想』清水書院
上田和夫・訳『小泉八雲集』新潮文庫
『男の隠れ家』２０１４年12月号「異邦人たちが見た１５０年前の日本とは」三栄書房
福澤諭吉『学問のすゝめ』岩波文庫
森鴎外『夏目漱石論』「筑摩全集類聚版森鴎外全集」筑摩書房より
斎藤茂吉『妻』「斎藤茂吉選集　第八巻～第十三巻」岩波書店より
斎藤由香講演会記録『どくとるマンボウ家の素顔』
ＮＨＫ迷宮美術館制作チーム『迷宮美術館　第1集』河出書房新社
佐藤晃子『常識として知っておきたい世界の絵画50』ＫＡＷＡＤＥ夢新書
細川重男『執権　北条氏と鎌倉幕府』講談社学術文庫
平山優『真田信繁　幸村と呼ばれた男の真実』角川選書
丸島和洋『真田四代と信繁』平凡社新書
萩原恭男・校注『芭蕉　おくのほそ道』岩波文庫
『ドストエフスキー全集　第16巻』筑摩書房

若山牧水『酒と歌』「若山牧水全集第八巻」雄鶏社より
寺田寅彦『厄年と ｅｔｃ．』「寺田寅彦全集　文学篇」岩波書店より
オスカー・ワイルド・著　田部重治・訳『獄中記』角川文庫
オスカー・ワイルド・著　西村孝次・訳『幸福な王子』新潮文庫
倉田保雄『ナポレオン・ミステリー』文春新書
種田山頭火『私を語る――（消息に代えて）――』「山頭火随筆集」講談社文芸文庫より
種田山頭火『行乞記　三八九日記』「山頭火全集　第三巻」春陽堂書店より
佐藤謙三・校注『大鏡』角川ソフィア文庫
黒川洋一『ビギナーズクラシックス中国の古典杜甫』角川ソフィア文庫
阿部謹也『物語　ドイツの歴史』中公新書
簗瀬一雄・訳注『方丈記』角川ソフィア文庫
エドワード・モース・著　石川欣一・訳『日本その日その日1・2・3』東洋文庫
小和田哲男『北政所と淀殿』吉川弘文館
望月良夫『山本五十六の恋文』日本ペンクラブ電子文藝館
島崎藤村『再婚について』「人生論読本　第三巻　島崎藤村篇」角川書店より
金谷良夫『マーク・トウェイン文学の魅力』
マークトウェイン・著　大久保康雄・訳『トム・ソーヤーの冒険』新潮文庫
小津安二郎『映画界・小言幸兵衛』「文藝春秋　昭和三十三年十一月号」文藝春秋新社より
星埜由尚『伊能忠敬の全国測量と測量日記』東京地学協会平成28年度秋季講演会資料
宮本武蔵・著　渡辺一郎・校注『五輪書』岩波文庫
泉鏡花『芥川龍之介氏を弔ふ』「鏡花全集　第二十八巻」岩波書店より
高坂弾正・著　山田弘道・校『甲陽軍鑑』温故堂
萩原朔太郎『僕の孤独癖について』「世界教養全集　別巻1　日本随筆・随想集」平凡社より
萩原朔太郎『月に吠える』「現代詩文庫　１００９　萩原朔太郎」思潮社より
新井白石・著　松村明・校注『折たく柴の記』岩波文庫
中田伸一『曹操と華佗』
種田山頭火『旅日記』「山頭火全集　第七巻」春陽堂書店
与謝野寛等・編『日本古典全集、御堂関白記　下』日本古典全集刊行会
ルイス・キャロル・著　石波杏・訳『心を養う　FEEDING THE MIND』「FEEDING THE MIND. London: CHATTO & WINDUS.」より
ルイス・キャロル・著　矢川澄子・訳　金子国義・絵『鏡の国のアリス』新潮文庫
ニール・ボールドウィン『エジソン20世紀を発明した男』三田出版会
北里柴三郎『伝染病予防撲滅法』家庭之衛生社
ルソー・著　広瀬哲士・訳編『新生の書』新人社
川島健『ジャン＝ジャック・ルソー『告白』における：ルソーの人間性について』
祝田秀全『東大生が身につけている教養としての世界史』河出書房新社
桑原晃弥『天才投資家「お金と人生」の名語録』ＰＨＰ研究所
吉田茂『私は隠居ではない』「文藝春秋」文藝春秋新社１９６２(昭和37)年2月号より
井上寿一『吉田茂と昭和史』講談社現代新書
谷崎潤一郎『「細雪」回顧』「谷崎潤一郎全集　第二十巻」中央公論新社より
宮武外骨『一円本流行の害毒と其裏面談』有限社
イヴァン・ディアス・サンチョ『「大正の奇人」宮武外骨―宮武外骨における「奇人」という概念―』
江戸川乱歩『自作解説　怪人二十面相と少年探偵団』「児童文学への招待」南北社より
松本幸四郎(7代目)『大森彦七と名和長年』「一世一代」右文社より
マハトマ・ガンジー・著　The Creative CAT・訳『日本の全ての方々へ』「GANDHI SEVAGRAM ASHRAM– This is a Japanese translation of "To Every Japanese" by Mahatma Gandhi.」より
大隈重信『福沢先生の処世主義と我輩の処世主義』「大隈重信演説談話集」岩波文庫より
プラトーン・著　田中美知太郎　池田美恵・訳『ソークラテースの弁明・クリトーン・パイドーン』新潮文庫
『おらが春』俳書堂
『平家物語・附：承久記』国民文庫刊行会
北大路魯山人『味を知るもの鮮し』「魯山人味道」中公文庫より
佐藤謙三・校注『平家物語　上巻』角川ソフィア文庫
M．C．ペリー・著　木原悦子・訳『ペリー提督日本遠征

日記』小学館
「ニッポン再発見」倶楽部『日本は外国人にどう見られていたか』知的生き方文庫
伊藤博・訳注『万葉集 一』角川ソフィア文庫
福田智弘『裏も表もよくわかる日本史　江戸時代編』じっぴコンパクト新書
山本博文・監修『面白いほどよくわかる江戸時代』日本文芸社
近松門左衛門・作　祐田善雄・校注『曾根崎心中　冥途の飛脚　他五篇』岩波文庫
真山知幸『ざんねんな名言集』彩図社
造事務所・編著『偉人たちの意外な「泣き言」』ＰＨＰ文庫
山口謠司『ドロドロ文豪史』集英社インターナショナル
山口謠司『文豪のぼやき』秀和システム
頭木弘樹『ＮＨＫラジオ深夜便　絶望名言』飛鳥新社
『〆切本２』左右社
笹山晴生　五味文彦　吉田伸之　鳥海靖・編『詳説日本史史料集』山川出版社
水村光男・編著『世界史のための人名辞典』山川出版社
佐藤次高　木村靖二　岸本美緒『詳説世界史Ｂ』山川出版社
全国歴史教育研究協議会『世界史Ｂ用語集』山川出版社
加来耕三『日本創始者列伝』学陽書房・人物文庫

主な参考ホームページ

中原中也記念館
渋沢栄一記念財団
虫の詩人の館（日本アンリ・ファーブル会）
歴史公園信州高山　一茶ゆかりの里　一茶館
置賜文化フォーラム
伝国の杜（米沢市上杉博物館）新美南吉記念館
サライ．ｊｐ「日めくり漱石」など
野口英世記念館
会津若松市
津田塾大学
ベネッセ（教育情報サイト）
夢二郷土美術館
朝日新聞「愛の旅人　「彦乃日記」竹久夢二と笠井彦乃」
直木三十五記念館
塙保己一史料館
北原白秋記念館
ジャパンナレッジ（知識の泉ほか）
アメリカンセンター「独立宣言（日本語）」など
岩倉具視幽棲旧宅
長崎Ｗｅｂマガジン「ナガジン」
大阪城天守閣
読売新聞オンライン「三重大発！忍び学でござる」など
若山牧水記念文学館
高知県立文学館
山頭火ふるさと館
山本五十六記念館
藤村《とうそん》記念館
松竹シネマクラシックス
伊能忠敬ｅ史料館（伊能測量を語り継ぐ会）
北海道大学附属図書館
春陽堂書店「芥川龍之介と春陽堂　乾英治郎」「乱歩講座　落合教幸」ほか
前橋文学館
SWI swissinfo.ch
ロシア・ビヨンド
T JAPAN
日経ビジネス
ナショナルジオグラフィック日本版
太田記念美術館
すみだ北斎美術館
国会図書館デジタルライブラリー
青空文庫
コトバンク
その他、各新聞社のニュースページ、大学及び官公庁、博物館等のホームページを参考にしました。

著　者

福田智弘（ふくだ・ともひろ）

1965年埼玉県生まれ。東京都立大学卒。歴史、文学関連を中心に執筆活動を行っている。おもな著書に『ビジネスに使える「文学の言葉」』（ダイヤモンド社）、『世界が驚いたニッポンの芸術 浮世絵の謎』（実業之日本社）、『よくわかる! 江戸時代の暮らし』（辰巳出版）、『深夜薬局』（小社刊）などがある。

人間愚痴大全

2021年10月21日　　初版第1刷発行

著　者　　福田智弘
発行者　　神宮字 真
発行所　　株式会社 小学館集英社プロダクション
　　　　　東京都千代田区神田神保町 2-30 昭和ビル
　　　　　編集　03-3515-6823　　販売　03-3515-6901
　　　　　https://books.shopro.co.jp

印刷・製本　大日本印刷株式会社

カバーデザイン　渡邊民人（TYPEFACE）
本文デザイン　清水真理子（TYPEFACE）
イラスト　アライヨウコ
本文組版　朝日メディアインターナショナル株式会社
校　正　株式会社聚珍社
編　集　木川禄大

ISBN978-4-7968-7860-9